KB071576

평생교육현장실습

오명숙 저

Life-long Education Work Experience

학지사

머리말

평생교육사는 교육적 감식력을 증진시켜 문제해결을 하는 교육혁신의 실천가라 할 수 있다. 제4차 산업혁명의 도래는 커다란 변화를 예고하고 있다. 이러한 변화에 대처하기 위해서는 학습자들의 학습 역량 향상이 그 해답일 것이다. 평생교육은 이러한 문제들을 해결하기 위해, 다양한 교육 프로그램을 개발하는 데 그 목적을 둔다. 평생교육사의 전문성은 현장에서 교육적 문제를 해결하는 것으로 실행되어야 한다. 평생교육사의 공적 책임 이행 및 문제탐색 등 평생교육사의 실제적인 역량 개발은 실습교육에서 비로소 시작된다고 말할 수 있다.

이 책은 평생교육사가 실습현장에서 교육혁신가로서 실습할 수 있도록 구성하였다. 또 가장 중요한 핵심인 모의 프로그램을 개발하는 실무 역량 실습을 직무필수교육과 직무선택교육으로 나누어 4주, 160시간 동안 원활하게 이루어지도록 안내하였다. 평생교육사의 책무는 결코 가볍지 않다. 평생교육사가 담당해야 할 우리 사회의 교육혁신은 사회가 급격하게 변하기 때문에 학교교육에서는 그 변화에 대응하기 어렵다. 이것이 바로 평생교육사가 필요한 이유다. 평생교육사의 역량이 곧 평생교육현장의 교육 수준과 질을 담보한다고 보면 평생교육사가 우리 사회에서 이룩해야 할 책무는 만만치 않다. 평생학습사회에서 평생교육사의 역할은 단순히 기능적인 것으로 머물러서는 안 된다. 평생교육사는 주체적인 일상학습자로서 교육을 통해 생산성을 높여야 할 것이다. 그런 의미에서 이 책은 평생교육사가 전문직으로 거듭나기 위해 필요한 태도와 자세, 사회에서의 제 역할에 무게 중심을 둔 실습교육에 도움을 주고자 구성하였다.

　제1부에서는 평생교육현장실습의 개관을 다루었다. 제1장은 현장실습의 목적과 법적 기준 등을 다루었고 제2장은 현장실습의 교육이 어떤 절차와 인정으로 이루어지는지를 설명하였다. 제2부에서는 평생교육현장실습의 협약 추진 단계를 준비와 진행 단계로 안내하였다. 성장하는 실습을 위해, 양성기관과 실습기관의 협력만이 아니라 실습생과 실습지도자, 실습지도교수 등의 직무에 대해서도 설명하였다. 제3장은 협약 시 양자 간 유의해야 할 점을 중점으로 다루었고, 제4장은 실습과정의 주요 과업을 이해관계 등을 살피면서 진행하도록 제시하였다. 제3부에서는 구체적인 현장실습의 실천 전략을 기획과 실행으로 나누어 살펴보았다. 제5장은 모의 사업 기획에서 유념해야 할 과제를 제시하였고, 제6장은 프로그램의 실행 매뉴얼과 특성화 전략을 안내하였다. 제4부에서는 실습 종결 단계에서 반드시 이루어지는 평가를 다루었다. 성과평가는 두 단계로 구분하여 안내하였다. 제7장은 실습평가 기준을 양성기관과 실습기관으로 나누어 설명하였다. 제8장은 실습 세미나에서 보고하는 방법과 평생교육사의 사회적 책임 이행의 필요를 주요 기준과 원칙, 윤리강령 등에 담아 소개하였다.

　이 책은 우리 사회의 급격한 변화에 평생교육이 어떻게 공헌할 것인가를 제안한 것으로 볼 수 있다. 평생학습사회를 견인할 평생교육사의 직무 전문성은 곧 교육혁신이어야 한다는 주장을 풀어낸 것이다. 평생학습사회를 위해 평생교육사가 해야 할 일은 많다. 평생교육사의 직무 전문성과 책임감 향상에 이 책이 조금이나마 보탬이 되기를 바란다. 또한 평생교육사 자격취득을 위한 실습교육교재로 제 역할을 다할 수 있기를 바란다. 이 책은 학지사의 김진환 사장님의 배려가 아니었다면 나올 수 없었다. 진심으로 감사드린다.

2019년 봄
오명숙

차례

제1부

평생교육현장실습의
개관

평생교육현장실습의 개요

 개관

실습교육은 지식을 현장상황에 적용하여 문제를 해결하는 실무교육과정이라고 할 수 있다. 이 과정은 직업 전문성을 향상시키는 실기교육을 목적으로 하기 때문에 실습기관의 교수 역량과 실습생의 수행능력이 중요한 평가기준이 된다. 크게 보면 실습과정에서 실습생이 숙지해야 할 내용은 실습기관의 설립목적과 사회적 책임 이행을 학습하는 과정이다. 평생교육사의 핵심 직무를 실제 현장에서 접목하여 수행하는 교육으로 사회를 성장시키는 역할에 대해 사전 실행하는 교육이다. 이에 이 장에서는 평생교육현장실습의 목적과 법적·윤리적 기준, 평생교육기관의 유형을 통해 교육으로 사회를 개혁하는 실천적 지향을 제시하게 될 것이다.

 학습목표

1. 평생교육현장실습의 목적과 의의를 파악한다.
2. 평생교육현장실습의 법적·윤리적 기준을 통해 책임 이행을 이해한다.
3. 평생교육현장실습기관의 유형에 따른 평생교육사의 직무를 인식한다.

📖 주요용어

평생교육사의 직무, 평생교육사 실습의 윤리강령, 평생교육현장실습, 평생교육기관의 유형

1. 평생교육현장실습의 목적과 의의

이 절에서는 현장실습의 개념과 목적, 목표, 의의 및 중요성을 다룬다.

평생교육현장실습 과목은 평생교육사 자격취득을 위해 필수적으로 이수해야 하는 3학점 이수 과목이다. 이 과목의 목적은 평생교육사들이 현장에서 실습을 통해 역량을 개발시키기 위한 것이다.

실습생들은 자격증 취득이 우선적인 목표이겠지만 전문성을 습득하는 게 더 중요하다. 자격을 쉽게 취득할 수 있는 자격증일수록 역량은 차별화의 중요한 기준이 될 수 있다. 우리는 크든 작든 국가공동체에 속해 있다. 정치적으로 국민과 국가의 체계 안에서 모든 제도와 정책이 작동된다는 것이다. 좁게는 평생교육사가 실습을 통해 현장을 익힌다는 목표가 있다. 넓게 보면 이것은 평생교육사들이 우리 사회를 교육공동체로 재설계할 수 있는 역량을 개발하는 과정이라 할 수 있다.

모든 평생교육 실습기관이 질 높은 평생교육실습을 행하기는 어려울 것이다. 평생교육사가 현장실습을 통해 우리 사회를 교육으로 개혁해야 한다는 사명의식이 필요하다. 실습은 현장을 그대로 따르는 것이라기보다 현장에서 문제를 발견하고 그것을 개선하는 역량을 기르는 것이다. 어떤 소임을 실천해야 하는지에 대해서 좀 더 면밀하게 자세를 가다듬는 태도가 중요하다.

1) 평생교육현장실습의 목적

교육부에서 제시하는 현장실습 제도의 정의는 다음과 같다.

"현장실습이란 평생교육현장 적응력과 전문성을 지닌 인재양성을 위해 양성 기관과 평생교육기관이 공동으로 참여하여 정해진 기간 동안 평생교육현장에서 실습교육을 실시하고 이를 통해 학점을 부여하는 제도"임을 설명한다.

출처: 평생교육현장실습 운영지침

위의 정의는 관리주체인 교육부가 제시하는 이 과목에 대한 인정기준이다. 이 정의에는 전문적 인재양성이라는 포괄적 목적을 위해 양성기관과 평생교육기관의 협력이 전제된다. 두 기관은 평생교육사의 전문성을 현장에서 발휘할 수 있도록 지원해야 한다. 평생교육실습의 가장 큰 목적은 교육으로 문제를 해결하는 과정의 현장수업인 셈이다. 각 기관의 목표를 정리하면 다음과 같다.

(1) 양성기관 측면에서 실습교육의 목표

- 평생교육 관련 전문지식을 현장에서 실천하고 적용시킬 수 있다.
- 평생교육기관의 특성에 따라 주요 업무와 과업을 실행할 수 있다.

(2) 실습기관 측면에서 실습교육의 목표

- 평생교육기관의 주요 업무와 과업을 평생교육의 관점으로 전환시켜 지도할 수 있다.
- 평생교육기관의 목적과 특성에 따른 평생교육 실천을 실습생에게 지도할 수 있다.

(3) 실습생의 학습 측면에서 실습교육의 목표

- 실습지도자의 역할 및 책임, 의사결정의 기준 등을 탐색하여 평생교육사의 전문성을 담지한다.
- 실습을 통해 교육적 문제해결능력과 판단능력, 실무능력을 향상시킨다.

2) 평생교육실습의 의의

실습기간 동안 실습생은 학생과 예비 직업인으로서의 두 가지 역할을 수행해야 한다. 이 과정에서 실습생은 지식과 현장의 불일치를 경험하게 될 것이다. 그 괴리가 의미하는 것이 무엇인지를 관찰할 필요가 있다. 현실에서 타협한 결과일 수 있고 현장을 발전시키기 위한 새로운 혁신일 수도 있다. 그것에 관해 실제 의사결정자에게 문의를 할 수도 있다. 정리하면 평생교육현장실습의 과정에서 실습생은 평생교육기관의 경로를 따르지만 그것을 무조건 추종하는 자세는 바람직하지 않다. 편법 혹은 불법이 이행되는 것을 묵과해서는 안 될 뿐 아니라, 우리 모두는 그런 관행을 개선할 노력을 해야 한다. 즉, 실습생은 각각의 책임을 이행하는 과정에서 사회를 교육적으로 변화시키는 역할자인 셈이다.

실습은 전문성만이 아니라 평생교육사로서 다른 직종의 사람들과 어떻게 다른가를 확인하는 평생교육사의 정체성을 경험하는 시간이다. 기관은 조직으로 구성되므로 그 조직 내에서 벌어지는 맥락적 의사결정과정도 학습하는 시간이 된다. 조직 구성원은 각자 맡은 역할만이 아니라 주어진 직무 속에서 어떻게 협력하여 그 기관의 목적을 통해 좋은 영향력을 미칠 수 있는가를 고민해야 한다. 실습생도 예외는 아니다.

한 사회의 발전은 생산성으로 측정된다. 평생교육사의 생산성은 교육적으로 문제를 풀어 가고자 하는 전문성에 있다. 평생교육사 역시 생산성을 위해 노력해야 한다. 직업인으로서 생산성을 확보하지 못하면 그 직종과 사회적 가치는 소멸된다. 사회발전의 원동력으로서 생산성은 다른 말로 문제해결능력이라 할 수 있다. 그 사회가 풀지 못하는 문제에 대해 대안을 제시하고 새로운 탈출구를 보여 줄 수 있어야 한다. 교육이 생산성의 근원이라는 의미다. 생산성과 교육적 가치를 확보하기 위한 평생교육실습의 의의는 다음과 같다.

• 우리 사회가 해결해야 할 문제를 교육적으로 해결하는 능력을 학습한다.

- 평생교육기관에서 일어나는 다양한 상황에 대해 교육적 대안을 제시할 수 있다.
- 누구에게나 필요한 교육을 설계하는 역량을 실습과정에서 현실화시킬 수 있다.
- 실습교육을 통해 각 문해교육 프로그램 개발 역량을 키울 수 있다.
- 평생교육은 학습자가 스스로 학습할 수 있는 토대를 제공하는 데 있다.
- 실습을 통해 현장의 평생교육문제를 관찰하고 견해를 넓힐 수 있다.

3) 용어의 정의

(1) 양성기관

양성기관은 평생교육사의 자격취득을 위해 평생교육 관련 과목을 개설하고 운영하는 교육기관을 칭하는 말이다. 즉, 평생교육사 양성기관을 줄여 부르는 이름으로 보면 된다. 대학과 학점은행제 기관 등이 이에 속한다. 양성기관에서는 평생교육사 자격취득과 관련된 과목을 이수한 학생에게는 학점을 부여해야 할 의무가 있다. 이 양성기관은 평생교육을 전담하는 정부부서인 교육부의 허가를 받은 기관이어야 한다.

(2) 실습기관

실습기관은 평생교육사업을 주된 사업으로 운영하는 기관이다. 평생교육사가 되려는 사람에게 실습지도를 수행 계약을 체결한 기관을 말한다. 양성기관이 평생교육실습이라는 교과목을 운영하는 기관이라면, 실습기관은 평생교육실습과목 중 양성기관과 협약해 실습이 필요한 학생에게 실습교육을 실시해 주는 기관과 단체 등을 말한다.

(3) 실습과목 담당교수

실습과목 담당교수는 실습교과목을 운영하고 최종 학점을 부여하는 교과전담교수를 말한다. 실습과목이 교육부에 등록되고 학점을 부여할 수 있는 과목으로 승인반은 다음 이 과목 개설과정을 책임지고 운영하는 역할을 맡은 교수다. 흔히 대학의 과목별 강의교수가 이에 해당된다.

(4) 실습지도교수

실습지도교수는 양성기관에 속한다. 이 교수는 실습과목 운영 시 실습기관에서 160시간 동안 실습교육을 받고 있는 본교의 학생들을 특별히 지도·관리하는 교수를 말한다. 실습지도교수는 양성기관과 실습기관 간의 교량 역할을 맡았다고 볼 수 있다. 또한 실습지도교수는 본교의 학생이 실습기관에서 실습교육을 규정에 맞게 제대로 이수하도록 지원하고 독려하는 역할을 한다. 실습지도교수는 양성기관의 실습과목 담당교수의 지원자로서 학생들의 실습현장을 지도하고 담당한다고 볼 수 있다.

(5) 실습지도자

실습지도자는 실습기관에 속한다. 실습지도자는 평생교육기관에서 평생교육관련 업무를 담당하는 사람을 말한다. 실습지도자는 반드시 평생교육사 자격을 갖추어야 한다. 평생교육사 자격을 취득했다고 해서 실습지도자가 될 수는 없다. 실습지도자는 일정한 현장경험을 갖추어야 하고 그것을 국가평생교육원에서 인정받아야 한다. 실습지도자는 현장에서 평생교육사를 길러내는 실무교육을 담당한 자다. 따라서 학점이수보다는 실제 현장에서 벌어지는 여러 가지 문제에 평생교육사가 어떻게 전문성을 확보하고 대처해야 하는가에 지도력을 발휘하는 사람이다.

(6) 평생교육전담기구

평생교육전담기구는 국가평생교육진흥원과 시·도평생교육진흥원, 시·군·구 평생학습관이다. 국가평생교육진흥원은 교육부 산하 정부출원 재단법인이다. 국가에서 평생교육진흥을 목적으로 설립된 기관이다. 이 기관은 평생교육사의 자격관리 업무를 전담한다. 평생교육사 실습 역시 이 기관의 관리·감독하에 운영된다고 할 수 있다. 「평생교육법」에 의한 정부의 인·허가 등을 총체적으로 관리하고 운영한다고 보면 된다.

시·도평생교육진흥원은 평생교육진흥을 목적으로 지방자치단체에서 설립한 기구다. 시·도평생교육진흥원은 지자체의 평생교육 관련 정책 결정과 추진을 목적으로 한다. 시·군·구평생학습관과 시·도평생교육진흥원은 평생교육진흥을 목적으로 하나 추진과 설립주체가 다르다. 앞서 시·도평생교육진흥원이 광역단위의 지방자치단체에서 설립한 것이라면, 시·군·구평생학습관은 교육청 등과 지역단위의 생활권역에서 주관하는 학습장으로 보면 된다. 시·군·구평생학습관은 일정기간 교육청으로부터 평생학습관으로 지정받아 운영되기도 한다.

2. 평생교육현장실습의 법적·윤리적 기준

1) 실습기관의 법적 요건 검토

실습기관의 선정은 실습기간 동안 실습생을 법적으로 보호하는 중요한 장치다. 실습생은 자신이 어떤 부문의 역량을 확보할 것인지 판단하여 선택할 필요가 있다.

제28조(평생교육기관의 설치자)

① 평생교육기관의 설치자는 다양한 평생교육 프로그램을 실시하여 지역사회 주민을 위한 평생교육에 기여하여야 한다.

② 다음 각 호의 어느 하나에 해당하는 자는 평생교육기관의 설치자가 될 수 없다. [개정 2016. 5. 29.] [시행일 2017. 5. 30.]

  1. 피성년후견인 또는 피한정후견인

  2. 금고 이상의 실형을 선고받고 그 집행이 종료(집행이 종료된 것으로 보는 경우를 포함한다)되거나 집행이 면제된 날부터 3년이 경과되지 아니한 자

3. 금고 이상의 형의 집행유예를 선고받고 그 유예기간 중에 있는 자

4. 법원의 판결 또는 다른 법률에 따라 자격이 정지 또는 상실된 자

5. 제42조에 따라 인가 또는 등록이 취소되거나 평생교육과정이 폐쇄된 후 3년이 경과되지 아니한 자

6. 임원 중 제1호부터 제5호까지의 어느 하나에 해당하는 자가 있는 법인

③ 제2조제2호가목에 따른 평생교육기관의 설치자는 특별시·광역시·도·특별자치도(이하 "시·도"라 한다)의 조례로 정하는 바에 따라 평생교육시설의 운영과 관련하여 그 시설의 이용자에게 발생한 생명·신체상의 손해를 배상할 것을 내용으로 하는 보험가입 또는 공제사업에의 가입 등 필요한 안전조치를 하여야 한다.

④ 평생교육기관의 설치·운영자는 학습자의 보호를 위하여 다음 각 호의 어느 하나에 해당하는 경우에는 대통령령으로 정하는 바에 따라 학습비 반환 등의 조치를 하여야 한다. [개정 2016. 2. 3.] [시행일 2016. 8. 4.]

1. 제42조에 따라 평생교육시설의 설치인가 또는 등록이 취소되거나 평생교육과정이 폐쇄 또는 운영정지된 경우

2. 평생교육기관의 설치·운영자가 교습을 할 수 없게 된 경우

3. 학습자가 본인의 의사로 학습을 포기한 경우

4. 그 밖에 학습자 보호를 위하여 대통령령으로 정하는 경우

⑤ 제31조제2항에 따른 학력인정 평생교육시설의 설립 주체는 「사립학교법」에 따른 학교법인 또는 「공익법인의 설립·운영에 관한 법률」에 따른 재단법인으로 한다.

2) 실습기관의 실습교육 자격요건

평생교육기관이라고 해서 실습교육을 시행할 수 있는 것은 아니다. 자격을 갖춘 실습지도자가 상주해야 하고 실습생이 현장을 학습의 장으로 행할 수 있도록 커리큘럼 등 상세한 실습내용이 공지되는 것이 중요하다. 특히 실습교육을 위한 실무내

용의 재구성이 필요하다. 기본적인 학습자료 등이 실습생에게 제공되면 실습기관은 더 질 높은 실습교육을 추진할 수 있을 것이다.

- 다음 중 어느 하나에 해당하는 기관은 실습기관으로 운영할 수 있다.
  - 「평생교육법」 제19조에 따른 국가평생교육진흥원
  - 「평생교육법」 제20조에 따른 시 · 도평생교육진흥원
  - 「평생교육법」 제21조에 따른 시 · 군 · 구평생학습관
  - 「평생교육법 시행령」 제69조제2항에 따라 문자해득교육 프로그램으로 지정받은 기관
  - 「평생교육법」 제2조제2항에 따른 평생교육기관

> 가. 「평생교육법」에 따라 인가 · 등록 · 신고된 시설 · 법인 또는 단체
> 나. 「학원의 설립 · 운영 및 과외교습에 관한 법률」에 따른 학원 중 학교교과교습학원을 제외한 평생직업교육을 실시하는 학원
> 다. 그 밖에 다른 법령에 따라 평생교육을 주된 목적으로 하는 시설 · 법인 또는 단체

(1) 실습기관 선정 시 실습지도자 자격 확인

실습생은 실습지도자의 자격조건 및 실습지도자의 직무를 반드시 확인해야 한다. 실습지도자는 다음과 같은 자격을 갖춘 자여야 한다.

① 평생교육사 1급 자격증 소지자
② 평생교육사 2급 자격증을 취득한 뒤 관련업무에 2년 이상 종사한자
③ 평생교육사 3급 자격증을 취득한 뒤 관련업무에 3년 이상 종사한 자

실습지도자의 자격조건은 국가평생교육진흥원에서 관리 · 감독한다. 실습지도자의 자격조건이 충족되지 않은 상태에서 실습을 받게 되면 그 실습은 인정받지 못

하므로 실습생은 특별히 주의해야 한다.

(2) 실습기관 신청 전 검토사항

첫째, 실습기관이 어떤 법령에 의해 설립되었는가를 알아보아야 한다.

둘째, 그 실습기관이 행하는 주된 사업이 평생교육사업에 해당하는지를 살펴보아야 한다. 예를 들어, 도서관 및 박물관 등은 「평생교육법」에 의해 설립된 기관이 아니다. 이 두 기관은 「도서관법」과 「박물관 및 미술관 진흥법」에 의해 설립된 기관이다. 그렇지만 평생교육을 주된 업무로 진행한다. 그렇다면 실습을 이런 기관에 신청해도 되는가? 그렇지 않다. 또다시 확인할 것이 있다. 실습기관은 「평생교육법」에 의한 기관과 다른 법령에 따라 평생교육을 주된 목적으로 하는 기관이어야 한다는 요건과 평생교육실습을 지도할 자격자 재직요건을 충족해야 한다. 이를 반드시 확인하고 실습을 진행해야 한다.

셋째, 평생교육기관에는 실습지도 자격을 갖춘 평생교육사가 재직하고 있더라도 실습교육을 지도할 수 있는지, 그 자격여부를 확인하여야 한다. 실습생은 실습기관의 선정만이 아니라 실습하려는 기관 내 실습지도자가 일정한 자격을 갖추고 실습교육을 규정에 맞추어 진행시킬 수 있는 역량을 갖춘 자인지를 점검하는 것이 중요하다.

(3) 성인대상의 프로그램 개발 여부

실습을 하려는 기관에서는 반드시 성인 중심 평생교육 프로그램을 운영하고 있어야 한다. 어린이나 청소년 대상의 프로그램만 운영해서는 어려움이 따를 수 있다. 평생교육은 성인을 주 교육대상으로 보기 때문에 학교 밖 어린이 프로그램이 있다 하더라도 성인 교육 프로그램을 주력하는 프로그램으로 운영되는지를 확인해야 한다. 결과적으로 평생교육사의 실습현장은 성인을 대상으로 하는 평생교육 프로그램 개발 전문기관이라는 점에서 사회복지기관이나 청소년문화센터, 문화예술교육센터와는 차별화되는 기준을 충족시켜야 한다는 것이다.

3) 평생교육사 양성기관 요건

「평생교육법」 제24조 평생교육사 관련 조항에서는 평생교육사 양성에 관한 사항을 다음과 같이 규정한다.

---

① 교육부장관은 평생교육 전문인력을 양성하기 위하여 다음 각 호의 어느 하나에 해당하는 자에게 평생교육사의 자격을 부여한다. [개정 2008. 2. 29. 제8852호(「정부조직법」), 2009. 5. 8., 2013. 3. 23. 제11690호(「정부조직법」)]

  1.「고등교육법」 제2조에 따른 학교(이하 "대학"이라 한다) 또는 이와 동등 이상의 학력이 있다고 인정되는 기관에서 교육부령으로 정하는 평생교육 관련 교과목을 일정 학점 이상 이수하고 학위를 취득한 자

  2.「학점인정 등에 관한 법률」 제3조제1항에 따라 평가인정을 받은 학습과정을 운영하는 교육훈련기관(이하 "학점은행기관"이라 한다)에서 교육부령으로 정하는 평생교육 관련 교과목을 일정 학점 이상 이수하고 학위를 취득한 자

  3. 대학을 졸업한 자 또는 이와 동등 이상의 학력이 있다고 인정되는 자로서 대학 또는 이와 동등 이상의 학력이 있다고 인정되는 기관, 제25조에 따른 평생교육사 양성기관, 학점은행기관에서 교육부령으로 정하는 평생교육 관련 교과목을 일정 학점 이상 이수한 자

  4. 그 밖에 대통령령으로 정하는 자격요건을 갖춘 자

② 평생교육사는 평생교육의 기획 · 진행 · 분석 · 평가 및 교수업무를 수행한다.

---

(1) 유사기관 여부 확인 필수

「평생교육법」 제45조(유사 명칭의 사용 금지) 조항에는 유사기관에 대해 아래와 같이 제한을 두고 있다. 실습생들은 실습기관 선정 시 유사기관 여부를 필히 확인하여야 실습교육에 관한 불이익을 막을 수 있다.

> 이 법에 따른 진흥위원회·진흥원·평생교육협의회·평생학습관·평생학습센터·국가문해교육센터 및 시·도문해교육센터가 아니면 이와 비슷한 명칭을 사용하지 못한다. [개정 2014. 1. 28., 2016. 2. 3.] [시행일 2016. 8. 4.]

유사기관 여부를 확인하는 가장 명확한 방법은 「평생교육법」에 의한 시설등록증이 비치되어 있는지를 요구, 확인하는 것이다. 또한 타법에 의한 평생교육시설이라 할지라도 평생교육사 자격자가 요건에 충족되어 평생교육사 실습기관으로 인정받을 수 있다. 예를 들어, 「도서관법」에 의해 작은 도서관을 운영하는 기관이 있다고 하자. 이 기관의 대표가 평생교육사 자격을 취득하고 있고 일정하게 실습지도를 할 수 있는 자격을 취득했다고 하면 국가평생교육진흥원에서는 실습교육을 이 기관에서 수행할 수 있도록 인정하고 있다. 이외 자세한 사항은 국가평생교육진흥원 평생교육사 자격관리 사이트(https://lledu.nile.or.kr/)로 문의하기 바란다.

(2) 시설 등록증 확인 필수

평생교육시설로 등록된 기관인지를 먼저 확인해야 한다.

① 「평생교육법」에 의해 등록된 기관인지를 먼저 확인한다.
② 등록기관이 공적기관인지를 확인한다.
③ 등록일이 언제인지 그 시기를 확인한다.
④ 시설의 명칭이 유사명칭인지를 분별한다.

등록증은 다음과 같은 양식으로 배포된다.

평생교육법 시행규칙[별지 제15호서식] 〈개정 2014. 7. 28.〉

(   ) 평생교육시설 신고증

1. 명칭:

2. 설치자:

3. 위치:

「평생교육법」 제33조제2항(또는 제35조제2항, 제36조제3항, 제37조제3항, 제38조제3항), 같은 법 시행령 제49조제3항(또는 제64조제2항, 제65조제2항, 제66조제2항, 제67조제2항) 및 같은 법 시행규칙 제17조제4항에 따라 원격(사업장 부설, 시민 사회단체 부설, 언론기관 부설, 지식·인력개발사업 관련)평생교육시설로 신고하였기에 이 증서를 교부합니다.

년   월   일

(   ) 교육감 | 직인 |

주: 1. 관계 규정을 준수하고 평생교육시설의 운영은 운영규칙이 정한 바에 따라 운영하시기 바랍니다.
  2. 위 평생교육시설을 폐쇄하려는 경우에는 미리 관할 교육청에 통보하여 주시기 바랍니다.
  3. 이 증서가 실효되는 경우에는 반환하여야 합니다.

[그림 1-1] 평생교육시설 신고증

평생교육법 시행규칙 [별지 제10호서식] 〈개정 2016. 4. 20.〉

학교형태의 평생교육시설 등록증

1. 명칭:

2. 설치자:

3. 위치:

「평생교육법」 제31조제1항, 같은 법 시행령 제26조제3항 및 같은 법 시행규칙 제11조제3항에 따라 위와 같이 학교형태의 평생교육시설로 등록하였기에 이 증서를 교부합니다.

년   월   일

교육감 | 직인 |

주: 1. 관계 규정을 준수하고 위의 평생교육시설의 운영은 운영규칙이 정한 바에 따라 운영하시기 바랍니다.
　　 2. 이 증서가 실효되는 경우에는 관할 교육청에 반환하여야 합니다.
　　 3. 위 평생교육시설을 폐쇄하려는 경우 미리 관할 교육청에 통보하여 주시기 바랍니다.

[그림 1-2] 학교형태의 평생교육시설 등록증

4) 평생교육사의 직무

평생교육사의 핵심직무는 평생교육현장에서 프로그램을 통해 평생교육을 진흥하는 전문가다. 실습은 이러한 핵심직무를 현장의 선경험자를 통해 학습하는 과정이다. 평생교육사는 교육적 시각으로 현장의 문제를 도출하여 교육적 관점과 맥락으로 해결책을 제시하는 사람인 것이다.

(1) 평생교육사의 주요직무

「평생교육법」 제24조제2항에서는 평생교육사의 주요직무를 다음과 같이 정의하고 있다.

> **평생교육사(「평생교육법」 제24조제2항)**
>
> 평생교육 진흥을 위하여 평생교육현장에서 평생교육 프로그램의 기획 · 진행 · 분석 · 평가 및 교수업무 등 평생교육 관련업무의 전반적인 영역을 담당하는 평생교육 현장전문가로 정의된다.

(2) 평생교육사의 직무범위

「평생교육법 시행령」 제17조에서는 평생교육사의 직무범위를 다음과 같이 정의하고 있다.

> **직무범위(「평생교육법 시행령」 제17조)**
>
> 평생교육 프로그램의 요구 분석 · 개발 · 운영 · 평가 · 컨설팅
>
> 학습자에 대한 학습정보 제공, 생애능력 개발 상담 · 교수
>
> 그 밖에 평생교육 진흥 관련 사업계획 등 관련 업무

(3) 실습지도 평생교육사의 업무 및 직무책임

평생교육기관의 실습지도자는 평생교육에 관한 업무 내용을 숙지하고 실습교육 시 책무기준을 수립하는 것이 필요하다. 어떤 교육적 가치를 수립하고 문제를 해결할 것인지를 사전에 계획하는 것이 중요하다. 또 실습지도자는 평생교육사로서 현장경험을 전수하는 교수자 역할을 해야 한다. 이때 평생교육현장에 대한 통찰을 가지고 실습생을 지도해야 한다. 〈표 1-1〉은 실습생을 지도할 시 업무 내용과 지도자의 책무수행 시 원칙과 기준을 제시하였다.

표 1-1 실습내용과 책무기준

업무 구분	업무 내용	실습교육 관련자 책무
OT (실습지도)	실습교육에 관한 (책무)계약 실습지도자와의 세부 계획 수립 실습 목표 설정 및 윤리강령 기관소개 및 실습운영규정 협의	종속적 관계가 아닌 수평적 관계원칙 실습기관의 평생교육에 관한 성과공유 실습지도자의 평가지표에 대한 공유
조사 분석 1 (필수)	학습자 특성 및 요구 조사·분석 평생학습 참여율 조사 평생학습 자원 조사·분석 평생학습권역 매핑	문제진단을 위한 기초 현황조사(1) -인구 및 교육통계 -요구 분석 및 지역특성 분석
조사 분석 2	평생학습 SWOT 분석 평생학습 프로그램 조사·분석 평생학습 통계 데이터 분석 평생학습 자원 및 정보 DB 구축	문제진단을 위한 기관조사(2) -실습기관의 정책조사 -지역 자원의 수집 및 특성화
기획 계획 1	평생학습 비전과 전략 수립 평생학습 추진체제 설계 평생학습 중·장기/연간계획 수립 평생학습 단위사업계획 수립	문제정의를 위한 디자인 -이해관계자 목록 구축 -중·단기 계획 조사 평가
기획 계획 2 (필수)	평생학습 축제 기획 평생학습 공모사업 기획서 작성 평생학습 예산계획 및 편성 평생학습 실행계획서 수립	해결해야 할 문제를 명료화하기

네트 워킹 1	평생학습 네트워크체제 구축 인적·물적 자원 네트워크 실행 사업 파트너십 형성 및 실행 사이버 네트워크 구축 및 촉진	문제를 해결하기 위한 논리 개발하기
네트 워킹 2	조직 내·외부 커뮤니케이션 촉진 협의회 및 위원회 활동 촉진 지원세력 확보 및 설득 평생교육사 임파워먼트 실행	거시적 관점에서 패턴과 방향을 수립 하기
프로그램 개발 1 (필수)	프로그램 개발 타당성 분석 프로그램 요구 분석 및 우선순위 설정 프로그램 목적/목표 설정 및 진술 프로그램 내용 선정 및 조직 프로그램 매체 및 자료 개발	문제해결 프로그램 관련 공통의 목표 설정
프로그램 개발 2	프로그램 실행계획 및 매뉴얼 제작 프로그램 실행 자원 확보 프로그램 특성화 및 브랜드화 프로그램 분류 및 유의가 창출 프로그램 지적·문화적 자산화	이해관계자 간 공익원칙 협상능력 보유
운영 지원 1	학습자 및 강사 관리 지원 프로그램 홍보 및 계획 학습시설·매체관리 및 지원 프로그램 관리운영 및 모니터링	대화와 협업 등 새로운 관점으로의 변환
운영 지원 2	학습결과 인증 및 관리 평생학습 예산관리 및 집행 기관 홈페이지 관리 및 운영 주요 이슈 및 요구 사항 수집	혁신의 목적과 구성방법, 잠재력 파악
교수 학습 1	학습자 학습동기화 촉진 강의 원고 및 교안 작성 단위 프로그램 강의 평생교육사업 설명회 및 교육	공적 가치 재구성과 혁신 기회 포착
교수 학습 2	평생교육 관계자 직무교육 평생교육사 실습지도 평생교육 자료 및 매체 개발 평생교육사 학습 역량 개발	맥락의 복합성을 파악하는 프레임워크 인식

변화 촉진 1	평생학습 참여 촉진 평생학습자 인적 자원 역량 개발 학습동아리 발굴 및 지원 평생학습 실천지도자 양성	현재 상황을 파악하여 통찰을 찾아내기
변화 촉진 2	평생교육단체 육성 및 개발 평생교육 자원봉사활동 촉진	주제 영역의 참여자 풀(Pool) 확보
	평생학습 관계자 멘토링 평생학습 공동체 및 문화조성	협력적 학습 역량 체계 구축
상담 컨설팅 1	학습자 상황 분석 학습장애 및 수준 진단 · 처방 평생학습 상담사례 정리 및 분석 생애주기별 커리어 설계 및 상담	주제에 관한 관심자 및 관점 파악
상담 컨설팅 2	평생학습 ON/OFF라인 정보제공 평생학습 상담실 운영 학습자 사후관리 및 추수지도 의뢰기관 평생학습 자문 및 컨설팅	지속가능한 평생학습의 추진력 확보
평가 보고 1 (필수)	평생학습 성과지표 창출 목표대비 실적 평가 평생학습 영향력 평가 평생학습 성과관리 및 DB 구축	패턴을 확보하고 심화조사 계획을 수립하기
평가 보고 2	우수사례 분석 및 확산 공모사업 기획서 평가 평가보고서(자료) 작성 및 발표 프로파일 생성 및 지식창출 성과 정리	맥락 내 의사소통의 방법과 관찰 결과 보고
행정 경영 1	국가 및 지방정부 평생학습 공문 생성 평생학습 공문 회람 및 협조 평생학습기관 및 담당부서 업무보고 광역/기초단체장 지침과 관심 반영	정책의 효과성 및 영향력에 대한 검토
행정 경영 2	평생학습 감사자료 생성과 보관 평생학습관 모니터링 및 감사 평생학습기관 효율적 경영전략 추진 평생학습 관련 기관의 경영수지 개선	공감대 형성 및 대화 촉진

출처: 국가평생교육진흥원 자료에 추가 보완함.

5) 양성기관의 실습과목 운영 기준

(1) 학점이수 및 과목개설 기준

대학과 학점은행기관 등 평생교육사 양성기관에서는 선수과목을 이수한 학생에 한하여 실습과목을 개설 운영할 수 있게 법은 규정하고 있다. 실습과목은 3학점이 부여되는 정규 교과목이다. 대학 및 기관에서는 평생교육실습과목을 제외한 필수과목 4과목을 미리 이수한 학생에 한하여 실습교육을 수강신청할 수 있다. 대학원생의 경우 평생교육실습과목을 제외한 필수과목 3과목 이상을 이수하여야 한다.

현장실습 이수요건으로는 평생교육실습교과목으로 편성된 교과목에 대해 수강신청한 학생에 한해 현장실습을 진행할 수 있다. 절차는, 첫째, 실습오리엔테이션을 이수한 학생에 한하여 진행한다. 둘째, 현장실습기관을 선정하고 그 기관에서 실습생의 실습교육을 전담하겠다는 확약서가 있어야 한다. 셋째, 현장실습은 평생교육실습교과목의 수업과정에서 현장실습을 수행해야 하는 것이다. 따라서 현장실습은 여러 곳에서 받을 수 없고 한 기관에서 160시간을 이수해야 하는 조건을 만족시켜야 한다. 그 기관이 갑자기 폐업을 하는 등 문제가 발생했을 경우와 몇몇 특별한 경우를 제외하고는 160시간을 실습지도자의 지도 아래 실습생이 현장실습을 받도록 규정한다. 넷째, 이것은 가장 중요한 요건이 될 수 있는데 현장실습은 평생교육실습 교과목의 성적 산출 및 학점 부여 이전에 종료하여야 한다. 평생교육실습교과목이 이번 학기에 개설 운영되어 학생이 그 과목을 수강신청하였다면 그 학생이 평생교육실습과목을 다음 학기 실습을 통해 이수할 수 없다는 것을 명백히 하고 있다. 정리하면 평생교육실습과목을 수강신청 한 그 학기에 실습도 마무리되어 실습학점이 학기 말 성적산출에 반영되어야 한다는 것을 보다 더 분명히 하고 있다.

실습과목 운영에 있어서 유의해야 할 점은 다음과 같다.

첫째, 대학 등 양성기관에서는 실습과목 개설 시, 실습과목 담당교수를 배치하여야 한다.

둘째, 실습과목 담당교수는 일정한 자격요건을 구비하여야 한다.

셋째, 실습과목 담당교수는 교수자로서의 제반 요건을 갖추어야 한다.

첫째 규정은 관련 석사학위 이상 소지자로서 평생교육 관련 과목 교수활동 또는 평생교육 현장에서 3년 이상의 경험이 있는 자, 또는 평생교육 관련 박사학위 이상 소지자로서 평생교육 관련 과목 교수활동 또는 평생교육현장에서 2년 이상의 경험이 있는 자로 기준을 제시하고 있다.

(2) 평생교육사 이수과목과 실습

평생교육사 자격취득을 위해 이수해야 할 과목은 등급별로 차이가 있다.

첫째, 평생교육 필수과목은 평생교육실습을 포함하여 1학점 이상을 이수해야 한다.

둘째, 과목당 학점은 3학점으로 하고 성적은 각 과목을 100점 만점으로 하여 평균 80점 이상이어야 한다.

평생교육실습과목은 「평생교육법 시행령」 제69조제2항에 따라 문자해득교육 프로그램으로 지정받은 기관, 「평생교육법」 제19조부터 제21조까지의 규정에 해당하는 평생교육기관에서 4주간 현장실습을 받아야 하는 것을 기준으로 하고 있다.

(3) 평생교육사 자격취득을 위해 이수해야 할 과목

평생교육사의 자격취득은 선택과 필수과목 이수를 전제로 한다. 평생교육과목은 선택의 폭이 넓다고 할 수 있다. 필수과목은 5과목인 반면, 선택과목은 대상별 8과목과 주제별 13과목이다. 대상별로는 아동부터 노인까지 가능하고, 주제별로는 문화예술·환경교육·상담심리 등이 있고 교육방법에 관한 교수설계·교육공학·교육복지 등이 개설되어 있다. 실습생은 자신이 활동할 분야의 과목을 선택하여 그 깊이를 더해갈 수 있을 것이다.

표 1-2 평생교육사 양성과정 과목 개설

과정	구분	과목명
양성과정	필수	평생교육론, 평생교육방법론, 평생교육경영론, 평생교육 프로그램개발론, 평생교육실습(4주간)
	선택	아동교육론, 청소년교육론, 여성교육론, 노인교육론, 시민교육론, 문자해득교육론, 특수교육론, 성인학습 및 상담(1과목 이상 선택)
		교육사회학, 교육공학, 교육복지론, 지역사회교육론, 문화예술교육론, 인적 자원 개발론, 직업진로설계, 원격(이러닝, 사이버)교육론, 기업교육론, 환경교육론, 교수설계, 교육조사방법론, 상담심리학(1과목 이상 선택)

비고
1. 양성과정의 과목명칭이 동일하지 아니하더라도 교과의 내용이 동일하다는 국가평생교육진흥원장의 승인을 받은 경우 동일과목으로 본다.
2. 필수과목은 평생교육실습을 포함하여 15학점 이상을 이수하여야 한다.
3. 과목당 학점은 3학점으로 하고, 성적은 각 과목을 100점 만점으로 하여 평균 80점 이상이어야 한다.
4. 평생교육실습 과목은 법 제19조부터 제21조까지에 해당하는 평생교육기관 또는 법 제39조제2항에 따라 문해교육 프로그램으로 지정받은 기관에서의 4주 이상(총 수업일수 20일 이상, 총 수업시간 160시간 이상)의 현장실습을 포함한 수업과정으로 구성한다.

출처: 「평생교육법 시행규칙」 평생교육 관련 과목

6) 실습기관과 양성기관 간 실습교육 협의

(1) 현장실습교육의 시간 및 협의 기준

현장실습에서 실습생은 윤리적인 기준을 준수해야 한다. 평생교육사의 전문성은 사명을 실천하는 데 있기 때문이다. 평생교육사가 업무를 대하는 자세는 기능적인 접근은 지양하고 가치를 실현하는 태도가 바람직하다. 실습교육과정은 일종의 실습 관련 학습을 기관과 맺는 것이므로 학습의 과정을 계약하는 교수–학습의 성격을 취한다. 이와 관련하여 계약 내용에 포함되어야 할 핵심 요소를 간추리면 다음과 같다.

첫째, 실습시간과 내용을 명확하게 협의해야 한다. 평생교육실습은 4주간, 160시간의 현장실습을 포함한 교육과정으로 편성된다.

둘째, 실습기간 동안 실습지도교수뿐 아니라 기관 내 실습지도 업무를 맡은 담당자와 교육시간과 세부적인 교육내용을 확정하여야 한다. 1일 8시간 주 5회(월~금)의 통상 근로 시간 내 실습하는 것을 가장 바람직한 실습교육으로 본다. 점심 및 저녁 등 식사 시간은 총 160시간의 실습시간에서 제외된다.

셋째, 실습기관의 상황과 실습생의 시간적 제한 등을 고려하여 야간 및 주말 시간을 이용한 현장실습도 가능하다.

넷째, 양성기관 재학 중 관련 기관에서 실습을 받아 학점을 취득하는 방법이 있다. 양성기관을 졸업 한 뒤 시간제 및 학점은행제를 통해 평생교육사 관련 과목을 이수를 했을 경우에도 현장실습과목을 학점으로 이수하여야 한다.

다섯째, 평생교육실습을 할 수 있는 기관은 법으로 규정하고 있다. 「평생교육법 시행령」 제69조제2항에 따라 문자해득교육 프로그램으로 지정받은 기관, 또는 법령 제19조부터 제21조까지의 규정에 해당하는 평생교육기관이다.

(2) 현장실습으로 불인정하는 경우

첫째, 실습지도자 자격을 갖추지 못한 기관에서 실습을 받았을 경우, 평생교육실습과목 이수로 인정되지 않는다.

둘째, 평생교육사 자격증 외의 다른 자격 취득을 위해 현장실습을 한 기관에서 중복해서 이수한 경우 인정되지 않는다.

셋째, 실습교육은 부득이한 사정이 아닐 경우를 제외하곤 협약된 평생교육기관에서 160시간 동안 현장실습을 하는 것을 전제로 실습교육을 인정한다.

현장실습기관을 재선정할 수 있는 경우

- 협약된 현장실습기관이 폐쇄되거나 운영이 정지된 경우
- 실습기관의 실습지도자가 퇴직이나 부서이동 등으로 실습지도자의 자격을 갖춘 자가 부재할 경우
- 실습생 개인의 질병 및 사고, 자연재해 등으로 현장실습을 지속할 수 없는 경우
  (이때 실습생이 현장실습기간을 인정받고자 할 경우 실습과목 담당교수는 이를 인정해 주어야 함)

7) 평생교육사 자격증 발급과정

(1) 자격증 발부 기관

2013년 5월 22일에 개정된 「평생교육법」에 의해, 2013년 11월 23일부터 국가평생교육진흥원에서 수행하고 있다. 이는 국가자격증으로서 교육부장관명의로 그 위상을 높인 것이다. 자격증 발급신청은 양성기관에서 국가평생교육진흥원에 일괄 신청한다. 개인이 신청하지 않는다. 실습과목을 이수한 양성기관에서 일괄 신청한다.

(2) 자격증 신청 방법

평생교육사 자격증 발급신청은 매년 2회 실시한다. 단, 자격증 재발급신청은 매월 1회 실시한다.

평생교육사 자격증 발급신청 관련 서류는 다음과 같다.

① 평생교육사 자격증발급 신청서 1부
② 최종학력증명서 1부(졸업예정증명서 또는 수료증명서는 인정 불가)
③ 학점이수기관 성적증명서 1부(평생교육사 관련 과목 이수 확인을 위한 성적증명서)
④ 「가족관계의 등록 등에 관한 법률」에 따른 기본증명서 1부(자격증접수일 3개월 이내 발행)
⑤ 평생교육현장실습 평가서 1부

⑥ 평생교육현장실습 확인서 1부

(3) 자격증 발급 처리 및 수령 절차

평생교육사 자격증은 국가평생교육진흥원에서 발급한다. 자격신청자가 자격증을 수령하고자 할때는 해당 양성기관의 학사지원과 또는 수업계에서 받아야 한다. 이때 수령자는 신분증과 도장을 지참하여야 한다.

표 1-3 자격증 발급 처리절차

자격증 발급 처리절차											
신청인	→	양성 기관	→	국가평생교육진흥원(자격검정)						→	양성 기관
신청서 작성		신청서 제출		접수/ 확인	→	자격증 작성	→	발급대장 기록	→	교부	수령

(4) 자격증 검정 결과 확인 및 자격증 수령

국가평생교육진흥원은 자격증 발급 여부를 검정하는 기관이다. 이 기관은 평생교육사 자격 검정 결과를 양성기관에 통지하여야 한다. 이때 통지는 인터넷 등 국가평생교육진흥원의 정보통신망 등을 통해서도 가능하다. 자격 검정 결과를 확인하여 평생교육사 자격증 수령이 가능함을 확인하면 신청자는 해당 과목을 이수한 양성기관에 찾아가 자격증을 수령하면 된다.

(5) 평생교육사의 자격취소 근거

「평생교육법」 제24조의2(평생교육사의 자격취소)에서는 평생교육사의 자격취소 요건을 제시하고 있다.

교육부장관은 평생교육사가 다음 각 호의 어느 하나에 해당하는 경우에는 그 자격을 취소하여야 한다.

1. 거짓이나 그 밖의 부정한 방법으로 평생교육사의 자격을 취득한 경우
2. 다른 사람에게 평생교육사의 명의를 사용하게 하거나 자격증을 빌려준 경우
3. 제24조제3항제2호의 결격사유에 해당하게 된 경우
[본조신설 2016. 5. 29.] [시행일 2016. 8. 30.]

1. 제24조의2에 따라 자격이 취소된 후 그 자격이 취소된 날부터 3년이 지나지 아니한 사람(제28조제2항제1호에 해당하여 자격이 취소된 경우는 제외한다)
2. 제28조제2항제1호부터 제5호까지의 어느 하나에 해당하는 사람

제28조제2항의 규정
② 다음 각 호의 어느 하나에 해당하는 자는 평생교육기관의 설치자가 될 수 없다. [개정 2016. 5. 29.] [시행일 2017. 5. 30.]

1. 피성년후견인 또는 피한정후견인
2. 금고 이상의 실형을 선고받고 그 집행이 종료(집행이 종료된 것으로 보는 경우를 포함한다)되거나 집행이 면제된 날부터 3년이 경과되지 아니한 자
3. 금고 이상의 형의 집행유예를 선고받고 그 유예기간 중에 있는 자
4. 법원의 판결 또는 다른 법률에 따라 자격이 정지 또는 상실된 자
5. 제42조에 따라 인가 또는 등록이 취소되거나 평생교육과정이 폐쇄된 후 3년이 경과되지 아니한 자
6. 임원 중 제1호부터 제5호까지의 어느 하나에 해당하는 자가 있는 법인

8) 평생교육사 실습교육강령(예시)

전문

평생교육사는 학습자의 자유로운 참여와 자발적인 학습을 위해 헌신한다. 특히 교육의 가치지향성과 지속가능성을 목표로 한다. 더불어 헌법에 보장된 평등과 자유, 민주주의 가치를 실현하고자 한다.

평생교육사는 학습자의 학습기회를 최대한 보장하고 학습자의 능력을 향상시키기 위한 프로그램 개발에 힘써야 한다. 평생교육사는 교육으로 문제를 해결하는 사명을 실천하기 위하여 전문적인 지식과 기술, 태도를 갖추어야 하며, 공익을 위한 노력과 이해관계자 간의 소통을 주요 책무로 실천한다.

(1) 평생교육 실습 직무 윤리기준(예시)

평생교육사는 교육기관들이 교육적 사명을 책임있게 실천하도록 전문가로서 도와야 한다. 평생교육사는 다양한 변화 속에서 교육적으로 성장하고 문제를 해결할 수 있도록 교육과정을 설계하고 그 성취를 독려하는 사람이다. 평생교육기관의 구성원으로서 평생교육사는 개인뿐 아니라 집단적으로도 의미 있고 지속적인 학습경험을 제공할 수 있어야 한다. 평생교육사가 해야 할 전문적 기준과 우수한 실천의 원칙은 평생교육과 관련된 세 가지 기능적 영역들에 따라 구성하였다.

① 기회(opportunity)
• 기준 1. 학습자를 지원한다.

평생교육사는 학습자에 대한 존중으로 직무를 이행해야 한다. 평생교육사는 변화하는 환경에 맞게 교육적 서비스를 촉진하는 역할을 담당하여야 한다.

−원칙 1.1 지역에 봉사한다.

평생교육사는 다양한 커뮤니티를 지원하고 교육적 관계를 수립하는 전문가이므로 일반 대중과 실천적 문제해결에 관심을 기울여야 한다.

−원칙 1.2 학습자의 경험을 존중한다.

학습자의 다양한 배경에 대해서 이해하고 그 경험을 바탕으로 학습을 지속할
수 있도록 기회를 제공하여야 한다.

② 책무(accountability)

• 기준 3. 내용과 방법의 적합성을 개발한다.

평생교육사는 학습자에게 적합한 프로그램을 개발하는 전문가다. 학습자의 관
심과 수준, 사회적 배경에 적합한 교육방법을 개발하여 적용하여야 한다.

−원칙 3.1 학습자의 수준을 고려하여 내용을 제시한다.

기관의 비전과 미션에 맞는 프로그램을 개발하여야 한다.

학습자의 경험과 생애사의 맥락을 고려하여 접근하여야 한다.

기관의 고유 업무 전문성과 최신의 변화에 대해 반영하는 연구를 수행하여야
한다.

−원칙 3.2 학습 및 교육에 관한 연구를 실무에 적용한다.

교육 프로그램은 현실의 요구와 학습 이론 위에서 구성하여야 한다.

인지발달, 교육이론, 교수방법에 대한 지식을 자발적이고, 개인적인 유형의 평
생학습에 적용하여야 한다.

−원칙 3.3 학습을 촉진하기 위해 적합한 교육적 도구들을 다양하게 활용한다.

커뮤니케이션 전략과 실생활에 적용되는 교육에 주목하여야 한다.

교육목표, 내용, 요구에 적합한 기술과 기법을 적용하여야 한다.

③ 관계(relationship)

- **기준 4. 신뢰를 형성한다.**

  평생교육의 사명과 목적의 중심에 학습자의 역량을 촉진하는 것이 중심이 되도록 노력하여야 한다.

  이를 위해 학습자와 교수자는 돈독한 신뢰가 형성될 수 있게 분위기를 형성하여야 한다.

- 원칙 4.1 기관을 존중한다.

  기관의 교육 프로그램이 기관의 미션, 목표, 재정 전략에 통합되도록 한다.

  기획, 개발, 실행을 하는 과정과 완성 단계까지 교육적 고려가 이루어지도록 한다.

- 원칙 4.2 학습자를 옹호한다.

  학습자의 수준을 높이는 교육과정과 목표를 설정하고 전략을 개발한다.

  학습자의 관심과 경험을 관찰하고 분석하여 학습자 고유의 특성을 계발시켜야 한다.

- **기준 5. 커뮤니티 존중**

  학습자의 문화적 · 역사적 다양성 및 전문성을 존중하고 배려할 수 있어야 한다.

- 원칙 5.1 전문성을 개발한다.

  전문성 개발을 격려하는 기관의 분위기를 조성하여야 한다.

  다양하고 적합한 매체들을 통해 최근의 논의들을 알려야 한다.

- 원칙 5.2 새로운 개념과 학습의 성취를 공유한다.

  형식적 학습과 비형식적 학습의 상보적인 성격을 증진한다.

−원칙 5.3 평생학습의 가치를 위해 공공정책의 흐름에 주목한다.

공공정책 의사결정자들에게 평생교육의 중요성을 전파한다.

(2) 사회책임

평생교육 실습은 조직 내에서 수행된다. 모든 조직의 궁극적인 목적은 지속가능한 발전에 기여하기 위함이다. 조직은 좋은 행동 규칙에 근거해서 행동해야 한다(황상규, 2013, p. 123).

사회책임은 기업에서만 하는 것이 아니다. 모든 조직에 속한 구성원들도 사회책임을 따라야 한다. 평생교육사 실습과정도 조직 내에서의 활동이므로 예외는 아니다. 지속가능한 사회를 추구하는 사회책임 인식은 평생교육사 실습과정에서도 그대로 적용되어야 할 것이다. 사회책임은 국가와 개인, 사업주와 고용인 등 이해관계자 간 존중하고 실천해야 할 중요한 목표다. 국제표준 ISO 26000에서 제시하는 사회적 책임 7원칙은 다음과 같다(황상규, 2013, pp. 123-130).

---

1. 설명책임

① 기본원칙: 조직은 사회, 경제 및 환경에 미치는 영향에 대해 설명책임을 져야 한다.

② 의미 및 실행

이 원칙은 조직이 적절한 수준의 감시를 수용하고 이 감시에 대응할 의무를 받아들이는 것을 말한다. 이 원칙은 잘못이 발생했을 때 그 잘못을 바로잡기 위한 적절한 조치를 취하고, 재발방지를 위한 적절한 조치를 취하고 재발방지를 위한 행동을 취하는 책임을 받아들이는 것을 포함한다.

2. 투명성

① 기본원칙: 조직은 사회와 환경에 영향을 미치는 조직의 결정과 활동에 대해 투명하여야 한다.

② 의미 및 실행

투명성 원칙은 소유권이 있는 정보의 공개를 요구하는 것이 아니며, 「개인정보 보호법」을 위반할 가능성이 있는 정보의 제공을 포함하지 않는다. 이 원칙은 이해관계자를 식별해 내고 선택하고 참여할 때 이용된 기준과 절차를 의미한다.

3. 윤리적 행동

① 기본원칙: 조직은 윤리적으로 행동하여야 한다.

② 의미 및 실행

조직의 행동은 정직, 평등 및 진실성의 가치를 기반으로 하여야 한다. 이를 위해 윤리적 행동 표준을 정의해야 하며, 보복의 두려움 없이 비윤리적 행동보고를 용이하게 하는 메커니즘을 수립하고 유지하여야 한다.

4. 이해관계자 이해 존중

① 기본원칙: 조직은 이해관계자의 이해를 존중하고 고려하며 대응하여야 한다.

② 의미 및 실행

조직은 이해관계자를 식별해 내야 한다. 식별된 이해관계자의 법적 권리와 그들의 관심사에 대응하여야 하고 조직의 의사결정과정에 이해관계자의 견해를 고려해야 한다.

5. 법치 존중

① 기본원칙: 조직은 법치 존중이 의무적이라는 것을 받아들여야 한다.

② 의미 및 실행

사회책임의 맥락에서 법치 존중은 조직이 모든 해당하는 법과 규정을 준수하는 것을 의미한다. 따라서 모든 법적 의무를 조직은 스스로 알아야 한다.

6. 국제행동규범 존중

① 기본원칙: 조직은 법치 존중 원칙을 지키면서 국제행동규범을 존중하여야 한다.

② 의미 및 실행

조직은 국제행동규범을 지키지 않는 다른 조직의 활동과 연루되는 것을 회피하여야 한다.

7. 인권존중

① 기본원칙: 조직은 인권을 존중하고 인권의 중요성과 보편성을 인식하여야 한다.

② 의미 및 실행

이 원칙은 국제인권장전에 규정된 권리를 존중하고 촉진시켜야 한다. 즉 인권은 모든 국가, 문화 및 상황에 불가분하게 적용가능하다는 것을 존중하여야 한다.

사회책임에서 가장 기본이 되는 원칙은 이해관계자와의 대화일 것이다. 이해관계자의 개념은 조직의 결정과 활동으로 인해 그들의 이해가 영향을 받을 수 있는 개인이나 그룹이라고 정의한다(황상규, 2013, p. 131).

3. 평생교육현장실습기관의 유형

1) 평생교육현장실습기관 선정 요건

평생교육현장실습교육은 양성기관과 평생교육기관 간 공동의 협력으로 진행된다. 실습생이 미리 이수해야 할 최소한의 학점 취득 요건은 크게 세 가지 단계를 거친다. 먼저 자격취득을 위해 대학 등에서 실습과목을 수강 신청하고, 그 다음 실습기관의 평생교육사에게 실습을 평가·확인 받아야 한다. 마지막으로 대학 등 양성기관의 교수 등에게서 학점을 충족하면 국가평생교육진흥원의 평생교육사 자격취득 신청의 행정절차를 마쳐야 한다. 여기서는 실습생이 실습기관 선정 시 고려해야 할 내용들을 자세히 살펴본다.

첫째, 현장실습교육은 여러 기관 간 협업의 형태로 진행된다. 실습교육은 평생교육사 양성기관인 대학 또는 학점은행기관과 현장실습기관 간 협약을 맺어 운영된다. 현장실습기관에는 반드시 실습생을 지도할 수 있는 자격을 갖춘 평생교육사가 배치되어 있어야 하므로 이를 확인하는 것은 매우 중요하다.

둘째, 현장실습교육은 실습생이 실습과목을 현장에서 이수해야 하는 제도다. 실습시간만이 아니라 누가 실습을 현장에서 지도했는가도 중요하다. 즉, 실습과목은 기관에서 준다기보다 엄밀하게 말하면 그 기관에 소속된 일정한 자격을 갖춘 자가 지도했다는 확인이 요구된다. 결과적으로 실습과목 담당교수의 관리를 받아야만 실습이 인정되는 것이다.

셋째, 현장실습교육의 평가는 현장실습생이 신청한 평생교육기관의 교육담당자와 현장실습과목 담당교수의 평가, 이렇게 두 곳에서 이루어진다. 일종의 실습과정에 대한 평가는 대학과 같은 과목운영기관과 실제 직무를 체험할 수 있는 평생교육기관의 평생교육직무담당자가 평가한다고 보면 된다.

넷째, 평생교육사의 직무 특성에 맞는 실습내용으로 조직된 현장실습이 운영되어야 한다. 단기 체험활동 또는 인턴(단기근로자 형태)은 인정되지 않음에 유의하여야 한다. 현장실습과정에서 현장실습의 내용이 구체적인 커리큘럼 형태나 직무 형태로 구성되는 것이 바람직하다.

다섯째, 평생교육사가 실습하는 과정에는 크게 프로그램 개발을 위한 준비과정과 실행과정, 이후 평가과정으로 대별할 수 있다. 준비과정은 조사 · 분석, 기획과 계획, 네트워크, 프로그램 개발 및 분류로 나눌 수 있다. 실행과정은 프로그램이 개발되고 개시되었을 때의 운영 방법, 예산 집행 등이 필요하고 이를 실천하기 위한 교수–학습과정과 변화촉진을 위한 다양한 사람들을 참여시키는 방안이 요구된다.

마지막으로 그 기관의 미션과 해당 프로그램의 목표를 기준으로 평가를 행해야한다. 이 과정은 결과적으로는 문제가 되는 것들에 대해서 상담하고 컨설팅하는 과정이다. 평가과정에서 무엇을 기준으로 삼아 평가를 행해야 하는지가 요구된다. 행정과 경영 등에서 행해야 하는 평가는 결과적으로는 그 기관이 지속가능한 발전을 위해 어떤 노력을 했는지를 사회적 책임 수준에서 살펴보아야 한다.

2) 평생교육현장실습기관의 프로그램 운영 유형

(1) 프로그램에 관한 6대 영역 기준

「평생교육법」은 평생교육 프로그램을 6개의 영역으로 구분하여 제시한다. 이 6개의 영역은 프로그램을 분류하는 체계다. 평생교육사는 프로그램에 대한 개발 능력이 핵심 역량이라는 점에서 이 분류기준은 평생교육사가 전문성 개발 계획을 수립하는 데에 도움을 준다.

표 1-4　평생교육 분류 및 내용

6대 영역	교육내용 및 지향
기초문해 교육	학습자가 한글을 읽고 쓸 수 있는 문자해득능력과 일상생활 속에서 관공서와 은행업무 등을 처리할 수 있는 활용능력만이 아니라, 국가의 의무교육 책임 불이행의 문제를 바로잡는 교육. 지자체의 조례에 문해교육 의무화 정책 등을 명시화하고, 문해교육사를 양성 배치하는 등 기초문해교육은 현재 비문해학습자의 학력인증정책과 국가의 의무교육 책임 이행에 목표를 둠. 향후 사회변화에 발맞춘 다양한 문해교육의 정책적 실천이 요구됨.
직업능력 교육	제4차 산업혁명과 인공지능의 발달로 직업현장은 새로운 변화의 세기를 맞고 있음. 국가의 직업능력은 한국직업능력표준(NCS)과 국가직무 역량(KQF)으로 구분됨. 현재 평생교육측면의 직업능력교육은 직무 역량 개발에 초점을 맞추고 있어 노동자의 노동권과 학습권 및 직무윤리 등은 간과되고 있음. 효율성 지표를 쫓기보다는 혁신과 책임 이행 등에 초점을 맞춘 이해관계자 간 문제해결로 평가지표가 이동해야 함. 직업인들의 국제적 이동이 활발해지고 있어 국제적 표준화 및 직무능력 인정체계가 상호 요구되고 있음.
문화예술 교육	문화예술교육은 문화예술 향유자와 생산자로 구분할 수 있음. 창작자는 곧 생산자이므로 문화교육과 예술교육은 창의적 생산자를 기르는 것임. 또한 문화예술을 이해하고 의미를 파악하고 해석할 수 있는 능력을 기르는 것이 평생교육의 핵심이 되어야 함. 즉, 문화예술의 향유자와 생산자가 협력하는 정책적·교육적 노력이 요구됨. 이를 위해서는 지역의 전통문화와 개인의 경험을 수집하여 교육적으로 변환시키는 교육적 체계가 수립되어야 함. 과거의 문화와 현대의 문화 간 교류 및 재해석이 이루어지도록 문화예술교육이 이루어져야 함.
인문교양 교육	인문교양교육은 한 집단의 집단적 사고와 문화적 토대를 성찰하는 교육임. '우리는 왜 사는가'와 같은 존재를 성찰하는 인문교양교육은 국가의 정책 등을 비판적으로 사고하며 본질을 탐색하는 성격을 포함해야 함. 인간 사고의 저변에 깔려 있는 인식체계를 다루는 교육으로 인간의 과거와 현재를 맥락적으로 인식하는 '인간다움'과 같은 교양의 수준을 높이는 교육임.
시민참여 교육	시민참여교육은 판단 및 의사결정에 관한 시민의 분별력과 자발성을 키우는 교육임. 시민주권과 대응논리를 향상시키는 교육으로 시민의 연대와 권리찾기, 협력적 공동체를 형성하기 위한 목적이 강함. 시민참여교육은 시민의 정체성 형성을 위한 것으로 관습과 관행을 바로잡는 교육과 법과 정의를 준수하도록 감시하는 등 시민의 실천과 윤리적·도덕적 책임 이행에 관심을 둠. 실천적·협력적 주권의 회복과 공동체적 갈등을 조정하는 능력을 향상시키는 교육임.

학력보완 교육	「초・중등교육법」「고등교육법」「평생교육법」의 학력인정에 관한 이수단위 및 학점과 관련된 정책 실천으로 평생교육정책에 포함된 것임. 학력인증에 관한 절차 및 기준을 명시한 것으로, 예를 들어 '검정고시'와 같은 정책의 관리 및 허가 등을 전담하는 교육기관을 관리하는 업무임. 평생교육의 핵심 직무로 편성된 이유는 의무교육이나 대학교육과는 성격이 다른 사회교육으로 분류되기 때문임. 학제의 다양성과 선택기회를 제공하고 있다는 점에서 의의가 있지만 개인의 선택으로 한정하는 한계가 있음.

실습교육은 평생교육현장에서 과목을 이수하는 것이므로 실습생이 체크할 중점 사안은 다음과 같이 정리될 수 있다.

(2) 실습교육기관 유형별 고려사항

실습생은 6대 영역 중 어느 한 영역이 특화된 실습기관을 선정해서 실습을 지원할 수 있다. 이때 실습할 기관이 제시한 실습교육 프로그램 내용에서 오리엔테이션 및 내용이 체계화되어 있는가를 확인하는 것이 향후 직무 전문성을 높이는 데 도움이 될 것이다.

또한 평생교육사 직무 영역은 매우 광범위하므로 160시간 내에 핵심 직무가 실습에 포함되어 있는지를 확인해야 한다. 예를 들어, 기초문해교육에 관한 직무 전문성을 익히고자 한다면 평생교육기관 중 문해교육 전담기관에서 실습을 이행하는 것이 필요하다.

마지막으로 실습기관의 지도자가 실습생에게 제공되는 실습교육을 어떤 내용으로 조직해 제공했는가를 확인해야 한다. 실습기관의 지도자가 평생교육사 자격을 갖추고 있다 하더라도 실습지도자로서 자격기준에 적합한지를 확인할 필요가 있다. 이것을 확인하지 않았을 때 실습생은 실습과목 이수에 문제가 발생할 수 있다.

3)「평생교육법」과 타법에 의한 평생교육시설 유형

평생교육기관유형은 크게「평생교육법」에 의거 설립한 5개 유형과 타 법에 설립 근거를 둔 4개 유형이 있다. 평생교육기관은 전담기구와 추진기구, 지정·선정·신고(인가) 기관 등으로 구분한다. 이들 기관의 명칭도 진흥원, 센터, 학교 등으로 명명한다. 각 기관들의 역할에 대한 이해를 위해 기관유형을 소개한다.

표 1-5 평생교육 기관유형

구분	기관유형		예시
평생교육	① 유형	전담기구	**국가평생교육진흥원** — 국가평생교육진흥원
			시·도 평생교육진흥원 (총 17개) — 강원도평생교육진흥원, 경상북도평생교육진흥원, 대구평생교육진흥원, 서울특별시평생교육진흥원, 전라남도평생교육진흥원, 경기도평생교육진흥원, 광주평생교육진흥원, 인천평생교육진흥원, 울산평생교육진흥원, 대전평생교육진흥원, 부산평생교육진흥원, 제주특별자치도평생교육진흥원, 충청남도평생교육진흥원, 충청북도평생교육진흥원, 세종인재육성평생교육진흥원, 경남평생교육진흥원, 전북평생교육진흥원
			시·군·구 평생학습관 — 평생학습관, 공공도서관, 문화원, 연수원·수련원, 박물관, 복지관 등 (교육청으로부터 시·군·구평생학습관으로 지정받은 기관에 한함)
	② 유형	문자해득 교육프로그램 지정기관	문자해득교육 프로그램 설치·지정 기관
		성인문해교육 지원사업 선정기관	당해연도 성인문해교육 지원사업 선정 기관
	③ 유형	평생학습도시	시·군·구 평생학습센터 또는 평생교육 전담부서 등
		국가·지자체 평생학습 추진기구	광역시도청/시·군구청/시도교육청/지역교육청 내 평생학습센터 또는 평생교육 업무담당 부서 등

그 밖 의 다 른 법 령*	④ 유형	평생교육 관련사업 수행학교	대학평생교육활성화지원사업, 학교평생교육사업(지역과 함께하는 학교사업, 방과후학교 사업 등) 수행
	⑤ 유형	평생교육시설 신고·인가 기관	유·초·중등 대학부설/학교형태/사내대학형태/원격대학형태/사업장부설/시민사회단체부설/언론기관부설/지식·인력개발 관련 평생교육시설
	⑥ 유형	평생직업교육학원	학원설립운영등록증상 평생직업교육학원 형태 등록 여부 확인(학교교과교습학원 형태는 인정 불가)
	⑦ 유형	기관형 교육기관	주민자치기관 — 시·군·구민회관, 주민자치센터 등
			문화시설기관 — 도서관, 박물관, 미술관, 과학관, 지방문화원 등
			아동 관련 시설 — 아동직업훈련시설, 아동복지관, 지역아동(정보)센터 등
			여성 관련 시설 — 여성인력개발센터, 여성(복지, 문화)회관 등
			청소년 관련 시설 — 청소년지원센터, 청소년수련시설, 청소년문화의집 등
			노인 관련 시설 — 노인교실, 노인복지(회)관 등
			장애인 관련 시설 — 장애유형별 생활시설, 장애인복지관 등
			다문화가족 관련 시설 — 다문화가족지원센터 등
			사회복지시설 — 종합사회복지관 등
	⑧ 유형	훈련· 연수형 교육기관	직업훈련기관 — 공공직업훈련시설, 지정직업훈련기관 등
			연수기관 — 공무원연수기관, 일반연수기관 등
	⑨ 유형	시민사회 단체형 교육기관	비영리민간단체 — 전국문해·성인기초교육협의회, 한국평생교육학회 등
			비영리 사(재)단법인 — 한국평생교육사협회, 한국문해교육협회 등
			청소년단체 — 한국청소년연맹, 청소년단체협의회 등
			여성단체 — 여성회, 여성단체협의회 등
			노인단체 — 대한노인회, 전국노인평생교육, 단체연합회 등
			시민단체 — NGO, YMCA, YWCA, 환경운동연합 등
	기타		그 밖의 평생교육을 주된 목적으로 하는 시설 및 단체

* 그 밖의 다른 법령에 의한 기관의 경우 반드시 해당 설치·운영 법적 근거 및 평생교육 사업 수행 여부 확인

평생교육현장실습의 교육

 개관

평생교육은 빠르게 변화하는 지식과 정보를 누구나 접근하게 만드는 교육제도다. 무엇보다 모든 이에게 공평한 기회제공이 중요한 정책 요건이 되고 있다. 평생교육의 참여는 삶의 질과 밀접하게 관련되어 있다. 이에 국가에서도 다양한 평생교육정책들과 지원체제를 구축하고 있다. 이 장에서는 현재 정부의 지원체제와 평생교육 관련 비전과 정책에 대해 알아본다. 평생교육실습과정에서 지역 및 정부단위의 지원체제와 평생교육 네트워크에 대한 이해가 실습교육에 도움이 될 수 있다.

 학습목표

1. 평생교육정책의 방향과 전략에 대해 살펴본다.
2. 실습과정에서 평생교육지원체제와 본 기관과의 연계를 파악한다.
3. 평생교육 관련 네트워크의 필요와 방안에 대해 살펴본다.

 주요용어

국가평생교육정책, 평생교육지원체제, 평생교육 네트워크, 평생교육의 주요 정책

1. 평생교육현장실습 교과목의 이해

평생교육실습의 궁극적인 목적은 정책과 제도를 활용한 평생교육의 가치를 실현하는 데 있을 것이다. 평생교육실습과정은 평생교육정책에 대한 폭넓은 이해 속에서 이루어질 때 더 구체적인 문제해결의 역량을 기를 수 있을 것이다. 평생교육의 정책과 제도의 목표도 교육이라는 정책으로 우리 사회의 문제를 발견하고 해결하기 위한 접근이다. 평생교육이 제2차 세계대전 이후 유네스코를 통해 대두될 시기에는 교육기회의 평등 및 존재를 위한 학습 등이 목적이었다. 최근에는 교육의 자원으로서 생산성을 높이는 교육적 효과에 초점을 맞추어 가고 있다. 이것은 국가의 지속가능성 측면에서 지식의 활용과 지식의 생산에 힘을 기울이고 있는 것이다.

우리나라의 경우 2002년 제1차 평생교육진흥기본계획에서 학점은행제 사업을 시작으로 평생학습도시와 평생학습축제가 개최되는 등 일반대중에게 정책을 알리고 이해시키는 일을 하였다. 그 후 2008~2012년 제2차 평생교육진흥기본계획에서는 학습에서 소외된 이들을 위한 정책으로 그 초점이 이동하였다. 교육복지와 문화 등을 연계하여 공적인 책임을 다하는 데 노력을 기울였다. 학습의 과정에 대한 인정을 위해 평생학습계좌제를 도입하였다. 2013~2017년 제3차 평생교육진흥기본계획에서는 학습생태계를 구축함과 동시에 사회적 약자를 위한 지원에 힘을 쏟았다. 제4차 평생교육진흥기본계획은 학습 프로그램이 아니라 학습자에 초점을 맞춘 점이 이전과 다르다. 지속가능한 평생학습사회를 비전으로 수립하였고 각 부처 간 협력과 연계가 강조되었다.

1) 평생교육추진전략

제4차 평생교육진흥 기본계획에서는 '개인과 사회가 함께 성장하는 지속가능한 평생학습사회 실현'으로 설정하고 ① 프로그램 중심에서 학습자중심으로의 패러다임 전환 ② 학습자의 참여확대를 위한 내적 동기화 ③ 개인과 사회의 동반 성장을 위한 지속가능성 구축 ④ 기관 및 제도 간 학습사회를 위한 연계 및 협력을 강화하는 데 초점을 맞추고 있다. 이를 실행하는 방안으로 학습권에 대한 재인식과 일자리와 연계되는 온라인 학습생태계 조성이 강조되었다. 그동안 학교와 교육기관 중심의 평생학습체계에서 벗어나 학습자의 생활권과 지역사회에 보다 가까이 다가갔다는 점이 다르다. 제4차 기본계획에서는 평생교육의 체계적 관리가 그 핵심으로 보인다.

제4차 기본계획에서는 평생교육전담·지원기구의 완성을 기반으로 본격 국민들의 평생교육 지원을 실천하게 되었다. 국가단위에서는 국가평생교육진흥원에서 주요 정책사항과 평생교육업무의 체계적인 협력 조정사항을 심의한다. 지역단위에서는 시·도 평생교육협의회에서 시·도교육감과 지자체와 평생교육진흥을 수행한다. 시·군 및 자치구에서 지역주민의 풀뿌리 평생교육을 추진하도록 체계가 완성된 것이다. 이러한 구도 속에서 평생교육이 진행되므로 평생교육사들은 생활권 평생교육사업에도 관심을 넓힐 필요가 있다.

2) 제4차 평생교육진흥기본계획

정책의 방향이 변화에 대응하는 전략이라고 보면, 기본 계획은 평생교육의 비전과 전략을 수립하고 과제를 이행하겠다는 약속이라고 할 수 있다.

비전	개인과 사회가 함께 성장하는 지속가능한 평생학습사회 실현

추진전략 (4P)	• People: 학습자(사람) 중심으로의 패러다임 전환(학습자의 성장) • Participation: 지속적이고 자발적인 참여 확대(내적동기화) • Prosperity: 개인과 사회의 동반 번영 지원(지속가능성) • Partnership: 기관 및 제도 간 연계·협력 강화(상호연계성)

주요 과제	[국민] 누구나 누리는 평생학습 • 전국민 평생학습권 보장 • 소외계층 평생학습 사다리 마련	[일자리]와 함께 언제나 누리는 평생학습 • 온라인 평생교육 생태계 구축 • 산업맞춤형 평생교육 확대 • 대학의 평생교육 기능 강화
	[지역] 어디서나 누리는 평생학습 • 지역단위 풀뿌리 평생학습 역량 강화 • 평생학습 기반 지역사회 미래가치 　창출 지원	[기반] 튼튼한 평생학습 • 평생교육 관련 법령 및 제도 개선 • 평생교육 투자 확대 및 체계적 관리

[그림 2-1] 제4차 평생교육진흥기본계획의 비전 및 추진체계(교육부)

3) 평생교육 관련 국가 예산

　　국가예산배분은 그 지역의 정책의 중요도를 읽는 기준이 될 수 있다. 평생교육 예산은 국가의 평생교육에 대한 관심과 정책적 우선순위를 판가름할 수 있게 해 준다. 평생교육예산의 책정에서 직업교육이 포함된 것은 평생교육의 사회적 요구를 반영한 것으로 볼 수 있다. 가장 좋은 복지는 직업이라는 말도 있듯이 지속가능성은 결국 생산성에 있기 때문일 것이다.

　전체교육예산에서 평생교육예산이 미미한 것은 교육에 대한 기대가 평생교육에 있지 않다는 것을 반증한다. 교육예산의 배분에서 평생교육예산의 확대가 요구된다.

　평생교육은 아직 정부의 정책 우선 순위에 포함되지 않은 '변두리'에 머물러 있다 해도 과언이 아니다. 이러한 현상은 교육에 대한 국민들의 기대의 초점이 청소년과 대학생 등에 맞추어져 있기 때문이다. 그러나 제4차 산업혁명 등의 전 세계적인 변화는 새로운 교육수요를 창출해 내고 있다.

　평생교육정책은 성인의 재교육 관점에서 수립되어야 할 필요가 있고 형식교육 외에 비형식교육과 암묵적 지식의 전수와 같은 방식으로 실천적인 성격을 지닌다. 즉, 평생교육은 경험의 재구성과 경험지식에 대한 의미와 가치를 존중하는 태도를 지닌다.

　아래는 평생교육예산의 구성과 현황을 볼 수 있다. 이 예산 범위 속에서 국가평

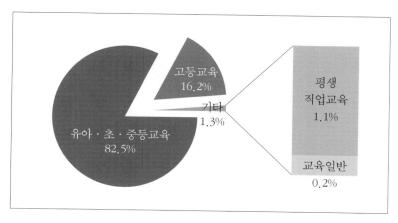

[그림 2-2] 2017 교육분야 정부예산 구성

출처: 국가평생교육진흥원(2018). 『2017 평생교육백서』. p. 25.

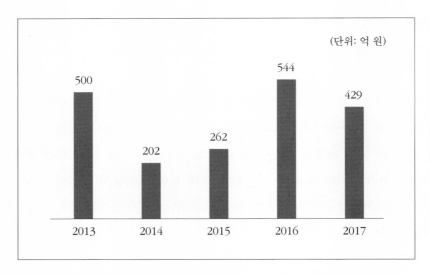

(단위: 억 원)

[그림 2-3] 국가평생교육진흥원 정부지원 예산 현황

출처: 국가평생교육진흥원(2018). 『2017 평생교육백서』. p. 25.

생교육진흥원이 평생교육진흥을 추진하고 있는 것이다.

4) 평생교육지원체제

평생교육은 다양한 맥락과 범주를 포괄하기 때문에 국가의 전 부처에서 협력해야 할 책무가 있다. 그러나 우리나라의 현행법은 교육부가 전담하도록 하였고 지역 단위에서 시ㆍ도 지자체와 교육청이 실행하는 구조로 설계되어 있다. 행정기구와 교육전담 기구 간 협력 사업이라는 점에서 초ㆍ중ㆍ고와 주민자치센터 등의 연계는 어려워 보이지 않는다. 문제는 다른 부처의 사업, 예를 들어 문화체육관광부 등에 소속된 박물관ㆍ도서관 등은 평생교육지원체제의 밖에 머물기 때문에 쉽게 연계하기 어렵다는 단점이 있다.

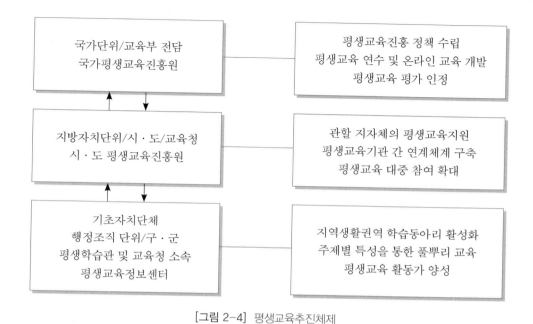

[그림 2-4] 평생교육추진체제

5) 국가단위 평생교육진흥업무

교육부에서 추진하는 평생교육진흥업무를 총괄하는 법인은 국가평생교육진흥원이다. 이 기관은 그동안 분산되어 있던 학점은행센터와 평생교육센터, 독학위검정원 등을 통합한 국가기구다. 그동안 대학 등 평생교육사 자격관리 업무도 국가평생교육진흥원으로 이전시켰다.

국가평생교육진흥원의 주요 업무와 시·도 평생교육진흥업무를 간추리면 다음과 같다.

(1) 국가평생교육진흥원의 주요 11대 업무

• 평생교육진흥을 위한 지원 및 조사
• 평생교육진흥위원회가 심의하는 기본계획 수립의 지원

- 평생교육 프로그램 개발의 지원
- 평생교육사를 포함한 평생교육 종사자의 양성 및 연수
- 평생교육기관 간 연계체제의 구축
- 시 · 도 평생교육진흥원에 대한 지원
- 평생교육 종합 정보시스템 구축 운영
- 「학점인정 등에 관한 법률」 및 「독학에 의한 학위취득에 관한 법률」에 따른 학점 또는 학력인정에 관한 사항
- 학습계좌의 통합관리 운영
- 문해교육의 관리 운영에 관한 사항
- 법령에 따라 위탁받은 업무

(2) 시 · 도 평생교육진흥원의 주요 업무

시 · 도지사는 주민을 위해 진흥원을 운영할 수 있다. 이때의 근거법은 해당 지자체의 조례가 된다. 이 진흥원의 평생교육사 배치는 1급 평생교육사를 포함하여 5명 이상의 평생교육사가 필수적이다.

시 · 도 평생교육진흥원의 주요 업무는 다음과 같다.

- 지역의 평생교육진흥 기반 구축: 평생교육기관 실태조사, 시민학습 아카이브 구축, 정책 개발 및 평생학습지수 모니터링
- 평생학습 기회 제공: 동 단위 평생학습센터 운영, 학습동아리 활성화 지원
- 평생학습 문화확산: 평생학습 매거진 발간, 대토론회 개최, 시민참여형 캠페인
- 평생교육 전문성 및 네트워크: 관계자 네트워크, 역량강화 연수, 교육지원 및 컨설팅
- 학습공간운영 및 콘텐츠 개발: 대학연계 시민대학 운영, 학습공동체 활성화

(3) 구 평생학습관

구 평생학습관의 주요 업무는 다음과 같다(마포구청 홈페이지).

- 평생교육 및 문화활동 상담 및 지원
- 평생교육 프로그램 개발, 기획 및 홍보
- 평생학습교실운영
- 문화행사주관

(4) 국가평생교육진흥원의 핵심 사업

국가평생교육진흥원의 사업은 크게 두 범주로 나눌 수 있다. 첫째는 제도 및 정책을 통한 사업관리이고 둘째는 평생교육활성화를 위한 학습참여다.

① 제도 및 정책을 통한 교육진흥 사업(2018년)

국가평생교육진흥사업은 평가인정에 초점을 맞추고 있다. 자격관리와 학점인정 · 교육과정 개발 · 성인교육추진 등 제도의 확산과 대중의 평생학습 참여에 사업의 주안점을 두고 있다.

표 2-1　국가평생교육진흥사업

사업명	내용
대학의 평생교육체제 지원	선취업후진학 활성화, 대학의 자율적 운영모델 지원, 성인학습자 친화적 고등교육체계 추진(성인학습자 수요에 맞는 교육과정 개발, 수업방식의 다양화, 학사운영의 유연화, 내실화)
평생교육사 자격제도 운영	평생교육사 자격증 교부 및 전문연수 수행
평생학습계좌제	「평생교육법」 제23조에 따라 다양한 학습경험을 학습계좌에 누적관리하고 이를 학력과 자격인정으로 연계하여 인정받는 제도
학점은행제	무형문화재 전수교육이수학점 및 자격취득 학점, 시간제등록 학습과목 이수 학점, 평가인정 학습과정, 학점인정대상학교 학습과목으로 학점을 취득할 수 있는 제도
독학학위제	11개 전공분야 개설로 학사학위를 취득할 수 있는 제도

② 학습참여를 위한 평생교육활성화 사업(2018년)

국가평생교육활성화사업은 콘텐츠 개발과 배포, 역량개발에 초점을 맞추고 있다. 그러나 지식산업사회에서 학습자들의 다양한 요구를 충족시키는 매체개발과 지식생산의 기반마련에는 한계를 보이고 있다.

표 2-2 국가평생교육활성화 사업

사업명	내용
지역평생교육활성화	모든 국민의 학습권 보장을 위한 국가평생학습추진체제 구축
한국형 온라인 공개강좌 (K-MOOC)	고등교육 콘텐츠의 공개 및 공유, 2018~2019년 참여대학 컨소시엄 확대
국가평생학습포털 '늘배움'	전국평생교육 정보 종합 제공, 평생학습 정보의 개방 및 공유, 평생학습 빅데이터 DB구축
성인문해교육 지원	초·중학 학력인정제도구축, 성인문해교육활성화사업, 성인문해능력조사
학부모자녀교육 역량강화	전국학부모지원센터(전국 93개소)
다문화교육활성화 지원	다문화교육정책 학교 운영지원(다문화 예비학교, 다문화 중점학교, 다문화연구학교, 다문화 유치원)
매치업 대표기업 지원	4차 산업혁명 분야 직무능력 향상에 필요한 온라인 강좌 및 현장실습 등을 묶어 운영하는 산업맞춤 단기직무인증과정(6개월)

• 성인문해교육 지원사업

2014년 국가평생교육진흥원에서 실시한 성인문해능력조사에 따르면 18세 이상 성인인구 중 약 6.4%인 264만 명이 비문해성인이라고 한다. 국가의 의무교육 혜택을 받지 못한 20세 이상의 성인 중 중학교 학력 미만 인구가 13.1%로 517만 명이라고 한다(윤여각, 2017: 129에서 재인용). 이를 해결하기 위해 성인문해교육 지원사업이 진행되고 있다. 성인문해교육 인구는 약 260만 명에 이르는 것으로 추정된다. 성인문해교육 지원사업 참여기관은 전국 377개(2017)로 학습자는 39,732명에 이른다. 성별·연령별 학습참여자 통계는 여성이 96.2%로 다수를 차지한다. 연령대는 단연

코 70대가 우세하다.

국가평생교육진흥원은 광역 문해교육활성화지원 및 문해교육 프로그램 운영지원사업을 수행하고 있다. 이 사업은 기초자치단체가 국고지원액의 70% 이상에 해당하는 대응투자를 하도록 하고 있다. 문해교육거점기관 육성지원은 문해교육 프로그램의 시범운영을 통해 선정한다. 그 기준은 지원사업에 5회 이상 선정된 기관을 우선으로 하며 이 기관은 기관당 최대 500만 원 이내의 지원금이 제공된다.

이 사업의 추진은 교육부와 국가평생교육진흥원, 기초자치단체 및 문해교육기관으로 체계화되어 있다. 이 지원사업은 전국의 70%에 해당하는 165개의 기초자치단체가 참여하는 등 다소 성과를 내기는 하였으나 58.5%의 학습자가 초등 1단계에 머물고 있다는 점은 문제로 보인다. 내국인 프로그램이 81.2%인 것을 보면 장애인 2.1%나 외국인 2% 등 수요자에 맞는 프로그램의 다양화가 필요해 보인다.

국가에서는 문해교육 프로그램을 이수한 학습자의 학습결과를 학력인정의 수준으로 끌어 올려 졸업장을 받을 수 있도록 하고 있다. 학력인정 문해교육 프로그램은 2017년 시·도교육청 17개로 전국 246개 문해교육기관에 학력인정 문해교육 프로그램이 설치·지정되는 성과를 보였다. 다만, 초등과정 학력인정 운영기관이 총 218개로 다수이며 중학과정은 8개에 머무는 등 편차를 보이고 있다.

성인문해교육 활성화사업으로 교과중심의 글읽기와 글쓰기 등 문자문해를 넘어서는 시도를 실천하고 있다. 그것은 일상생활에 필요한 문해를 위해 생활문해 교과서를 개발하여 무상보급하고 있는 사업이다. 생활문해 교과서의 내용은 금융과 교통안전을 포함한다. 정보문해 교과서가 개발되어 소통메신저 애플 사용방법 등으로 교육되고 있다.

평생교육사가 성인문해교육사업에 참여하기 위해서는 문해교육 교원 자격을 취득해야 한다. 문해교육교원양성은 2008년에 시작하여 2017년 현재 4,081명에 이른다. 현재 문해교육센터는 경기도, 충남, 대전광역시에 설립되어 운영되고 있다. 문제는 문해교육의 교수자가 자원봉사자로 운영되는 문제로 문해교육 프로그램의 질과 효율적 운영에 한계가 되고 있다(윤여각, 2018).

• 평생교육 바우처 사업

2018년 제4차 평생교육진흥기본계획의 일환으로 실시된 바우처 사업은 교육복지의 형태로 진행된다. 이 사업의 성격은 이전의 교육복지와는 다른 차원이다. 이 사업은 교육기회의 평등을 목표로 진행되는 사업이기 때문에 배우는 내용보다는 배울 기회를 제공하는 데 주력한다.

평생교육바우처 사용기관은 바우처 이용자에게 우수한 평생교육강좌 참여기회를 제공하고 지속적인 학습참여를 독려하는 데 있다. 사용기관은 「평생교육법」 제30조에서 제38조까지의 평생교육시설, 「평생교육법」 제20조2에 따라 설치된 장애인평생교육시설, 「학점인정 등에 관한 법률」 제3조에 따라 학습과정의 평가인정을 받은 평생교육기관에 한한다.

• 평생교육 네트워크

평생교육은 평생학습사회를 실현하기 위한 사회적 실천이다. 이 실천은 협력과 연대, 공동의 노력으로 가능하다. 따라서 기관 간 이해관계를 조정하고 사회적 가치를 창출하기 위한 분담이 필요하다. 그러나 각 기관들은 각자의 사업에 대해 자신이 주가 되고 다른 연계기관이 부가 되기를 원하는 측면이 있기 때문에 네트워크는 그리 쉽게 이루어지지 못하는 게 현실이기도 하다.

이것은 소위 말하는 '갑'과 '을'의 관계가 되기 일쑤다. 이런 종속적인 관계가 아닌 협력적 파트너십이 필요해 보이지만 그것은 집행하는 측과 권한이 동등하지 않기 때문에 발생하는 문제로 보인다. 의사결정을 통해 서로에게 도움이 되는 성과를 낼 수 있는 협력체계가 요구된다.

서로에게 도움이 되는 협력체계를 생각해 보면 다음과 같다.

첫째, 기관 간 상호 교환가치가 있어야 네트워크가 가능해진다. 이를테면 양성기관에서 교육을 이수한 사람들이 일자리가 다른 기관에 배치된다면 그것이야말로 직접적으로 학습자들을 돕는 게 될 수 있다.

둘째, 평생교육사가 기관에서 활동하는 과정에서 기관도 성장시키고 활동가 자신도 성장할 수 있는 프로그램이 운영될 때 실제적으로 공동체의 토대를 만들어 낼 수 있다. 이를테면 동자치센터에서 프로그램 운영 담당 활동가가 그 활동을 통해 마을의 문제를 해결해 나간다면 그것은 지속가능한 네트워크 속에서 성장의 기반을 만들어 내는 것이 될 것이다.

셋째, 네트워크는 공간과 시간, 프로그램의 운영에서 보다 효과적으로 이루어질 수 있다. 분절되고 단절된 기관에서 협력이 되지 않았을 경우, 그 피해는 그 지역에 영향을 미친다. 예를 들어, 노인과 영유아 세대 간 만남의 기회가 드문 경우, 세대 간 이해는 떨어질 수밖에 없다. 이런 점을 정책과 제도에서는 개선해 나갈 수 있어야 하는데 가장 손쉬운 방법은 그들과 만남을 지속적으로 설계하는 것이다. 방문 프로그램도 좋고, 놀이 프로그램도 좋을 것이다. 서로에게 도움이 되는 그런 프로그램이 네트워크 활성화에 촉진제가 될 수 있다.

넷째, 네트워크는 한 단위 사업을 위해 협약하는 방법이 있다. 이를테면 노인들의 여가활동과 학습, 세대 간 대화의 장을 만들기 위해 노인복지센터에서는 박물관에 요청하여 도슨트 프로그램을 운영하도록 하였다. 노인복지센터에서는 박물관에서 해설을 전담한 노인학습자들에게 일정한 학습비를 지불했고, 그 박물관에서는 노인 도슨트들에게 일정한 교육을 제공했다. 지식에 대한 노인의 학습욕구만이 아니라 다른 세대와 만나는 소통의 장을 이 두 기관은 만들어 낸 것이다.

이와 같이 평생교육 네트워크는 시설의 이용과 협력이 될 수도 있지만 교육측면에서 서로의 필요에 따라 프로그램을 운영할 때 더 나은 교육서비스를 만들어 낼 수 있다.

• 평생교육사 연수 사업

평생교육사의 전문성을 위해 연수교육과정이 필요하다. 평생교육사들의 전문성을 발휘하려면 체계적인 연수시스템 구축이 우선되어야 한다. 이를 위한 첫째 요건으로는 평생교육사 배치를 위한 법과 제도개선이 요구된다. 「평생교육법」의 평생교육사의 의무배치 규정은 유명무실하다. 「평생교육법」에 의해 설립된 4,030개의 기관에는 5,339명의 평생교육사가 배치되어 있다(윤여각, 2018, p. 94). 평생교육을 추진하기 위해 「평생교육법」에 평생교육전담공무원 조항을 신설하는 방안도 검토 중이다. 현재 공공영역 평생교육전담인력 중 평생교육사 자격소지자의 비율은 15.9%로 미미한 실정이다.

6) 지방자치단체 평생교육지원조례

평생교육사가 되는 과정에서 필요한 지식과 기술은 기관이나 조직의 목적에 따라 차이가 있을 수 있으나 기본적으로 '사람'을 성장시키는 것이 최종 목적이므로 프로그램도 학습자의 성장과 역량 개발에 초점을 맞추어야 한다. 이를 위해서는 관련된 기관의 목적과 사명뿐 아니라 그 기관이 속해 있는 지역의 조례와 관련 법규 등도 이해하고 있어야 한다. 평생교육의 법적인 지원을 위해 지방자치단체에서는 조례를 제정·공포·운영하고 있다. 그것은 〈표 2-3〉과 같다.

표 2-3 시·도 평생교육협의회의 구성 관련 조례 제정 현황

연번	시·도	관련조례 제·개정	구성	위원구성 위원구성(명)	
1	서울	완료	완료	공무원(시 2명, 교육청 2명), 평생교육전문가 12명 평생교육기관 2명, 기타 1명	(19)
2	부산	완료	완료	공무원(시 5명, 교육청 2명), 시의원1명, 평생교육전문가 4명, 평생교육기관 2명, 평생교육단체 3명	(17)
3	대구	완료	완료	공무원(시 3명, 교육청 2명), 평생교육전문가 5명, 교육기관 5명	(15)
4	인천	완료	완료	공무원(시 4명, 교육청 2명), 시의원 2명, 평생교육전문가 3명, 교육기관 4명	(15)
5	광주	완료	완료	공무원(시 2명, 교육청 2명), 평생교육전문가 6명, 교육기관 4명, 시의원 1명	(15)
6	대전	완료	완료	공무원(시 2명, 교육청 2명), 평생교육전문가 3명, 교육기관 6명, 시의원 1명	(14)

7	울산	완료	완료	공무원(시 3명, 교육청 3명), 평생교육전문가 4명, 대학관계자 4명, 기타 3명	(17)
8	세종	완료	완료	공무원(시 1명, 교육청 1명, 국립세종도서관 1명), 평생교육전문가 11명, 기타 3명	(17)
9	경기	완료	완료	공무원(도 2명, 교육청 2명), 도의원2명, 평생교육전문가 10명, 교육기관 1명	(17)
10	강원	완료	완료	공무원(도 3명, 교육청 2명), 교육위원회도의원 1명, 여성위원 5명, 교육기관 · 단체 5명	(16)
11	충북	완료	완료	공무원(도 3명, 교육청 2명), 도의원2명, 평생교육전문가 7명, 교육기관 8명	(22)
12	충남	완료	완료	공무원(도 2명, 교육청 3명), 평생교육전문가 5명, 교육기관 3명, 기타 2명	(15)
13	전북	완료	완료	공무원(도 3명, 교육청 2명), 평생교육전문가 5명, 교육기관 4명, 기타 2명	(16)
14	전남	완료	완료	공무원(도 2명, 교육청 2명), 평생교육전문가 5명, 교육기관 7명	(16)
15	경북	완료	완료	공무원(도 2명, 교육청 2명), 평생교육전문가 5명, 교수 등 교육기관 6명, 기타 2명	(17)
16	경남	완료	완료	공무원(도 3명, 교육청 2명), 도의원 2명, 평생교육전문가 2명, 교육기관 10명	(19)
17	제주	완료	완료	공무원(도 2명, 교육청 2명), 도의원 2명, 평생교육전문가 4명, 대학관계자 5명, 기타 3명	(18)

출처: 국가평생교육진흥원(2018). 『2017 평생교육백서』. p. 73.
국회교육문화체육관광위원회(2016). 평생교육법 일부개정안 검토보고서.

7) 소관부처별 평생교육진흥 관련 업무

평생교육업무는 「평생교육법」에 의해서만 진행될 수 없다. 국민 전체의 평생교육은 전 부처에서 시행하는 것이 바람직하나 우리 사회는 아직 학습자 중심 통합의 법적 근거가 없다.

표 2-4 소관부서별 평생학습 관련 위원회 또는 지원시설의 설치 · 운영 근거

구분	법명	관련 조항 및 내용	평생학습 시사점 (주요 평생학습 지원시설)
기본법	「교육기본법」(교육부)	• 평생학습권 보장 지원근거 제시 • 학교교육과 사회교육의 지원	• 학교교육중심 • 교육체제의 재구조화 강화(초 · 중등학교 및 고등교육기관)
	「인적자원개발기본법」 (교육부)	• 인적자원개발 정보제공을 통한 국민의 자기계발 지원 · 활용	• 국민의 인적자본형성 · 개발지원에 대한 국가 · 지자체 책무 (인적자원개발 시설)
	「청소년기본법」 (여성가족부)	• 청소년의 육성 및 보호지원	• 청소년의 학습권 · 참여강화 (청소년수련관, 수련원)
	「저출산 · 고령사회기본법」 (고용노동부)	• 저출산 · 고령사회 정책지원	• 저출산 · 고령사회정책지원 (저출산 · 고령화위원회)
개별법	「평생교육법」 (교육부)	• 평생교육의 계획 및 집행관련	• 평생교육3대전담기구 • 8대평생교육시설 설치 · 운영 (학교 및 민간 평생교육시설)
	「학원의 설립 · 운영에 관한 법률」(교육부)	• 전체 국민대상 영리추구형 직업기술교육 기회 제공	• 평생직업교육학원
	「근로자직업능력개발법」 (고용노동부)	• 직업훈련을 통한 근로자직업능력 개발제고	• 근로자직무능력개발 지원 • 직업훈련시설(직업능력개발훈련법인, 기능대학 등)

출처: 국가평생교육진흥원(2018). 『2017 평생교육백서』. p. 63.

평생교육법은 성인을 주 대상으로 협소한 위상을 확보하고 있을 뿐이고, 평생교육진흥을 목적으로 제정되었으나 평생교육 '진흥'의 주체는 시설 및 기관 운영자라고 볼 수 있다. 학습자들의 역량을 강화하고 학습권을 실천하는 교육개혁의 모습을 찾아보기는 어렵다. 교육체제의 재구조화 요구에 부응하는 지식사회의 학습자를 위한다고 보기에는 역부족이다. 각 부서별 평생교육지원 시설과 자격인정제도를 비교해 보기 바란다. 실습생들은 평생교육제도가 실질적으로 학습자를 성장시키기 위해 어떤 일을 해야 하는지 고민하는 시간이 되길 바란다.

표 2-5 평생교육 관련 전담 자격인정제도에 관한 법률 비교

구분	「평생교육법」	「사회복지사업법」	「청소년기본법」	「문화예술교육 지원법」
소관 부서	교육부	보건복지부	여성가족부	문화체육관광부
자격 제도	평생교육사 1, 2급 (법 제24조)	사회복지사 1, 2, 3급 (법 제11조)	청소년지도사 1, 2, 3급 (법 제21조)	문화예술교육사 1, 2급 (법 제27조의 2)
주요 시설	평생교육시설 (법 제31~38조)	사회복지관 (법 제34조의5)	청소년시설 (법 제17조)	지역문화예술교육센터 (법 제10조제6항)
전담 공무원 제도	없음	사회복지전담 공무원제(법 제14조)	청소년육성전담 공무원제	없음

출처: 국가평생교육진흥원(2018). 『2017 평생교육백서』. p. 63.

소관부처별 평생교육사업은 평생교육사가 전담하는 사업은 아니다. 그러나 관련 법에는 「사회복지사업법」과 「청소년기본법」 「문화예술교육 지원법」이 있다. 상대적으로 「청소년기본법」과 「사회복지사업법」에는 청소년지도사와 사회복지사가 각 기관과 시설에 전담공무원으로 복무하고 있는 것으로 확인된다.

평생교육사 역시 평생교육시설에 전담하는 사람으로 배치되는 것이 적절해 보이지만 예산 및 필요성을 고려하여 평생교육사 전담제도가 실효성을 거두지 못하고 있는 실정이다.

평생교육사의 배치와 관련 지방자치단체의 법적인 조항은 전국 15개 중 3곳에 불과하다. 이런 실태는 평생교육사의 배치필요가 없다고 볼 수 있다. 평생교육사의 실제적인 업무전문성과 정체성이 더욱 강화되어야 할 필요성을 읽을 수 있다. 평생교육사가 되고자 실습을 하는 사람들도 이런 현실을 보면서 문제의식과 교육적 책임을 갈고닦아야 할 것이다.

표 2-6 「평생교육법」에서 규정하고 있는 시·도지사의 위임 업무

구분	법조항의 규정 내용	비고
제11조	(연도별 평생교육진흥시행계획의 수립·시행) 시·도지사는 기본계획에 따라 연도별 평생교육진흥시행계획(이하 "시행계획"이라 한다)을 수립·시행하여야 한다. 이 경우 시·도교육감과 협의하여야 한다.	시·도지사의 임무(광역자치단체의 역할과 기능)
제12조	(시·도평생교육협의회) ① 시행계획의 수립·시행에 필요한 사항을 심의하기 위하여 시·도지사 소속으로 도평생교육협의회(이하 "시·도협의회"라 한다)를 둔다. ② 시·도협의회는 의장·부의장을 포함하여 20인 이내의 위원으로 구성한다. ③ 시·도협의회의 의장은 시·도지사로 하고, 부의장은 시·도의 부교육감으로 한다. ④ 시·도협의회 위원은 관계 공무원, 평생교육과 관련된 전문가, 장애인 평생교육 전문가, 평생교육 관계 기관의 운영자 등 평생교육에 관한 전문지식 및 경험이 풍부한 자 중에서 해당 시·도의 교육감과 협의하여 의장이 위촉한다. ⑤ 시·도협의회의 구성·운영에 필요한 사항은 해당 지방자치단체의 조례로 정한다.	
제13조	(관계 행정기관의 장 등의 협조) ① 교육부장관은 기본계획을 수립하기 위하여 필요하다고 인정하는 때에는 관계 행정기관이나 그 밖의 기관 또는 단체의 장에게 관련 자료를 요청할 수 있다. ② 시·도지사는 시행계획을 수립하기 위하여 필요하다고 인정하는 때에는 관계 행정기관이나 그 밖의 기관 또는 단체의 장에게 관련 자료를 요청할 수 있다. ③ 제1항 및 제2항에 따라 자료를 요청받은 기관 또는 단체의 장은 특별한 사정이 없는 한 협조하여야 한다.	
제16조	(경비보조 및 지원) ① 국가 및 지방자치단체는 이 법과 다른 법령으로 정하는 바에 따라 다음 각 호의 어느 하나에 해당하는 평생교육진흥사업을 실시 또는 지원할 수 있다. 1. 평생교육기관의 설치·운영 2. 제24조에 따른 평생교육사의 양성 및 배치 3. 평생교육프로그램의 개발	시·도지사의 임무(광역자치단체의 역할과 기능)
제18조	(평생교육 통계조사 등) ① 교육부장관 및 시·도지사는 평생교육의 실시 및 지원에 관한 현황 등 기초자료를 조사하고 이와 관련된 통계를 공개하여야 한다. ② 평생교육과 관련된 업무 담당자 및 평생교육기관 운영자 등은 제1항의 조사에 협조하여야 한다.	

제20조	(시·도평생교육진흥원의 운영) ① 시·도지사는 대통령령으로 정하는 바에 따라 시·도평생교육진흥원을 설치 또는 지정·운영할 수 있다. ② 시·도평생교육진흥원은 다음 각 호의 업무를 수행한다. 1. 해당 지역의 평생교육기회 및 정보의 제공 2. 평생교육 상담 3. 평생교육 프로그램 운영 4. 해당 지역의 평생교육기관간 연계체제 구축 5. 그 밖에 평생교육진흥을 위하여 시·도지사가 필요하다고 인정하는 사항	
제21조	(시·군·구평생학습관 등의 설치·운영 등) ② 시장·군수·자치구의 구청장은 평생학습관의 설치 또는 재정적 지원 등 해당 지방자치단체의 평생교육을 진흥하기 위하여 필요한 사업을 실시할 수 있다.	시·군·구의 임무(기초자치 단체의 역할과 기능)
제21조 의3	(읍·면·동 평생학습센터의 운영) ① 시장·군수·자치구의 구청장은 읍·면·동별로 주민을 대상으로 하여 평생교육 프로그램을 운영하고 상담을 제공하는 평생학습센터를 설치하거나 지정하여 운영할 수 있다. ② 제1항에 따른 읍·면·동 평생학습센터의 설치 또는 지정 및 운영에 관한 사항은 해당 지방자치단체의 조례로 정한다.	

출처: 국가평생교육진흥원(2018). 『2017 평생교육백서』. p. 72.

표 2-7   시·도 평생교육진흥원의 평생교육사 배치 등 및 평생학습관 운영 관련 규정 여부

연번	시·도	시·도 평생교육진흥원의 평생교육사 배치 및 평생학습관 운영 관련 조항		
		평생교육사 배치규정 유무	평생학습과 운영 관련	기타
1	서울	배치규정 있음(○)		은평학습장 등 규정
2	부산	배치규정 없음(×)		
3	대구	배치규정 없음(×)		
4	인천	배치규정 없음(×)		
5	광주	배치규정 없음(×)		
6	대전	배치규정 없음(×)		
7	울산	배치규정 없음(×)		
8	세종	배치규정 없음(×)	평생학습관 운영규정	
9	경기	배치규정 없음(×)		영어마을 운영규정

10	강원	배치규정 없음(×)		안전보험 가입규정
11	충북	배치규정 없음(×)		
12	충남	배치규정 있음(○)		안전보험 가입규정
13	전북	배치규정 없음(×)		안전보험 가입규정
14	전남	배치규정 있음(○)		
15	경북	배치규정 없음(×)		

출처: 국가평생교육진흥원(2018).

2. 평생교육현장실습의 계획과 절차

1) 현장실습의 계획

(1) 조직의 의사결정과정에 대한 이해

① 그 기관이 어디에 속해 있으며 어떻게 관계가 형성되어 있는지를 파악해야 한다. 이를테면 공공기관인지, 학교와 병원 등 비영리기관인지, 시민들이 자유롭게 만든 사단법인체인지를 파악한다. 그 기관의 목적을 분명히 인식함은 물론 어떤 법체제 내에서 활동하고 있는지를 아는 것이 향후 여러 사업과 연계하는 데 핵심적인 지식과 정보가 된다.

② 그 기관의 조직 내에서의 위계와 구성원의 책임과 권한 등 조직의 구조를 파악하는 것이 중요하다. 각 조직은 운영규정 등이 있으므로 그것을 파악하는 것이 중요하다. 각 조직원의 역할이 다소 차이가 있을 수 있으므로 업무 분장에 대해서도 알아야 하고 전결규정 등에 대해서 알아둘 필요가 있다. 이를 제대로 파악하지 못하면 어떻게 의사결정이 내려지는지 전체 맥락을 파악하기 어렵다. 그렇게 되면 프로그램 개발과정과 요인 분석 등에 착오가 발생할 수 있다.

(2) 이해관계자에 대한 파악

해당 평생교육기관에 영향을 주는 국가 및 지방정부의 교육정책과 주요 사업을 파악하는 것은 네트워크 및 단위 사업의 흐름을 이해하는 데 필수적이다. 그 지역의 쟁점이 있다면 그 문제의 경위를 이해하고, 공적인 책임 관계에서 이해관계자를 명확히 해 두어야 한다.

① 평생교육정책 관련 정책은 대부분 지방정부에서는 조례에서 결정되므로 관련 조례 수집 및 타 기관과의 비교 등을 통한 이해는 교육 프로그램 개발 시 실현가능성을 높이는 방안이 된다.

② 평생교육사와 이해관계를 형성하는 전문자격은 예를 들어, 문화예술교육사가 될 수 있다. 한편, 사회복지사 자격자 등도 현장에서 프로그램 개발로 협업할 수 있거나 대립하는 경우가 있을 수 있다. 이러한 관계망 속에서 실습생은 어떻게 이해관계를 인정하면서 문제를 해결해 나갈 것인가를 인식하고 그 요구들을 조율할 수 있어야 한다.

(3) 학습자에 대한 파악

학습자를 보는 시각은 그들을 최대한 존중하는 데 두어야 한다. 존중의 태도는 학습자를 계몽하려 하지 않는 것이다. 학습자를 옹호해야 하는데 그것 역시 학습자의 시각과 관점에서 학습의 문제를 바라볼 때 가능하다. 이를 위해서는 교육의 형식만이 아니라 어떤 내용을 어떻게 제공해야 할지 구체적인 기술이 요구된다.

① 학습자에 대한 촉진은 학습자의 자발성을 최우선으로 하는 것이다. 학습촉진은 학습의 동기유발만이 아니라 성인학습자가 무엇을 왜 하고자 하는지 그 필요성에 주목해야 비로소 발견할 수 있다. 학습에 대한 일반적인 인식은 학교와 같은 곳에서 누군가의 가르침을 받는 것으로 인식하는 경향이 있다.

② 평생교육은 학습자가 자신의 필요에 의해 학습을 주도하고 그런 환경 속에

서 사회발전과 공익에 기여하는 것이라는 점에서, 사사화(私事化)·개별화(個別化)되지 않도록 유념해야 한다. 즉, 우리가 하는 일들이 공익에 기여한다는 시각을 놓치지 않도록 해야 한다. 국가공동체 내에서 각자는 책임을 이행하여야 하고 주권을 실천해야 한다는 점에서 법치와 정의는 실습교육의 기준이 될 수 있다.

(4) 관행질서에 대한 인식

① 평생교육사의 실습과정은 실습자 개개인의 능력 개발에 초점을 맞추기보다 공동체적 인식과 관점을 위해 교육이 무엇을 행해야 하는지 책무를 학습하는 과정이라 할 수 있다. 흔히 우리사회에서 볼 수 있는 풍경은 관행이라는 이름으로 위법이 벌어지는 것이다. 관행이 스스럼없이 이행되는 것은 관료사회의 특징이면서 권한을 잘못 사용하는 게 된다. 이런 문제들에 대해서 어떻게 바로잡을 수 있을지를 고민하고 용기를 내는 것도 필요하다.

② 문화적으로 평생교육사의 실습과정을 보면 평생교육사는 우리 사회의 교육이 해결하지 못한 문제에 주목할 필요가 있다. 즉, 교육이 수단화되었거나 계몽의 방법으로 이용되는 경우가 있다는 점을 간과해서는 안 된다. 성숙한 시민성을 기르는 데 교육이 앞장서야 한다고 보면, 우리 교육에서 해결해야 할 문제는 지나친 경쟁과 서열화, 군사권력 등에 의한 이데올로기의 문제가 여전히 공동체를 파괴하는 것으로 보인다.

2) 현장실습의 절차

현장실습은 사전에 기관의 실습지도자에게 허락을 받아야 한다. 실습자는 자신의 관심주제와 평생학습을 통한 미래 설계 및 교육적 경험을 밝히고 실습지도를 요청하여야 한다. 실습신청과 진행과정을 요약하면 다음과 같다.

(1) 실습신청과 진행과정

첫째, 실습자는 기관과 학교(양성기관)에 동의를 받아야 한다. 즉, 관련 지식과 기술, 이수 과목 등을 확인하는 절차를 거쳐야 한다.

둘째, 실습자는 기관의 실습지도자와 라포를 형성하는 것이 바람직하다. 실습지도자가 실습자를 어떻게 지도할지에 대한 대략적인 소개와 핵심내용 등을 통해 자신과의 관계를 만들고 실습과정을 설계할 필요가 있다.

셋째, 실습지도자는 그 기관의 목적과 목표, 수행이력이 이미 갖추어져 있으므로 암묵적 지식을 많이 가지고 있다 할 수 있다. 실습자는 이런 지도자의 지식을 일반화하는 데 조력하여야 한다. 따라서 암묵적 지식을 이해가능한 방식으로 재구성하기 위한 관찰과 질문도 요구된다. 이에 따라 현장실습은 〈표 2-8〉과 같이 4단계로 구성된다고 볼 수 있다.

표 2-8 실습기준과 평가

기준	1	2	3	4
기준 협의	사전협의 및 목표 설정	실습지도 및 실행과정 설계	일일평가 및 주간 평가	목표 달성 확인 및 실습과정 평가
평가 원칙 제시	직무 안내 및 관찰기록 등 과제부여	현장의 문제를 다양한 관점에서 판단하고 문제를 정의하기	과제 실행에 대한 평가 및 질의응답을 통한 개선	실습생의 지식, 기술, 태도 및 문제해결력 등 실행 결과 평가
	진단평가	형성평가		총괄평가

실습기관에서 실습지도자는 교수자의 역할을 담당한다. 실습생은 교수자와의 관계에서 지도를 받는 학생의 입장이 되는 것이라 할 수 있다. 실제로 실습은 교과목의 일종이기 때문에 교수자의 평가에 따라 학점을 이수하는 과정이다. 따라서 실습과정에서 교수자는 전체적인 과정을 설계하고 지도하는 입장이 된다. 교수자의

지시에 따르는 것은 물론이지만, 그 과정에서 필수적으로 행해야 할 과제 등을 부실하게 진행하게 되면 좋은 점수를 받기 어려울 것이다.

실습과정에서 실습지도자는 실습과정 전반에 대한 오리엔테이션이 필요하다. 조직이 그동안 행해 온 일들부터 조직이 우리 사회에 어떤 기여를 하고자 하는지와 같은 역사적 맥락과 사회문화적 맥락에서 그 의미를 제시하는 것 또한 중요하다고 본다.

① 실습교수-학습과정

현장실습은 각 기관의 경험과 지역사회의 자원, 그 기관과 관계를 맺고 있는 학습자들을 전반적으로 파악한 뒤에 진행되는 일종의 교수-학습과정이다. 이렇게 보면 실습생은 해당 기관의 학습자의 특성과 소득수준, 교육경험과 사회·정치적 관계와 맥락을 파악해야 한다. 실습생은 기관의 실적과 지역 내에서의 위상, 학습자들의 요구사항 등 관련 통계와 그동안의 언론기사들을 통해 배경지식을 함양해야 한다. 이것은 실습자가 교육이라는 범주로만 좁혀서 사안을 파악할 수 있다는 점을 경계해야 하기 때문이다. 실습과정에서 조사는 교육적 맥락만이 아니라 다양한 사회문화적 문제들을 진단한 뒤 교육적으로 그 문제를 해결하기 위한 노력을 기울이는 과정이라 할 수 있다. 즉, 실습과정은 따라서 과제를 무엇으로 결정할 것이며 어떻게 접근할 것인가를 체험하는 과정이 된다. 이것은 결국은 교육으로 문제를 보는 것으로 프로그램을 개발하는 기획과 평가인 것이다.

표 2-9 실습교육과제

관련기관 및 학습자에 대한 통계자료 목록화	교육적 문제해결을 위한 자료 수집 및 의사결정	성과확인 및 목표달성 확인
실습지도교수는 이 과정에서 조사 분석 방법을 지도해야 함.	실습생은 주어진 과제에 대해 문제를 해결하기 위한 판단자 역할을 수행해야 함.	실습지도교수와 실습생은 목표에 대한 점검과 평가를 해야 함.

② 실습과정에서 점검해야 할 교육적 설계

실습지도자는 다음과 같은 직무 수행 역량이 있어야 한다.

- 직무과정을 교육과정으로 재구성하여 실습교육을 지도할 수 있어야 한다.
- 평생교육지도에 관한 효과적인 커뮤니케이션 능력을 보유해야 한다.
- 전문가적인 지식과 전략 수립으로 학생을 종합적으로 판단할 수 있어야 한다.
- 조직 및 업무 관련 자원 활용 능력을 갖추고 학생에게 본보기가 되어야 한다.
- 팀워크 형성을 통해 목표를 공유하고 협업할 수 있도록 지도해야 한다.
- 공적책무성과 교육적 책임감 통해 지역사회에 공헌할 수 있어야 한다.

실습과정에서 양성기관과 실습기관의 역할 및 실습생의 역할은 다음과 같이 정리할 수 있다.

표 2-10 실습과정 협력내용

	양성기관	실습생	실습기관
실습행정 절차	실습기관 선정 및 학생의 신청접수관리 현장실습 사전교육으로 실습 오리엔테이션 실습기관과의 협약 체결 실습에 대한 이수 평가 및 학점인정 처리 실습과정에서 학생의 현장 실습실태 지도	실습기관 신청접수 실습생 서약서 제출 실습 출근기록부	평생교육현장 실습 교육 계획 수립 실습생 선발, 지도 및 160시간 교육 일지점검 및 출결관리, 평가
관련 문서	현장실습협약서 현장실습의뢰서 현장실습 방문지도 확인서 평생교육현장실습 확인서	현장실습 일지작성 및 실습기관의 과제이수	실습의뢰 결과 회보서 실습지도기록서 실습생평가서 평생교육현장실습 평가서 평생교육현장실습 확인서

(2) 사전 점검: 협약 타진

현장실습협약 이전에 점검해야 할 사항은 다음과 같다.

- 현장실습지도자의 자격 기준의 적합성
- 실습기관의 실습주제와 학생의 요구와의 일치도
- 실습기관의 실습교육 운영 경험
- 실습지도자의 해당 분야 전문지식과 관리능력

(3) 실습의뢰: 실습의뢰 전 검토사항

현장실습협약서의 내용에는 다음 사항이 반드시 포함되어야 한다.

- 현장실습 기간 및 일일 시간, 현장실습 장소, 실습교육 내용
- 실습교육에 참여하는 실습생 평가자와 평가해야 할 내용
- 현장실습 기간 중 실습생의 보건 위생 및 산업재해 예방 사항
- 현장실습교육 시 지켜야 할 윤리강령과 행동수칙

【양식 6】 실습의뢰 결과 회보서

실습의뢰 결과 회보서

1. 실습의뢰 결과
   ☐ 수락합니다(수락시 하단의 내용 기재)   ☐ 거절합니다

2. 실습 기본사항
   ① 실습기관 정보

기 관 명		기관유형	[참고 1] 참조
전화번호		실습운영부서	
주 소			

   ② 실습지도자 정보

성명		평생교육사 자격소지	급수	
생년월일			취득기관명	
직위			취득일	
			자격번호	
평생교육 관련 경력				
기관명	소속부서	경력기간(년월)		담당업무
		년 월~ 년 월(총 개월)		
		년 월~ 년 월(총 개월)		
총 경력개월		총 개월		

   ③ 요청사항

필요서류	
실습비	원(실습개시일 납부 요망)
참고사항	

상기 내용으로 귀 기관에서 의뢰한 현장실습 의뢰 결과를 회보합니다.

실습기관의 장   [직인]

※ [붙임] 평생교육기관 증빙서류 1부.

[그림 2-5] 실습의뢰 결과 회보서 양식

평생교육법 시행규칙[별지 제3호서식] 〈개정 2013. 11. 22.〉

제   호

평생교육사 자격증

1. 성명:

2. 생년월일:

3. 자격등급: 평생교육사   급

「평생교육법」제24조에 따라 위와 같이 평생교육사 자격을 부여합니다.

년   월   일

(   ) 교육감   [직인]

※ 평생교육사 자격증의 최초 발급일자: 년   월   일(자격증을 재발급하는 경우에만
  기재합니다)
※ 평생교육사의 등급별 자격요건은 「평생교육법 시행령」별표 1에 규정되어 있습니다.

[그림 2-6] 평생교육사 자격증 양식

실습의뢰서

수 신:

참 조:

제 목:

---

1. 항상 평생교육현장실습을 위해 애써 주시는 귀 기관에 감사드리며 귀 기관의 무궁한 발전을 기원합니다.

2. 『평생교육실습』 과목을 수강하는 아래 학생의 현장실습을 귀 기관으로 요청하오니 협조하여 주시기 바랍니다.

-다 음-

실습생명	생년월일	학과/전공	학년/학기	평생교육 관련 경력
				총 개월
				총 개월

○○ 기관장

담당자 ○○○ 학과장 ○○○

시행 ○○○-○○○(○○○○. ○○. ○○(일))

접수 ○○○○-○○○○(○○○○. ○○. ○○.)

주소:

전화: /E-mail:

[그림 2-7] 실습의뢰서 양식

(4) 협약 문서: 협약 체결 확약 문서

실습기관과 양성기관은 협약 체결을 증명하는 문서를 공히 보유해야 한다. 이 문서에 상호 계약을 확인하는 직인이 있어야 비로소 협약이 체결된 것으로 본다.

- 실습목적에 관한 상호 합의 및 실습교육의 절차 등 기준 게시
- 현장실습에 관한 증빙자료의 종류 안내
- 협약일시(현장실습 실시 이전에 체결됨을 증명하는 협약일 명시)
- 양성기관과 실습기관의 장과 행정담당자 연락처 교환
- 양성기관의 실습지도교수와 실습기관의 실습지도사 간 방문 상담

평생교육사 실습교육 협약서 (예시)

실습기관(○○기관)과 양성기관(○○기관)은 실습생의 실습교육을 위해 상호 간 다음과 같이 협약을 체결한다.

제1조 (현장실습 기한)
① 실습기간은 최소 4주간, 20일(160시간) 이상 실시하여야 한다.
② 실습지도운영은 1일 8시간(9:00~18:00), 주 5회(월~금)의 통상근로시간 내 운영하되, 휴식시간은 제외하여 시간을 산정한다. 실습기관의 특성 및 실습생의 상황(직장인 등)을 고려하여 야간 및 주말시간에 운영할 수 있다.

제2조 (실습교육 운영)
① 실습기관은 실습교육의 선택항목과 필수항목을 반영한 현장실습교육을 수립한다.
② 실습기관의 정체성과 분야별 특성을 고려한 수평적 실습지도를 위해 실습교육전담자를 배치한다.
③ 실습기관은 평생교육사의 직무윤리와 사회적 책임 이행을 위한 교육적 실천에 주의를 기울인다.

제3조 (수평적 관계)

① 실습지도자와 실습생은 수평적 관계 속에서 인권을 존중하는 의사소통을 한다.

② 실습기관은 실습생의 학습권과 사회권, 노동권 보장을 위한 기준을 마련하고 실천한다.

③ 실습기관과 실습생은 현장실습 기간 내 실습생의 안전을 위해 필요한 보험에 가입한다.

④ 실습지도자는 평생교육의 문제해결 방법과 전문성을 강화하는 교육에 힘쓴다.

⑤ 실습지도자는 양성기관의 실습지도교수와 평생교육의 질 향상을 위해 상호 협력한다.

제4조 (실습교육 지원)

① 실습교육과정에서 외부조사 등 필요시 실습기관은 실습지원비를 책정하여 지원한다.

② 실습기관은 실습생의 권리보호를 위해 내부규약을 제정하여 실천한다.

제5조 (기타) 본 협약에 명기되지 아니한 세부사항에 대해서는 당사자 간 별도의 협의에 의한다.

본 협약의 실행을 위해 협약서 2부를 작성, 양성기관과 실습기관은 각각 서명 날인 후 1부씩 보관한다.

2○○○년 ○○월 ○일

실습기관(위탁기관)	
기관명:	○○○○
주 소:	
대표자:	㉶

양성기관(교육기관))	
기관명:	○○ 대학교
주 소:	
대표자:	㉶

[그림 2-8] 평생교육사 실습교육 협약서

(5) 실습지도자의 역량

실습생은 실습기관의 지도에 성실히 임해야 한다. 실습기관에서 160시간의 교육을 충실히 받음으로써 역량을 다질 수 있도록 실습 목표를 세울 필요가 있다.

- 실습생은 실습교육을 통해 전문가적 능력을 습득한다.
- 다양한 이해관계자와의 조율과 합의 등 협상능력을 키운다.
- 실습기관의 직무 특성을 이해하고 업무수행방법을 습득한다.
- 실습현장 내 조직의 문제에 대한 해결방안을 도출하는 능력을 함양한다.
- 실습생은 직업적성을 확인하고 경력 개발 계획을 수립한다.

(6) 실습지도자의 지도관리 범위 및 업무 내용

실습지도자는 실습기관에서 공표한 교육과정에 대해 책임지고 운영·관리하고 실습교육을 실시할 수 있어야 한다.

- 실습지도자는 동일 시간 대 최대 5명의 실습생을 교육할 수 있다.
- 실습지도자는 실습생의 일과를 관리하고 평가하여야 한다.
- 실습지도자는 실습생의 실습교육을 지도·편달할 수 있어야 한다.
- 실습지도자는 실습생에게 실습교육의 평가기준을 제시할 필요가 있다.

평생교육실습 과목 개설 → 실습지도교수 배정

↓

사전 교육 (4주)	실습 오리엔 테이션 (1주)		현장실습의 목적과 실습생의 실습목표 평생교육사의 직무이해 및 윤리강령 교육 현장실습 관련 실습생의 권리 및 의무 실습 진행과정에서 평가기준 및 학점이수 안내
	실습 세미나 (3주)	I	실습목표 설정 및 실습현장에 대한 이해
		II	평생교육기관의 법적설치기준 및 직무책임 이해
		III	실습생의 사회권, 노동권, 학습권 확보를 위한 교육 실습과정에서 일어날 수 있는 문제에 대한 대처 방안 및 지침 제공
			※ 실습 세미나 시간 총 9시간(3회) 권고

↓ (사전교육 이후 현장실습 개시)

현장 실습 (4주 이상)	현장 실습 (중간 평가)	실습지도교수의 실습기관 탐방 및 실습관리 실습기관에서의 실습교육 현장실태 점검 및 지도 실습교육의 필수항목 및 선택항목 실습에 대한 중간평가 실습지도자와 실습생 간 이해관계 및 조정

↓ (실습지도교수의 현장지도)

보고 및 평가 (2주)	실습 (최종 평가)	평생교육사 직무윤리에 의한 평가 이해관계자가 조정 및 갈등 해결 등 책임 이행 여부 평생교육사의 직무 전문성 확보 및 실천에 대한 평가 평생교육기관 이해 및 문제점에 대한 비판적 이해
		※ 실습최종평가 세미나는 총 6시간(2회) 권고

↓ (성적산출 이전 현장실습 완료)

학점이수

[그림 2-9] 양성기관의 평생교육실습 과목 수업과정 편성(예시)

(7) 실습기관의 현장실습 절차 및 실습교육 내용

실습기관은 양성기관의 현장실습시수와 실습내용을 숙지하고 필수항목과 선택항목을 구분하여 수준 높은 실습이 이루어지도록 지도할 수 있어야 한다.

표 2-11 현장실습 절차 및 내용

구분			실습내용	평가기준
필수항목	1. 오리엔테이션		① 기관소개 및 평생교육 관련 주요업무 소개 　－기관별 현장실습 운영규정 비교문석 등 파악 ② 실습기관유형 및 기관별 특성 및 설치근거 ③ 실습생의 권리와 의무, 윤리 등 ④ 실습기관 간 수평적 계약 및 협약 체결의 요소	실습기관 선정기준과 실습교육의 목표
	2. 행정업무		① 행정체계 이해 및 문서작성 등 실무 ② 공모사업 기획 및 예산(안) 편성 안내	평생교육의 맥락에서 실무 역량
	3. 모의 프로그램 기획	I	① 실습기관의 주요 프로그램 조사 및 분석 실무 ② 학습자 요구 분석 실시(실습기관 학습자 대상) 실무	문제해결 및 접근성
		II	③ 모의 평생교육 프로그램 개발 실무 ④ 모의 평생교육 프로그램 홍보 및 마케팅 실무	핵심전략
	4. 실습 평가		평가기준의 타당성과 평생교육사의 직무책임	직무 전문성
선택항목	1. 실습기관 관련 법 및 정책이해와 기관 분석		①「평생교육법」 및 관련 정책 및 평생교육사의 역할 ② 실습기관의 SWOT 분석을 바탕으로 전략 도출을 통한 문제 진단	문제정의에 대한 적실성

선택 항목	2. 교육 프로그램 운영 지원	① 학습자 관리 및 지원(문제해결을 위한 기초) ② 강사, 학습동아리 등 인적DB 관리 및 지원(자원관리) ③ 학습정보DB 관리 및 지원(필요정보 수집) ④ 학습시설·매체 관리 및 지원(장소 및 이용환경) ⑤ 프로그램 관리·운영 및 모니터링(수요파악 및 요구조사) ⑥ 프로그램 만족도 조사 지원(결과 분석 및 의견제시) ※ 프로그램 2개 이상 분석	학습 자원의 발굴 및 활용정도 문제해결을 위한 안목형성
	3. 유관기관 방문 및 관련 행사 참석	① 유관기관 프로그램 조사 및 분석을 위한 방문 보고서 ② 평생학습 관련 행사(지역축제, 박람회 등) 참석 보고서 ※ 실습목적에 맞춰 2개 이상 5개 이하 기관방문, 총 방문기간은 3일로 한정 ※ 각 기관방문에 대해서는 출장 및 결과보고서 제출 권장	보고서의 목적 및 내용 이해

① 평생교육사 자격취득 시 이수과정과 승급과정

• 이수과정

이수과정은 학점이수를 중심으로 등급을 나누고 있다. 이수과정은 양성기관의 전담 업무이지만 승급 등은 국가평생교육진흥원의 심사를 거치게 절차가 이루어져 있는 것이다. 대학은 양성해서 길러 내는 일을 한다면, 국가평생교육진흥원은 자격자 관리 업무를 하는 것이라 볼 수 있다. 그러나 국가평생교육진흥원에서는 평생교육사의 양성에 대한 사후 승인의 역할만 할 뿐 평생교육사 고유의 직무 특성과 직무 전문성 등은 제시하고 있지 못하다. 이를테면 6진 분류에 따른 평생교육사의 직무 특성에 대해서도 어떻게 그 현장이 다른 현장과 다른지를 조사하여 제시하고 있지 못할 뿐 아니라, 자격취득자들의 보수교육 등에 대해서도 관심을 기울이거나 관리가 되고 있지 못하다. 기능적으로 자격취득자들에게 자격증을 부여하는 방식은 평생학습사회에서 평생교육사의 직무 전문성을 연마하는 데는 한계가 있다.

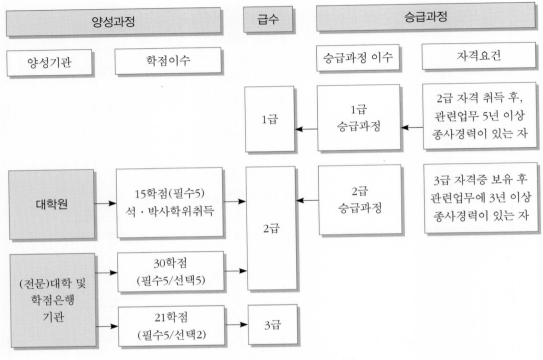

[그림 2-10] 평생교육사 이수과정

• 승급과정

평생교육사의 등급은 학점인정을 기준과 학위취득을 포함하고 시험도 적용한다. 등급은 1급, 2급, 3급으로 구분된다. 등급의 차이는 실무경력을 주요 기준으로 한다. 승급과정은 학점 이수를 기본으로 하나 1급의 경우 관련 경력을 핵심 기준으로 삼고 있다. 승급과정을 지도할 강사진이나 승급 단계별 수준의 차이 등을 고려한 커리큘럼 등이 구비되어 있지 못하다. 경력도 시간 대별 경력산정으로 머물러 있어 질 관리가 되지 못하고 있다.

표 2-12 평생교육사 승급과정-평생교육사의 등급별 자격요건

등급	자격기준
1급	평생교육사 2급 자격증을 취득한 후, 교육부장관이 정하는 평생교육과 관련된 업무에 5년 이상 종사한 경력이 있는 자로서 진흥원이 운영하는 평생교육사 1급 승급과정을 이수한 자
2급	1.「고등교육법」제20조 및 제30조에 따른 대학원에서 교육부령으로 정하는 평생교육과 관련된 과목 중 필수과목을 15학점 이상 이수하고 석사 또는 박사학위를 취득한 자. 다만,「고등교육법」제2조에 따른 학교(이하 "대학"이라 한다)에서 필수과목을 이수한 경우에는 선택과목으로 필수과목과 학점을 대체할 수 있다. 2. 대학 또는 이와 같은 수준 이상의 학력을 인정할 수 있는 기관,「학점인정 등에 관한 법률」에 따라 평가인정을 받은 학습과정을 운영하는 교육훈련기관에서 관련 과목을 30학점 이상 이수하고 학위를 취득한 자 3. 대학을 졸업한 자 또는 이와 같은 수준 이상의 학력이 있다고 인정되는 자로서 다음 각 목의 어느 하나에 해당하는 기관에서 관련 과목을 30학점 이상 이수한 자 　가. 대학 또는 이와 같은 수준 이상의 학력을 인정할 수 있는 기관 　나. 법 제25조제1항에 따른 평생교육사 양성기관(이하 "지정양성기관"이라 한다.) 　다. 학점은행기관 4. 평생교육사 3급 자격증을 보유하고 관련업무에 3년 이상 종사한 경력이 있는 자로서 진흥원이나 지정양성기관이 운영하는 평생교육사 2급 승급과정을 이수한 자
3급	1. 대학 또는 이와 같은 수준 이상의 학력을 인정할 수 있는 기관, 학점은행기관에서 관련 과목을 21학점 이상 이수하고 학위를 취득한 자 2. 대학을 졸업한 자 또는 이와 같은 수준 이상의 학력이 있다고 인정되는 자로서 다음 각 목의 어느 하나에 해당하는 기관에서 관련 과목을 21학점 이상 이수한 자 　가. 대학 또는 이와 같은 수준 이상의 학력을 인정할 수 있는 기관 　나. 지정양성기관 　다. 학점은행기관

② 실습생의 실습교육기록

실습생이 실습기관에 출근하여 실습을 받기 시작하면 그 첫날부터 일지를 작성해야 한다. 실습일지는 총 160시간을 이수하는 시간제 자격실습이므로 일자보다는 시간에 유념하여 기록하여야 한다.

실습내용의 기록은 다음과 같은 점에 유의해야 한다.

첫째, 실습교육에서 가장 중요한 기준은 시간이므로 실습교육 시간은 어기지 않도록 유의해야 한다. 별도의 출근부에 기재하는 것은 물론, 실습지도자가 출근부에 확인 서명을 할 수 있도록 기관에서는 출근부를 면밀하게 관리할 필요가 있다.

둘째, 실습내용은 실습과목에 대한 평가기준이 되므로 실습과목에서 제시한 과목 목표를 기준으로 한 실습교육 설계가 세워지면 좋다. 만약 이러한 실습교육이 되지 못한다 하더라도 실습지도사는 실습과목에서 요구한 목표를 최대한 달성할 수 있도록 목표에 기준한 지도가 요구된다.

셋째, 실습교육에서 실습생들이 가장 어려워하는 부분이 실습일지 작성이다. 이 일지 작성은 6하 원칙에 의해 작성되는 것이 바람직하다. 일지는 신문기사와는 달리 객관적 사실에 근거해야 하지만, 교육이라는 과정 속에서 수행한 내용을 작성하여야 한다.

넷째, 실습일지 작성은 과제수행을 중심으로 작성되어야 한다. 일일 업무 계획을 수립하고 그 업무에 맞게 무엇을 어떻게 수행했는지를 기록하는 것이 중요하다. 실습지도자는 일지에서 어떤 수준에서 과제를 수행했는지를 평가한다. 평가는 평생교육사의 핵심 직무인 교육적 안목과 교육적 관점, 다른 전문직과 다른 평생교육사의 교육에 대한 실무이행을 중점적으로 지도해야 한다.

다섯째, 평생교육기관에서 평생교육사 실습은 평생교육기관의 특성에 따라 다소 차이가 있을 수 있다. 따라서 그 기관에서 평생교육업무를 어떻게 수행하는지 그 현실감각을 익히고 그것을 통해 사회를 변화시키는 일에 교육전문가로서 제 역할을 해야 할 것이다. 즉, 평생교육 기관의 비전과 평생교육기관 지도자들의 암묵적 지식을 잘 파악하여 학습의 내용으로 재구성하는 것과 학습과제 수행과정에서 의문이 드는 내용을 정리하여 실습지도자에게 문의하여 답변을 얻는 것도 중요한 실습의 과정이 된다.

여섯째, 평생교육 실습과정에서 그 지역의 특성을 조사하고 분석하는 것도 매우 중요한 실습의 과정이다. 조사 분석과정은 요구 분석에 흔히 쓰이는 것이기 때문에 요구 분석과정에서 문제에 대한 사실적 근거와 법적 기준은 현장을 접근하는 데 매우 중요한 토대가 된다. 「개인정보 보호법」과 조사윤리 규정 등을 미리 파악하는 것은 매우 중요한 절차다. 참여자에게 동의를 얻는 것은 조사의 신뢰성 확보에도 중요한 근거자료가 된다.

일곱째, 평생교육사는 다양한 갈등과 분쟁을 교육적으로 해결하고 조정하는 전문가로 볼 수 있다. 따라서 교육적인 문제해결방안의 수립 및 전파, 집행 능력은 무엇보다 전문성을 측정하는 기준이 된다. 따라서 실습과정에서 공적 책임을 이행하는 자세와 공익을 위한 행동과 윤리는 매우 필요한 태도가 된다. 이러한 책임 이행을 적용한 일지작성은 한층 평생교육실습과정에 대한 학생의 진정성과 책임지는 모습으로 좋은 평가를 받을 수 있다.

여덟째, 직무수행과 관련하여 직접적인 이해관계자와의 소통에 힘써야 한다. 이것은 평생교육전문성이 이해관계자와의 네트워크와 상호소통과정에서 발휘될 수 있도록 교육적 설계가 요구된다. 실습과정이라 할지라도 공정한 직무 수행과 청탁금지법과 같은 법적용은 매우 중요한 사회적 가치를 실천하는 행동강령이 되어야 한다.

아홉째, 실습지도자와의 관계가 원활하게 소통되어야 한다. 교수-학습 관계에서 실습생은 교수자인 실습지도자에게 경의를 표하면서 최대한 배우는 자세로 경청해야 한다. 이것은 실습교육이 지식을 적용하고 과정을 경험하는 것을 넘어서는 대인관계기술의 학습과정이기 때문이다. 따라서 실습학생은 실습지도자를 인격적으로 대해야 할 뿐 아니라 예절을 지킴으로써 공익우선의 직무를 선행경험자인 실습지도자에게 배울 수 있다.

③ 실습지도교수의 실습기관 방문 목적

양성기관의 실습지도교수는 실습기관을 방문하여 실습교육을 받는 학생을 지도할 수 있어야 한다. 이때 점검하여야 할 사항은 다음과 같다.

- 실습지도교수는 실습지도자와 간담회를 통해 실습교육 상황을 파악해야 한다.
- 실습지도교수는 실습내용이 계획된 대로 수행되는지를 검토하여 바로잡도록 한다.
- 실습지도교수는 학생과 면담하여 교육목표 달성의 정도를 확인한다.
- 실습학생이 작성하는 실습일지와 실습지도자의 평가를 진단한다.
- 협약서의 계약내용과 합치된 실습인지를 확인한다.
- 실습과정에서 조정이 필요할 경우 학생과 실습지도자 간 소통과 협력을 지원해야 한다.

실습지도교수는 양성기관에 소속된 교수로서 실습과목 운영전담교수로 보면 된다. 따라서 학교에서 파견된 실습지도교수의 책무는 실습지도위원인 셈이다. 이 교수는 실습기관과 학교와의 관계 속에서 실습생의 160시간 이수를 관리하는 교수다. 이 지도교수의 실제적인 업무는 행정문서의 전달과 실습과정에서 발생될 수 있는 커뮤니케이션의 관리와 상호소통을 위한 일을 행하는 것이다. 결과적으로 실습기관에서 본교의 학생이 실습내용과 실습과정에서 문제가 없는지를 확인하고 실습의 원활한 진행을 위해 안내해 주는 일을 행하는 사람이다.

실습지도교수와 실습기관의 실습지도자의 관계는 상호협력의 관계다. 실습지도교수는 실제적인 실습내용에 대해서는 평가하거나 책임질 수 없다. 실습내용 및 교육설계는 실습기관의 실습지도자가 전담해야 한다. 실습지도교수는 실습지도자에게 실제적인 실습 경험을 학생에게 제공하고 학생을 지도해 줄 것을 요청하는 관계다. 실습생은 실습지도교수의 총괄 아래 실습지도자에게 교육을 받는 것이기 때문에 전체 맥락에서 실습지도교수가 실습 전반의 최종평가자임을 잊지 말아야 한다. 결국 학점을 평가하는 최종 평가자는 실습지도교수가 된다.

④ 실습지도교수 현장 방문 시 학생이 준비해야 할 내용
실습지도교수가 현장을 방문하였을 때 실습생이 준비해야 할 내용은 다음과 같다.

첫째, 실습지도교수가 방문하기 전 학생과 협의할 수도 있지만 그렇지 않고 불시에 기관에만 통보하고 방문하는 경우도 있다는 점을 유념해야 한다. 이럴 때를 대비하여 항상 출석부와 일지 등을 잘 정리함과 동시에 실습과정에서 실습지도자의 평가에 귀 기울여 시정할 것들은 속히 시정하는 등 실무과정에서 신속하고 타당하게 대응하여야 한다.

둘째, 실습지도자가 실습과정에서 과제를 제시했을 경우, 실습생은 배운 지식만을 현장에 접목하려 하기보다 실습지도자에게 이 기관에서 적용한 방식에 대해 문의하고 그 기관의 학습에 대해 실천해 왔던 방식을 학습하는 것이 더 바람직하다. 학교에서 배운 내용이 그 기관의 현장에서는 현실적으로 맞지 않을 수 있기 때문이다. 그 기관의 특성에 맞는 적합성과 현장성이 무엇보다 중요하다. 이런 문제들에 대해서 실습지도교수가 방문하였을 때 이 기관에서 학습한 내용들과 학교에서 배운 내용과의 차이점에 대해서 언급하고 조언을 구하는 것이 좋다.

셋째, 실습지도교수가 실습현장을 방문하여 확인하는 것은 실습과목에 대한 중간평가의 의미가 크다. 따라서 교수는 실습과목에서 실습생이 어떤 것을 수행하고 있고 그 과정에서 어떤 성과를 내고 있는지를 보려는 것이다. 따라서 처음 실습교육을 받기 시작했을 때의 실습교육과정을 전체 교육설계로 보고 어느 정도 진행되었는지를 설명하고 이해를 구하여야 한다.

넷째, 실습지도교수의 방문은 실습지도자가 본 학생을 어떻게 평가하였는지를 점검하는 의미도 있다. 따라서 실습지도교수가 실습지도자와 면담하는 과정에서 실습생은 무엇을 어떻게 전달하는지에 주목해야 한다. 일종의 현장실습에 대한 평가가 실습지도교수에게 전달되는 과정이라는 점에서 학생은 두 전문가의 의견을 경청하여 실습의 과정에서 개선할 내용을 탐지하고 있어야 한다.

실습지도교수의 현장실습 방문지도 확인서					
실습기관명			방문일자		
실습지도자	직위		성명		
실습생 정보	성명	학번		학년	전공/학과
방문지도 내용	① 실습교육의 선택항목과 필수항목 교육에 관한 이행여부 확인				
	② 실습기관의 실습교육 현황 파악 및 실습생과 실습지도자 간의 관계				
	③ 실습교육 목표 달성을 위한 상호협력의 정도				
	④ 실습교육의 직무윤리 이행 정도				
협의사항	① 실습생의 평가 관리에 대한 기준과 원칙 공유				
	② 실습기관의 특성과 실습지도자의 평가기준 및 의사결정의 과정				
	③ 실습기관과 양성기관 간 평생교육실습 관련 행정적 협조				
	④ 평생교육의 실태파악 및 제도개선의 필요성 등				
현장조사	① 실습기관의 기관특성 및 실습교육의 주제				
	② 실습생의 권리보호 및 의무사항 준수여부				
	③ 실습생의 실습관리 및 실습지도자와의 관계파악				
	④ 실습생의 실습상담을 통한 대응전략 수립 등				

위와 같이 학생들이 선택한 실습기관을 방문하여 실습지도를 하였음을 신고합니다.

년   월   일

양성기관 실습지도교수   성명 :   (서명)

[그림 2-11] 현장실습 방문지도 확인서(양성기관용)

4주 160시간 실습을 이수한 학생은 현장실습확인서를 국가평생교육진흥원에 제출해야 한다. 이때 제출문서에는 [그림 2-12]와 같이 실습생의 인적사항과 실습기관 정보가 필히 들어가야 한다. 실습기관의 기관명과 연락처, 주소 등이 필요하고, 실습지도자의 성명과 평생교육사 자격번호와 취득일, 급수 등이 기재되어야 한다. 국가평생교육진흥원에서는 평생교육사 자격심사를 하는 곳이므로 평생교육지도자가 일정한 자격을 갖추고 있는지를 확인하는 것이 중요한 책무이기 때문에 실습기관에 대한 인정 역시 실습지도자에 초점을 맞추게 된 것이다. 또한 평생교육실습지도자의 관련 경력도 기재해야 한다. 평생교육실습교육을 인정받기 위해서는 실습지도자만이 아니라 실습지도교수의 세심한 지도와 관여가 요구된다.

⑤ 현장에서 실습교육을 받는 학생이 작성해야 할 실습일지
[그림 2-13]은 보편적으로 사용되는 실습일지 양식이며 일지 작성에 포함되어야 할 핵심 내용을 5원칙으로 정리하면 다음과 같다.

- 평생교육직무를 어떤 방법과 기술로 수행하였는가.
- 평생교육직무 수행과정에서 어떤 전문성을 적용하고 발전시켰는가.
- 평생교육 프로그램 개발과정에서 실습학생은 어떤 점에 주목했고 어떤 과정을 거쳐 어떤 결과를 내었는가.
- 평생교육 실습과정에서 학생은 공익과 공정성, 책임 이행을 위해 어떤 윤리와 실천을 기준으로 삼았는가.
- 이해관계자와의 소통을 어떻게 하였으며 그 과정에서 교육전문가의 전문성개발에 대해 어떤 접근을 하였는가.

평생교육현장실습 확인서					
실습생 정보		성명		생년월일	
		학교/학과명		실습지도교수명	
		실습기간	년 월 일부터 ~ 년 월 일까지(총 일)		
		실습시간	총 시간 (매주 요일부터 ~ 요일까지)		
실습기관정보	실습기관	기관명		기관유형	
		전화번호		실습운영부서	
		주소			
	실습지도자	성명		평생교육사 자격소지	급수	
		생년월일			취득기관명	
		직위			취득일	
					자격번호	
		실습지도자 평생교육 관련 경력			
		기관명	소속부서	기간(년월)	담당 업무
				년 월~ 년 월(총 개월)	
				년 월~ 년 월(총 개월)	
		총 경력개월		총 개월	

위와 같이 실습 내용을 확인합니다.

년 월 일

실습지도자: (서명 또는 인)

년 월 일

실습지도교수: (서명 또는 인)

국가평생교육진흥원장 귀하

[그림 2-12] 평생교육현장실습 확인서(양성기관 용)

출처: 평생교육사 자격관리(http://lledu.nile.or.kr)

주차	과업 및 역할	주안점
1주차	[과업] 목표설정	[계획] 무엇을 하려는가? "What"
	[역할] 실습지도자	−실습생의 상황파악정도 및 목표 수립 등을 진단하는 평가 −실습생의 현재상태(As-Is)와 목표상태(To-Be)기술 · 제시
	[실행] 실습생의 과제	−성취목표, 관심분야, 기관에 대한 이해, 중요한 과제에 대한 이해정도 기술 −4주(160시간)를 어떻게 활용하여 과제를 수행할지에 대한 일정표 및 과제범위, 항목 표, 관리방법, 문제진단 등을 정리함.
2주차	[과업] 목표설정	[의도/취지] 어떤 문제를 보았는가? "Why"
	[역할] 실습지도자	−실습생이 그 분야에 관심을 왜 갖게 되었는지를 파악함(타당성/ 현실가능성 검토) − 핵심 이슈가 어떤과정(사고)를 거쳐 선정되었는가를 판단함.
	[실행] 실습생의 과제	−선정한 분야에 대한 근거를 제시함. 평생교육관점 및 맥락에 대한 통찰이 요구됨. −선정한 분야가 왜 중요한지에 대해 기술함. 해결방안 및 근거를 밝힘.
3주차	[과업] 목표설정	[조사/분석] 어떻게 해결할 수 있는가 "How"
	[역할] 실습지도자	−실습생이 현재상태를 어떻게 인식하며 어떤 조사와 분석을 행하는지 방법적 현실성 검토 −조사 · 분석을 통해 무엇을 얻으려는 지 파악함. 효과적인 피드백 방법을 고민해야 함.
	[실행] 실습생의 과제	−조사방법과 조사하려는 항목, 조사를 통해 해결할 문제에 대해 명확히 기술함. −분석방법에 대해 기술하되, 그 방법을 선택한 이유(근거)를 제시하고 그 효과에 대해 서도 설명함.
4주차	[과업] 목표설정	[결과제시] 어떻게 대안을 제시했는가? "Result"
	[역할] 실습지도자	−계획과 결과에 대해 비교 · 분석한 피드백을 제시함. −프로그램 모델에 대한 현실가능성과 한계를 제시하고 시정내용을 지도함.
	[실행] 실습생의 과제	−대안이 어떤 문제를 어떻게 해결할 수 있는지 체계적으로 정리 발표함. −실습지도자의 피드백을 통해 어떤 부분을 수정했는지에 대해 설명함. −실습과정에서 깨달은 내용에 대한 변화를 기술함. 성찰과 반성을 드러냄.

[그림 2-13] 실습일지 양식 활용 예시

실습일	년 월 일(요일)			실습지도자 확인	(서명 또는 인)
실습시간	출근일시	퇴근시간	식사시간	지각/조퇴결근여부 (사유)	실습시간
					시간
실습내용	※ 실습일정에 따른 업무 명 순으로, 주요 활동내용을 기술 ※ 실습지도가 가능하도록 구체적, 객관적으로 기술(실습일지는 개인일기가 아니므로, 실습일과에 대한 개인의 감정, 의견, 느낌 등은 가능한 한 피해야 함) ※ 프로그램 참관(보조진행) 시, 단순히 ○○○ 프로그램 참관'이 아닌, 프로그램의 목적, 주요내용, 강의자의 진행방법 등을 자세히 기록				
실습소감 및 자기평가 (협의사항 포함)	※ 실습내용에 관한 실습생의 의견 및 자기평가를 기술하되 사실에 기초하여 기록하며 발전·진행적으로 기록 ※ 실습지도를 통해 습득한 지식과 기술을 실무에 어떻게 적용할 수 있는 지 등을 기록 ※ 해당 일자의 실습업무 수행을 통해 실습지도자에게 제안하고 싶은 사항 기록				

[그림 2-14] 실습일지

⑥ 실습지도자의 실습교육 관련 의견 제시 5원칙

- 평생교육사의 직무윤리 및 직무책임 이행 정도에 대한 평가
- 평생교육사의 직무 전문성 향상을 위한 문제인식 및 문제진단의 수준
- 평생교육 실습과정에서 프로그램 개발 및 연구·조사활동의 수준
- 실습과정에서 문제해결의 방법 및 적실성 여부
- 이해관계자 간 소통 및 조정을 위한 역할

3. 평생교육현장실습의 평가인정

　실습학생에 대한 실습지도자의 업무는 실습자가 소속된 대학에 현장실습 평가서를 작성하여 제출하게 되면 최종 마무리된다. 현장실습 평가서 작성은 실습기관의 책무다. 실습기관에서 평가영역은 총 다섯 영역으로 구분된다. 이 평가에서도 지식, 기술, 태도인 일반적인 원칙이 적용된다. 지식측면에서는 필수항목으로 실습기관에 대한 특성 및 이해도와 모의 프로그램 개발과 연구·조사활동 및 홍보 및 마케팅의 실습이 중요한 필수 평가기준이 된다. 선택항목으로 세 가지가 있다. 그 세 가지는 실습기관 관련법과 정책 이해와 교육운영 관련, 유관기관 행사참여다. 이 중 하나를 택하여 실습을 진행하여야 한다. 기술적인 면에서 실습의 내용은 행정업무 수행이다. 이것 역시 필수항목에 해당되는데 문서기안 및 공문서의 모의작성이 실습내용에 반드시 포함되어야 한다. 이것은 사업예산안도 포함되는 등 주로 교육기획의 설계에 필수적으로 동반되는 업무 전반에 대한 이해를 높이기 위한 것이다. 마지막으로 태도측면에서 평가는 성실한 직무이행을 보려는 것이다. 근무사항과 직무에 임하는 태도를 평가한다. 이와 더불어 실습목표 설정의 타당성과 실천가능성 및 평생교육에 대한 인식으로서 가치관과 교육적 신념 등을 평가한다. 또한 조직 내 구성원과의 관계 및 갈등해결 등 실제적인 소통과 문제해결과정을 본다.

평가영역(배점)			평가항목	배점	점수
근무태도(10)	근무사항		• 출석, 결석, 지각, 조퇴 등	5	
	태도		• 성실성, 근면성, 친절성, 적극성, 예절 등	5	
자질(15)	목표설정 및 계획수립		• 실습목표 설정 • 실습세부계획 수립 등	5	
	가치관		• 평생교육에 대한 가치관 및 신념 • 실습생으로서의 자세와 역할 등	5	
	관계형성		• 기관 내 직원들과의 협조적인 대인관계 • 동료실습생과의 관계 • 평생학습 네트워크체제 이해 등	5	
학습지도 능력(50)	필수 항목	기관이해 (오리엔테이션)	• 실습기관의 평생교육 관련 주요업무 이해 • 실습기관의 주요 학습자 및 프로그램 이해 • 구체적 실습목표 설정 및 일정별 세부계획 수립	10	
		모의 프로그램 개발(II)	• 평생교육 프로그램 개발	15	
			• 평생교육 프로그램 홍보 및 마케팅	5	
	선택 항목* (택 1)	실습기관 관련법 및 정책이해와 기관 분석	• 평생교육법 및 관련 정책 파악하기 • 실습기관의 SWOT 분석을 통한 전략 도출	20	
		교육 프로그램 운영 지원	• 학습자 관리 및 지원 • 강사, 학습동아리 등 인적DB 관리 및 지원 • 학습정보DB 관리 및 지원 • 학습시설 · 매체 관리 및 지원 • 프로그램 관리 · 운영 및 모니터링 • 프로그램 만족도 조사 지원(결과 분석 수행 등)		
		유관기관 방문 및 관련행사 참석	• 유관기관 프로그램 조사 및 분석을 위한 방문 • 평생학습 관련 행사(지역축제, 박람회 등)		
연구조사 활동(15)	필수 항목	모의 프로그램 개발(I)	• 실습기관의 주요 프로그램 조사 및 분석 • 학습자 요구 분석(실습기관 학습자 대상)	15	
학급경영 및 사무 처리능력(10)	필수 항목	행정업무	• 기안 및 공문서의 모의작성 여부 • 사업예산(안) 편성	10	
총 점				100	

*선택항목 부분은 실습 내용으로 택1하여 실시한 항목만 기재하고 평가하도록 합니다.
출처: 평생교육사 자격관리사이트

[그림 2-15] 평생교육현장실습 평가기준 양식

1) 현장실습 평가기준

실습기관에서는 학생이 실습을 마친 뒤에 평가한 결과를 실습자의 학교의 담당자에게 밀봉하여 보내야 한다. 이 평가서는 실습기관에서 실습자를 총평한 공식적인 평가 자료이므로 보안에 유의하여 이송해야 한다. 이 평가서에는 실습기관의 실습지도자가 실습생에 대한 지도결과를 총체적으로 반영하는 문서이기 때문에 실습지도자는 이 항목에 유의하여 평가기준을 별도로 세워 실습생을 지도해야 할 필요가 있다.

2) 실습지도자의 실습상황에 대한 평가기준

실습생의 근무태도와 윤리적 실천 및 책임 이행 등은 사회적 가치를 실천하는 사회구성원의 공적의무 이행에 해당된다. 따라서 실습지도자는 이러한 기준으로 실습생의 근무평점과 직무수준을 평가할 필요가 있다. 평가의 본래 취지는 학습자의 수준에 따른 교육적 조치라는 점에서 평가결과보다는 이후 학습자의 부족한 점을 개선하기 위해 보완의 잣대로 활용되는 것이 더 바람직하다.

실습생의 평가에서 주요한 항목은 프로그램에 대한 연구·조사 능력과 프로그램 개발을 통한 문제해결력이다. 이 항목은 프로그램에 관한 기획과 설계, 그 과정에서의 조사·분석 능력과 프로그램 관리 능력을 보려는 것이다. 이 과정에서 평가가 프로그램의 기능적 프로세스에만 치중되게 되면 프로그램 개발의 본래 목적과 사회적 가치에 소홀할 수 있다.

프로그램 개발 평가에서 유념할 것은 프로그램 개발의 본래 목적과 사회적 기여다. 개발된 프로그램이 그 사회에 얼마나 공헌했는가를 평가할 수 있어야 한다. 이를 위한 프로그램 개발·평가의 핵심 평가기준을 제시한다.

첫째, 프로그램 개발 평가에서 어떤 공익적 기여를 했는가를 평가할 수 있어야 한다. 즉, 이 프로그램 개발의 목적이 어떤 문제를 해결코자 하였는가를 보아야 한

평생교육현장실습 평가서

1. 실습기관명:

2. 실습기간:　　년　월　일 ～　　년　월　일(　주,총　시간)

3. 실습지도자:

직명	성명	담당	내용	비고
(소속부서명 포함 기재)		(담당업무 기재)	(주요업무 상세 기재)	(평생교육사 자격소지 사항 및 평생교육 관련 경력 기재)

4. 실습내용:

제1주	제2주	제3주	제4주

5. 실습상황:

실습생 성명	학과명	근무태도 (10%)	자질 (15%)	학습지도 능력 (50%)	연구조사 활동 (15%)	학급경영 및 사무처리능력 (10%)	총평 (100%)	비고

위 사실을 증명함

년　　월　　일

실습기관의 장　│ 직인 │

출처: 평생교육사 자격관리사이트

[그림 2-16] 평생교육현장실습 평가서(실습기관용)

다. 실습지도자는 어떤 문제가 어떤 해를 끼치고 있었는가를 보는 것과 아울러 이 문제를 해결하기 위해서 어떤 사회적 가치를 내포하고 있는지를 살펴보아야 한다.

둘째, 평생교육사가 되기 위한 실습과정은 교육적으로 문제를 인식하고 교육적 관계 속에서 문제를 해결하는 전문가가 되는 과정이라고 보아야 한다. 이렇게 보면 평생교육사의 실습 평가에서 프로그램 개발이 얼마나 교육적인 안목으로 설계되었고 교육적으로 접근하여 문제를 해결하려고 하였는가에 평가기준이 제시되어야 한다.

셋째, 실습과정에 대한 평가에서 유의해야 할 마지막 요소는 결과를 평가하기보다 과정을 평가할 수 있어야 한다. 즉, 실습생이 처음 수준이 어떠했는가를 파악하고 중간에는 그 수준이 어떠했는가를 몇 가지 기준을 통해서 평가할 수 있어야 한다. 마지막으로는 결과를 통해서 평가해야 한다. 이 과정에서 실습생이 긍정적인 변화를 이끌어 내는 능력을 획득했다면 그것을 평가할 수 있어야 한다.

3) 실습기관의 사회적 책임 이행 평가

실습기관에서 실습생에 대한 평가는 기능적으로는 현장실습 평가서 송부로 종료된다. 다른 의미에서 기관의 평가는 사회적 책임 이행에 대한 평가가 뒤따라야 한다. 실습기관에서는 실습을 위해 기관을 운영하지는 않는다. 다만, 실습기관은 평생교육실천의 현장을 교육적 관점에서 실습생에게 제공한 것이 된다. 실습과정은 실습생에게는 실습과목 이수의 필수적인 과정이 된다. 한편, 실습기관은 실습생을 지도하면서 기관의 업무를 실습과목에 맞춰 교육 프로그램으로 제공한 것이 된다.

실습기관의 사회적 책임 이행 평가는 다음 세 가지 점에서 필요불가결하다.

첫째, 그동안의 평생교육실습은 교육적 가치와 사회적 책임에는 무관심했다 해도 과언이 아니다. 매우 기능적으로 접근했다고 볼 수 있다. 이런 이유로 평생교육의 현장에서는 교육철학과 인간에 대한 이해 부족을 엿볼 수 있었다. 평생교육실습과정에서 만나는 세 주체, 즉 양성기관의 교수, 실습생, 평생교육지도자는 서로 협력하고 공동체에 대한 각각의 책임을 수행할 수 있어야 한다. 공적 연대와 공적 책임의지가 평생교육기관평가에 포함되어야 할 것이다.

둘째, 실습기관에서는 실습생에 대한 교육적 지원을 사회적인 의무로 받아들여야 한다.

실습기관이 그 기관의 책임을 완수하기 위해서는 실습의 과정을 사회환원과 차세대에 대한 지원으로 생각할 수 있어야 한다. 실습기관의 태도가 베푼다는 의식으로 남게 되면 책임 있게 실습과정을 운영하기보다는 형식적으로 기울어질 경향이 높아진다. 따라서 실습교육과정이 관행을 추종하게 되는 등 법적 사회적 가치 실현보다는 잘못된 관행을 가르치는 결과를 빚을 수 있다.

셋째, 실습기관에서는 기관만의 고유한 특성을 통해 혁신적인 교육 프로그램 개발의 경험을 사회에 제공할 필요가 있다.

실습기관은 다양한 측면에서 사회의 발전에 기여할 수 있다. 실습기관에서 실습생에게 제공되는 교육실습은 실습기관의 실천적 교육경험을 전수하는 것이 될 수 있다. 교육은 학교에서만 행하는 것이 아니라 일을 통해서도 충분히 교육의 성과를 낼 수 있다는 점에서 평생교육실습기관은 이미 지속가능한 교육 프로그램 개발의 현장인 것이다.

평생교육현장실습의
협약 추진

평생교육현장실습의 준비 단계

 개관

실습기관을 정하고 실제 실습을 진행하기 전에 미리 알아 두어야 할 행정절차가 있다. 실습교육을 위해 학교와 기관 간 실습지도교수와 실습지도자 및 실습생 간, 상호작용은 중요하다. 관계자들이 각각의 위치에서 역할을 해야 하는 가장 큰 이유는 실습생이 현장을 잘 익히고 배워 미래를 잘 이끌어 가도록 안내하는 데 있다. 실습 준비 단계는 현장에 나가기 전 점검해야 할 것을 다룬다. 이 장에서는 학점이수 관계 및 실습기관 선정 시 법적 요건 검토 및 실습지도자의 자격과 마음가짐 등을 다룬다.

실습은 수동적인 자세로 지시전달 사항을 검수받는 과정이 아니다. 실습은 이미 배운 것들을 적용하고 원리를 발견해 가면서 현장을 터득하고 개선하는 전략을 익힌다고 볼 수 있다. 실습생은 현장을 곧 배움터로 인식하고 접근해야 한다. 현장에 대한 판단과 현장의 특성 기관의 정체성까지 알아 두어야 하고 그것을 기반으로 실습에 대한 훈련을 수행해야 한다.

 학습목표

1. 실습 이전 실습지도를 받을 수 있는 자격 기준에 대해 점검한다.
2. 실습기관 선정에 필요한 기본 요소들을 탐지한다.
3. 실습기관에서 일어날 수 있는 일들에 대해 사전지식을 갖춘다.

 주요용어

실습 자격기준, 실습기관 선정, 실습 전 사전지식

1. 평생교육현장실습의 사전 점검

실습은 학생이 실습을 통해 배운 것을 적용하고 실천하는 과정이다. 실습과정은 실습기관과 실습생, 실습과목 이수를 책임지는 양성기관 간 협업으로 이루어져야 한다. 아래 그림은 실습의 진행 단계를 현장실습 전 단계에 준비하고 확인해야 할 것을 정리했다. 현장실습 초기, 중기, 마무리 단계에서 반드시 행해야 할 주요 내용들을 정리하였다. 실습생과 각 기관들이 실습교육의 전 프로세스를 한눈에 보도록 정리하였다.

표 3-1 실습의 진행 단계

실습 단계	양성기관의 준비		실습기관의 준비
실습 전 단계	실습과목운영 안내	···	현장실습 프로그램 확정
	실습기관 선정요건 고지		실습지도자 확정
			실습생 모집공고
	실습계약 체결		실습계약 체결
실습진행 1단계	실습교육 ① 오리엔테이션 교육	···	실습지도안
실습진행 2단계	실습교육 ② 실습교육지침 및 상담	···	실습교육 ① 부분참여와 관찰 과제
	실습교육 ③ 실습지도교수의 실습기관 탐방 지도		
실습진행 3단계	현장실습 공유 평가회	···	실습교육 ② 기관특성과 문제인식
			실습교육 ③ 핵심직무 이행 과제
실습종결	실습 평가 및 과목 학점 이수 평가	···	실습교육 ④ 과제수행 평가
			실습교육평가서 제출

1) 현장실습기관의 기본조건

현장실습기관은 평생교육사의 실습기관이어야 한다. 이 전제는 평생교육기관이라고 해서 현장실습을 행할 수 있는 것은 아니라는 뜻이다. 평생교육기관에 평생교육사 자격을 취득한 사람이 있다고 해서 실습기관이 될 수는 없다. 이는 유념해야 할 문제이니 특히 주목해야 한다.

일반적으로 평생교육기관을 선택하면 현장실습을 받을 수 있을 거라는 기대를 할 것이다. 그러나 간과하지 말아야 할 것은 그 기관에 평생교육사의 실습교육을 지도할 일정한 경력을 갖춘 평생교육사가 재직하고 있는가다. 현장실습을 지도할 기관의 지도자는 평생교육사 자격취득자도 아니고, 그 직무를 이행하는 일정한 경력자로 보아야 한다. 이를 먼저 점검하는 것이 평생교육기관 선정보다 더 앞서 진행시켜야 할 일이다.

현장실습은 평생학습기관에서 평생교육사의 핵심직무를 학습하는 과정이다. 현장실습과정은 실무를 익히는 과정이면서 동시에 사회 현실과 문제를 인식하는 과정일 것이다. 현장실습은 실무교육과정이지만, 한편으로 보면 실습생의 진로를 타진하는 시간이 될 수 있다. 현장실습의 기능을 보면, 160시간에 대한 교육과정 이수에 대한 평가다. 내용적인 현장실습의 의미는, 평생교육기관의 특성을 이해하고 그 기관의 교육경험을 전수받고 평생교육사로서의 책무를 이행하는 과정에 대한 학습이다.

현장실습과정은 학교에서 배운 내용과 괴리가 있을 수 있다. 실습과정은 평생교육사의 구체적인 실무 역량 강화를 위해 설계되어 있다고 보면 된다. 교과서에서 배운 내용이 표준 혹은 일반적인 내용이라면, 현장실습은 특화된 혹은 그 기관에 맞추어진 실무경험을 쌓는 시간으로 볼 수 있다. 현장실습을 담당한 기관은 실습생에게 실무를 그대로 따르게 할 수는 없다. 실무를 실습교육과정으로 재설계하는 노력이 필요하다.

현장실습기관은 양성기관과 협력하여 실습생이 원만하게 실습교육을 마칠 수 있도록 도와야 한다. 양 기관에서는 일정한 행정절차를 통해 실습교육에 대한 명확

한 계약을 수립해야 한다. 계약수립의 의미는, 책임지고 160시간 동안 필요한 교육
을 실천하여 실습생을 길러 내겠다는 약속이다. 실습기관에서는 실습지도 책임을
이행해야 하고 양성기관에서는 실습과목의 규정에 적합한 요소들을 점검하여 자
칫 실습교육이 잘못된 내용으로 채워지지 않도록 안내해야 한다.

　　평생교육기관은 크게 6개의 영역으로 구분한다. 이들 분류는 실습생의 진로와도
연결된다고 볼 수 있다. 실습생은 자신의 진로를 이 6대 영역의 어디에 둘 것인지
생각해 볼 필요가 있다. 자신이 일하고자 하는 영역을 어느 방향에 둘 것인지 염두
에 두고 실습기관을 선택하는 것이 필요하다. 실습과정은 일종의 현장에 대한 탐색
이면서 분야에 대한 선경험 과정이 될 수 있기 때문이다.

2) 실습교육의 진행과정

　　양성기관의 실습생은 실습과목 신청 전 선행 과목에 대한 증빙을 학교 행정담당

표 3-2　실습 진행을 위한 공식적인 절차

① 학점 이수 여부	② 관심 분야 선정	③ 실습 시간 등 요건 확인
1. 실습과목 신청 전 선행과목 이수 증빙 확인 2. 실습과목 신청을 위한 필수 이수 점수 확인	1. 실습과목 수강 선택 2. 실습생은 6대 영역별 평생교육기관 예비조사	1. 실습지도교수의 지도 2. 실습기관과 시간 및 거리 등 요건 탐색
④ 실습기관 요건 탐색	⑤ 실습기관 예비 확정	⑥ 실습 협약
1. 실습지도자의 경력 확인 2. 실습기관 동의 받기 3. 이력서 등 관련 서류 제출	1. 실습생 기관 방문 면접 2. 실습지도자와의 협의	1. 실습기관 확정 2. 양성기관(학교 등)에 통보
⑦ 실습 계약 체결	⑧ 실습 개시 시작	⑨ 최종 간담회 및 평가회의
1. 실습 시간과 내용 확정 2. 행정 관리자 간 문서 교환	1. 실습 일지 작성 지도 2. 교육내용 시간 배분 3. 실습지도교수 기관 방문	1. 160시간 실습 2. 실습지도자와 실습지도교수의 간담회

자에게 제출하고 확인을 필하여야 한다. 이는 평생교육사의 전문성을 높이기 위해 취해진 조처다. 실습은 적어도 지식과 이론을 겸비한 뒤 현장상황에 적용할 수 있어야 한다는 취지다. 따라서 학생은 실습과목을 듣기 전에 선수 과목을 이미 이수해 놓아야만 실습교육을 받는 데 문제가 발생하지 않는다.

3) 양성기관의 현장실습 추진 7단계

양성기관의 현장실습 추진을 위한 시간 설계 계획 및 공지 내용은 총 7단계로 이루어져 있다. 그 내용은 다음과 같다.

예정 실습 시기 3개월 전인 1단계에서는 학생들은 실습기관 선정을 위해 실습기관 목록을 적극 활용할 필요가 있다. 실습기관 목록은 국가평생교육진흥원에서 제공하고 있다.

예정 실습 시기 2개월 전인 2단계에서는 실습예정 기관을 3배수로 선정하여 의사를 타진해야 한다. 자격을 갖춘 실습지도자가 실습지도를 담당할 수 있는지를 우선 확인해야 한다.

예정 실습 시기 1개월 전인 3단계에서는 '실습의뢰서'를 해당 기관에 전달하고 최종 결정이 내려지기까지 해당 기관에서 요구하는 요건(시간, 영역, 관계)을 조율하는 면접을 진행해야 한다.

예정 실습 시기 2주 전인 4단계는 실습기관이 확정되었을 경우 학교에 공식 의사를 전달해야 한다. 학교에서 선택된 기관에 '실습의뢰서'를 송부하도록 행정 요청을 해야 한다. '실습의뢰서'에는 실습지도교수가 확인한 서명이 들어 있어야 한다.

실습이 개시되는 5단계에서는 1일 실습개시시간과 실습종료시간을 명확히 한 일지와 4주간 일정을 협의하고 진행해야 한다. 실습생은 목표 및 평가기준을 실습지도자와 공유하고 실습교육에 임하도록 한다.

실습 평가 및 종료의 6단계에서 실습생은 실습평가에 대한 계획을 수립하고 실습지도자와 실습과목 담당교수에게 실습교육을 보고한다.

마지막으로 실습과목에 학점을 부여하는 7단계에서는 실습과목에 대한 실습과목지도교수의 최종 평가를 받는다. 실습생은 실습과목에 대한 학점 이수 확인 및 평생교육사 자격취득을 위한 절차를 이행해야 하고 자격증 신청 서류를 제출해야 한다.

4) 양성기관의 실습기관 선정

양성기관에서 실습기관에 실습지도를 의뢰하기 위해 검토해야 할 사항은 〈표 3-3〉과 같다. 〈표 3-3〉의 체크리스트는 실습생이 현장에서 양질의 교육을 받을 수 있는가를 최종 판단하고 의사결정하기 위한 것이다. 그 내용은 실습지도자의 자격확인, 실습내용에 대한 지도 역량, 실습 프로그램에 대한 적정성 여부 등이며, 이들 체크리스트는 실습을 진행할 준거자료로 기능하게 된다.

표 3-3 실습기관 선정 시 체크리스트

항목	확인
실습기관에 재직하는 실습교육 자격자가 상주하고 있는가?	
현장실습에 관한 내용이 실습과목에서 요구하는 내용과 일치하는가?	
실습생이 실습과정에서 어떤 배움을 습득할 수 있는가?	
실습과정에 대한 전체적인 시간과 프로그램이 마련되어 있는가?	
실습진행에 따른 조직 내 공유가 형성되어 있는가?	
실습지도계획서 등 실습과정이 현장 수업의 방식으로 재구성되었는가?	

5) 양성기관의 행정 절차

실습과목을 개설한 양성기관에서는 실습을 위한 기관 간 협약이 가장 큰 과제가 된다. 실습과목을 수강하는 학생들 역시 실습기관을 선정하는 것이 일차적인 과목 이수의 전제가 된다. 실습기관을 선정하고 학생의 실습을 관리하는 것은 크게는 양성기관의 책무라고 할 수 있다. 전체 실습과목을 15주간 진행하는 과정 중 현장실습 교육 160시간이 포함되는 것이므로, 과목을 전담하는 교수는 실습기관에 학생의 교육을 의뢰 혹은 위탁한 것이 된다.

이 단계에서는 현장실습을 위한 공식적인 기관 간 협약이 필요하다. 양성기관과 실습기관은 실습교육을 확정할 시 공식적인 공문을 통해 확약을 승인하여야 한다. 실습생은 기관 간 '실습의뢰서' 등 행정절차를 진행하지 않았을 경우, 그 실습은 인정되지 않을 수도 있음을 유의해야 한다.

양성기관에서 실습과목 담당교수는 실습이 진행되는 전체과정을 상세하게 안내해야 한다. 오리엔테이션 시간을 통해 과정 안내를 하게 되는데, 그 시간에 실습 전, 실습 진행과정, 실습종결 단계에 따라 안내하는 것은 필수적이다. 이때 실습과목 담당교수는 반드시 지켜야 할 행정절차와 학점이수를 위한 평가기준, 실습결과보고서 등에 들어가야 할 실습내용과 과제 등을 기본적으로 알려야 한다. 또한 실습기관에 대한 평가기준과 실습인정과 불인정에 대한 사례, 실습기관에서 이루어지는 단계별 평가 등 전반적인 실습교육에 대한 안내와 학점 이수 요건을 공지해야 한다.

실습과목 담당교수는 실습과정에서 일어나는 실습지도자와의 관계유지 및 소통에 관해서도 안내해야 할 뿐 아니라 실습과정에서 일어날 수 있는 인권침해요소 등에 대한 신고 및 대처방안에 대해서도 알려야 한다. 실습생이 자칫 실습과정에서 인턴으로 실습교육이 오용되는 사례가 일어나지 않도록 유의하는 지침도 제공해야 한다. 이른바 수성기관에서는 기준과 준칙을 제시하여 실습교육을 원칙과 평가기준에 맞게 수행할 수 있도록 세세한 대응책을 사례를 들어 상담하고 안내할 필요가 있다.

실습신청서

수 신:

참 조:

제 목:

1. 항상 평생교육현장실습 교육을 위해 애써 주시는 귀 기관에 감사드리며 귀 기관의 무궁한 발전을 기원합니다.

2. 평생교육실습과목을 수강하는 본교 학생의 실습교육을 의뢰하오니 아래를 참조하시어 협조하여 주시기 바랍니다.

-다 음-

　　가. 학생명: 　　　　　　(학생연락처: 　　　　)

　　나. 실습기간:

　　다. 실습지도교수:

　　라. 실습담당조교: 　　　　　(연락처: ☎ 　　　　)

붙임 실습신청서 1부. 끝.

　　가. 기관장(직인)

담당자 ○○○ 　　　　　　　　　　　　　　　　　학과장 ○○○

시행 ○○○-○○○(○○○○. ○○. ○○.)

접수 ○○○○-○○○○(○○○○. ○○. ○○.)

주소:

전화: 　　　　　　　　　　　/E-mail:

[그림 3-1] 실습신청서

특히 중요한 것은 실습일정에 대한 안내다. 실습은 교육의 과정이기 때문에 실습기관의 실습지도자가 주간별, 일별, 주제별, 과제 등에 대해 정기적으로 면담을 하도록 실습교육에서는 권장한다. 실습과정의 정기적인 면담에 대한 기록도 일지 및 주간평가 등에 그대로 기록되도록 안내하여야 한다. 그 결과를 어떻게 평가하는지에 대해서 평가기준을 제시할 필요가 있다.

6) 현장실습 주요 문서 목록

현장실습은 과목이수과정에서 두 기관의 평가로 진행된다. 실습기관의 평가와 양성기관의 평가가 그것이다. 실습과정은 중간평가에 해당되고, 실습과목 전담교수의 평가는 최종 평가를 한다고 본다. 이렇게 중간평가와 최종평가가 최종 실습생의 학습 결과를 평점으로 산출하게 된다. 이때 대부분의 평가는 양적 평가라기보다

표 3-4 현장실습 시 작성문서

문서 목록	담당기관 및 담당자	준거 및 내용
평생교육현장실습의뢰서	양성기관 행정담당	공동과제 수행
평생교육현장실습신청서	양성기관 실습과목 수강신청자	계약기간 및 목적
실습생의 자기소개서 및 이력서	양성기관 실습생	인적사항 및 소개
현장실습을 위한 서약서	실습생	기준과 원칙 공유
실습생 출근부	실습생	태도 평가
실습생 실습 일지(일일보고서)	실습생	직무능력평가
현장실습 주간 보고서	실습생	중간평가
실습지도 계획서	실습기관 실습지도자	실습
실습지도과정 기록서	실습기관 실습지도자	질적평가
현장실습 (성적) 평가서	실습지도자 및 실습지도교수	최종평가
현장실습 세미나 발표 보고서	실습생 최종 발표	실습지도교수의 평가
실습과목 최종 평가	실습지도교수	학점 이수

질적 평가에 가깝다.

실습생의 실습과정 전반에 대한 관찰 기록의 형태가 많다. 현장실습일지 및 현장실습과정은 관찰기록의 성격이 강하게 작용한다. 이를테면 실습과정의 기록물은 실습지도자의 오랜 경험에 의한 평가체계를 보여 준다고 하겠다. 실습과정이 명시적 지식보다는 암묵적 지식으로 구성되어 있다고 볼 수 있다. 오랜 경험을 지식의 형태로 재구성한 교육과정이라는 점에서 현장실습은 실습지도자의 지도와 평가가 전적으로 평가의 기준과 원칙이 된다.

7) 좋은 평가를 받기 위한 학습 전략

실습교육은 배운 것을 현장에 적용하여 문제를 해결하는 과정이기도 하다. 이것은 현장을 어떻게 인식하고 문제를 무엇으로 간추릴 것이며 그것을 어떻게 접근하여 어떤 답을 낼 것인가의 과정일 것이다.

실습교육은 따라서 ① 배운 지식의 현실 적용과정, ② 표준화와 일반화를 벗어나 주요 기관 특성에 따른 재구성 능력, ③ 커뮤니케이션과 문제를 발견하고 정의하는 능력, ④ 현실적인 문제들을 얼마나 교육적인 방식으로 잘 해결할 수 있는가 등이 평가기준이 될 수 있다.

실습교육은 또한 양적 실습보다 질적 실습의 과정이라는 점을 명심할 필요가 있다. 양적 실습은 주어진 프로세스를 따라서 수행하고 그 결과를 통계적으로 산출하면 되지만, 질적 실습은 명시적인 현상보다는 암묵적인 지식에 관심을 기울여야 할 필요가 있다. 혹은 관습적으로 이행되어 온 그 현상을 간파할 수 있는 안목을 갖추어야 한다는 것이다. 즉, 평가에서는 문제를 해결하기 위한 사고력을 측정하게 된다는 의미다. 그렇다면 어떻게 사고하는가, 혹은 어떻게 사고해야 좋은 평가를 받을 수 있으며 더 나은, 좋은 결과를 만들어 낼 수 있는가에 생각이 미치게 된다. 이런 요소들로 사고를 조직하고 교육의 관점에서 문제를 해결하는 방법을 요약·정리하면 다음과 같다.

첫째, 실습교육에 대해서 개념을 명확히 해야 한다. 개념은 정의를 포함한다. 따라서 개념을 어떻게 형성하는가는 실습생이 판단할 문제다. 예를 들어, 실습교육의 개념을 기능적인 훈련으로 접근한다고 보면, 실습교육은 문제의 해결점을 찾기보다는 형식적인 과정을 모방하는 결과를 낳을 수도 있다. 평생교육에서 실습교육과정은 문제를 정책적으로 혹은 관습적으로 풀어 가지 않고 평생교육적인 방법으로 풀어 가겠다는 실천적 학습과정인 것이다.

둘째, 논리적으로 사고하기보다 전략적으로 통찰하는 게 더 바람직하다. 답을 구하기보다 답을 찾아가는 과정으로 사고를 매핑할 필요가 있다. 실습교육은 현장에서 일어나는 제반 문제에 대한 해석에서 시작된다고 볼 수 있다. 즉, 현장의 문제를 인식하고 정의해서 그것을 해결하는 방법을 모색하는 과정이 평생교육적 실습교육이라 할 수 있다. 예를 들어, 어느 지역에서 버스노선에 대해 각 집단의 필요에 의해 갈등이 발생되었다고 하자. 이때 이것을 풀어 가는 평생교육의 실습은 어떠해야 하는가? 먼저 무엇이 갈등으로 번져 갔는가를 보아야 한다. 이 단계는 원인을 파악하는 과정이다. 그런 다음 절차의 문제가 없었는지 점검한다. 의사결정과정을 보아야 한다. 이 단계는 공평성과 공정성 등 편차가 없었는지를 분석한다. 마지막으로 현상을 조사하고 관찰하여 전체 구조를 인지한다. 이 단계는 맥락적으로 사태를 파악하여 문제의 근원과 해결책을 설계하는 과정이다.

셋째, 문제에서 주목할 것은 쟁점을 잘 가다듬어 내는 것이다. 즉, 이해관계자의 구분(정의)과 이해관계자 간 소통 등 상대적인 관점이 타당한 방식으로 제시되면 더욱 설득력을 갖게 된다. 대부분의 문제의 발단은 협상이 되지 않았거나, 이해관계자 존중이 안 된 게 원인이 되는 경우가 많다. 실습교육과정에서 모의 프로그램 개발이 핵심 실습내용이 된다고 보면, 문제를 잘 해결하기 위한 교육적 설계가 그 해답이 될 수 있을 것이다. 왜 이 문제가 대두되었는가? 무엇을 검토해야 하는가? 왜 지금 검토해야 하는가? 등 이런 질문 속에서 문제를 파악하는 게 중요하다. 또 현재의 상황을 검토할 필요가 있다. 이때의 상황은 일반적인 상황을 전환시킨 교육적 상황이어야 한다. 일반적으로 문제가 발생했을 때 정책적, 혹은 제도적 문제인 경우가 많다. 그러나 평생교육실습은 그것을 교육적인 것으로 전환하여 다룰 수 있어야 한다. 이를테면 이렇게 질문을 하는 것이다. '이 문제가 교육적인 시각으로 보면 어떤 문제인 거지?' 이렇게 발문을 하면서 문제를 바라보아야 한다. 이해관계자는 우위를 경쟁하는 상대일 수도 있고 지배와 피지배자의 관계일 수도 있다. 그러나 서로에게 필요한 존재라는 점에서 이해관계자를 설정하고 교육적 문제 해결과정을 생각하는 것은 성숙한 학습공동체를 만드는 중요한 과정이 될 수 있다.

넷째, 실습의 전 과정은 사고의 과정을 드러내는 방식으로 프로그램을 개발하고 문제를 해결하는 실습이어야 한다. 사고한다 함은 정보를 나열하는 것이 아니다. 의미를 전달하는 과정이다. 예를 들어, 프로그램 개발은 원인을 찾기 위해 현장에서 사람들을 만나 요구조사를 시작하게 된다. 이때 요구조사를 하더라도 그들이 왜 그런 요구를 가지게 되었으며 '말한' 요구 이외의 다른 요구가 있는지도 살필 수 있어야 한다. 말한 것도 보아야 하지만 행동도 관찰해야 한다는 의미다. 요구 조사를 위해 집단을 구분할 때 이해관계자 집단을 설정하여 요구를 파악하는 것이 좋은 접근이다. 문제의 본질을 정의하고 접근할 때 이해관계를 보게 되면 문제가 오히려 더 분명해지고 해결책도 명료해질 수 있다. 실습과정은 어떻게 사고하여 그 문제의 본질을 드러내 성숙한 인격을 만들까와 같은 프레임워크도 가지고 있어야 함을 강조한다.

다섯째, 실습은 결과적으로 문제를 어떻게 다루어야 하고 그것을 통해 어떤 프로그램 개발을 할 것인가의 문제와 직결된다. 문제를 명확히 하는 것만큼 중요한 것은 문제의 '본질'을 읽어 내는 것이다. 즉, "이 문제의 본질은 사실상 이것으로 보이지만, 의미는 이러한 것으로 해석됩니다. 따라서 이 문제는 어떤 흐름 속에서 만들어진 것이고 그렇기 때문에 이런 문제라고 해석됩니다."라고 설명하는 실습이 좋은 평가를 받을 수 있는 실습이라고 생각한다. 여기에 덧붙인다면, "이 실습과정에서 주어진 과제인 실습지도자가 제시한 과제는 기관에서는 이렇게 다루었다고 생각합니다. 이 기관의 특성은 바로 그 문제를 다른 기관과는 다르게 풀어냈다고 보이는데요, 다른 기관에서는 A방식으로 접근했다면 이 기관에서는 B방식으로 접근한 것으로 보입니다. 그 이유는 바로 이런 점 때문입니다. 이 기관은 어떤 전문성이 있기 때문에 그것을 그렇게 일반적인 방식으로 접근하기보다 암묵적 지식과 경험이 많기 때문에 이런 방식으로 접근했다고 봅니다. 이것은 다른 기관에서는 볼 수 없는 이 기관만의 문제해결방식으로 이해 했습니다."와 같은 방식으로 문제를 어떻게 읽어 냈느냐에 초점을 맞추는 것이 필요하다.

2. 평생교육현장실습의 제반 협약 규정

1) 실습기관의 실습 추진 단계

추진 단계는 실습기관에서 양성기관과 실습을 하기로 계약하고 행정담당자가 공식 문서를 주고받아 계약이 성립된 이후 실습생이 기관에서 실습을 시작하기 전의 상태를 말한다. 이 추진 단계에서는 네 단계의 진행을 엿볼 수 있다.

(1) 실습 전 단계: 양성기관에서 실습생의 위탁과 실습기관의 과업

양성기관에서는 실습을 위한 선행 과목을 통해, 평생교육에 관한 지식과 기술 중심의 형식학문적 접근을 한 것이라고 보면 실습기관은 지식을 현장에 접목하여 평생교육의 지평을 넓히는 지식의 현장성이 강조되는 곳이라고 볼 수 있다. 따라서 실습기관의 실습 전 과업은 태도를 형성하고 문제를 직접 다루어 보며, 배운 지식과 현장 간 차이를 확인하여 문제를 해결해 가는 과정이라 할 수 있다.

(2) 실습교육기관 선정 및 조율 단계: 양성기관 실습과목의 내용과 실습기관 간 실습설계의 합치

① 실습교육의 내용 문제

실습과목을 실습교육과정을 통해 이수하는 게 실습교육이다. 실습과목의 내용

[그림 3-2] 실습 진행절차

이수는 실습기관에 전적으로 의존하지는 않게 구성되어 있다. 실습과목은 교과에서 실습내용을 이미 한정시켜 놓았다. 따라서 실습교육내용은 표준화된 실습교육요소로 설계되어 있는 것이다.

실습과목의 내용 중에 실습교육요소는 기획과 계획, 실행(분석, 교수), 평가의 총 4단계로 정리된다. 이 과정은 이렇게 나타낼 수 있다.

새로운 기획은 현재의 문제를 진단하고 그 결과를 개선하기 위해 진행한다. 이 과정에서 전체적인 맥락 속에서 기관의 분석과 교육 프로그램의 운영기준 등과 학습자들의 상황을 분석할 수 있어야 한다. 실습교육은 위의 네 단계의 과정을 이수할수 있을 때 실습생은 실습교육의 평가를 더 합리적인 수준에서 인정받을 수 있다. 실습생은 이런 요소들이 교육 프로그램에 반영되어 있는지를 면밀히 살피는 것이 중요하다.

② 실습지도자와 실습생 간 조율해야 할 문제

실습생이 실습을 위해 자기소개서와 이력서, 면담 등 그간의 경험을 제시할 때 실습지도자는 실습생의 경험이 기관의 특성과 어떻게 조화를 이룰 것인지를 먼저 생각해야 한다. 즉, 실습생의 관심 주제영역을 파악하고 실습지도 계획 수립에 그것을 반영하는 것이 바람직해 보인다. 또한 실습생이 무엇을 원하는지를 물어보고 실습지도자가 실습생의 경험 수준과 본인 직무 간 공통분모를 찾는 게 중요하다.

실습지도자는 실습계획을 수립하기 이전에 실습생과 실습지도 계획을 함께 수립할 필요가 있다. 그 이유는 간단하다. 이것은 실습지도가 집단적으로 이루어지기보다 개별적으로 암묵적 · 경험적 지식을 통해 진행되는 경향이 크기 때문이다.

실습교육은 선배 평생교육사가 후배 평생교육사에게 경험을 전달하는 과정임과 동시에 교과서적이고 원론적인 지식을 현장에서 새롭게 개선하거나 배양시켜야 하는 평생교육의 현장을 계승하는 의미도 포함된다.

(3) 실습교육 체결 진행 단계: 실습교육 체결을 위한 점검 요소

실습교육을 시작하기 위해서는 실습지도자와 실습생이 만나는 시간이 필요하다. 이 과정은 실습교육의 과정에서 실습이 어떻게 진행되면 좋을지를 공동으로 설계하는 과정으로 볼 수 있다. 이 과정은 연대와 협력, 적극적인 참여를 위한 물리적·심리적 합의과정인 것이다. 물론 실습기관에서는 일정한 프로그램을 제시하고 실습생들을 모집하는 경우를 종종 보게 된다. 그러나 궁극적으로는 실습교육과정은 엄밀한 의미에서 교수-학습 관계인 것이다. 따라서 실습교육과정에서 실습생과 실습지도자 간 요구사항이 달랐을 경우 갈등이 유발될 수 있다는 점에서, 이것을 미연에 방지하는 절차로 기준과 원칙 등만이 아니라 기본적인 교육과정에 대한 이해가 요구된다.

- 실습교육에서 실습지도자는 실습생에게 요구하는 사항을 명료하게 제시할 필요가 있다. 이는 실습교육에서 해석의 오류로 빚어질 수 있는 갈등들을 미연에 방지한다는 의미로 교육적인 대화가 필요하다.
- 실습기관에서 실습교육 관련 교육비를 수령하는 기관의 경우, 그 교육비의 사용과 관련하여 사용처를 안내할 필요가 있다. 이러한 용처에 대한 안내는 교육비를 받음으로써 교육의 질이 자칫 훼손될 수 있을 것을 막기 위함이다.

2) 실습기관의 실습 교육에 관한 평가기준 제시

실습기관에서 실습과목 내 실습생의 평가는 실습생의 과제에 대한 평가와 실습과정에 대한 평가, 실습내용에 대한 평가 등 민감한 문제가 될 수 있다. 실습기관에서는 평가에 대해서 열린 접근을 해야 한다. 열린 평가는 실습지도자의 최종 판단을 통해 평가 점수를 결정하는 것이지만, 그 이전에 실습생이 스스로 자신의 과제에 대해서 평가하는 방법을 포함시킨 것이다. 열린 평가에서 주목해야 할 것은 평가 준거를 무엇으로 삼을 것인가를 명시해야 한다는 것이다. 이것은 객관적이고 타당한 평가로 인정하는 의미와 평가를 위한 평가가 아닌 실습과정에서 경험한 것들을 통해 더 나은 현장교육을 수립하는 의미를 포함한 것이다.

평가에 대한 실습기관의 설명은 실습생에게 매우 도움이 된다. 실습생은 자신의 실습이 어떤 기준과 준거로 평가되는지에 대해서 알고 있을 때 교육에 대한 참여가 높아질 뿐 아니라 자신의 실습과정에 대해 객관적으로 평가할 수 있는 안목을 세울 수 있게 된다.

- 실습교육이 어떻게 평가되는가의 문제는 결코 단순한 문제가 아니다. 실습교육의 가치는 실습생이 실습교육과정에서 현실을 얼마나 잘 인식하여 문제를 해결했는가를 평가하는 것에 있다.
- 실습교육의 교육적 가치를 높이기 위한 평가 설계는, 첫째, 어떤 목표에 이르렀는가, 둘째, 학습자가 이전과 이후 어떻게 달라졌는가, 셋째, 기관이 보유한 실습교육은 실습교과목과 얼마나 상호보완적인가를 점검할 필요가 있다.

[그림 3-3] 현장실습과정 개설 및 모집 공고 등 실습교육 관련 진행상황

3. 실습기관의 실습 계획 요소

1) 평생교육기관의 현장실습 계획 수립

(1) 실습생의 실습기간 및 상황 이해

실습지도를 위해서는 실습기관의 특성에 따른 실습교육 프로그램을 구성해야
한다. 실습기관에서는 실습을 원하는 학생들의 실습할 수 있는 기간을 파악한 뒤
실습생 모집 공고를 통해 실습생을 모집하여야 한다.

(2) 기관의 실습계획안 수립

실습기관의 실습계획안에는 다음과 같은 내용이 포함되는 것이 바람직하다.

- 실습교육계획서: 실습기관에서 실습교육의 주제 및 내용
- 법정 평생교육 시설로서 자격인증 및 검증서 확인
- 실습기관의 평생교육실습교육 전문성에 관한 안내
- 실습지도자의 자격기준(실무경력 2년 이상)에 대한 안내
- 실습교육과정에서 실습기관과 실습생 간 계약사항 등 지침
- 실습교육평가기준안 제시

(3) 실습지도자의 실습생 세부지도계획

- 실습생과의 상담을 통한 실습과정 재설계
- 기관의 특성에 따른 실습 목표에 대한 합의
- 진단평가 및 중간평가, 총괄평가 계획 안내
- 실무과정에서 필요한 분석방법
- 실무능력 향상을 위한 세부 업무 지침
- 일지작성 등 일일평가 및 주간평가 시기

• 전결규정 등을 통한 실습지도의 결재

2) 실습계약 시 주요 사항

(1) 실습계약서 작성

실습계약서에는 실습지도자와 실습생 간 합의만이 아니라 실습과목 담당교수 혹은 실습지도교수의 확인도 포함되어야 한다. 실습지도자는 기관을 대표하는 사람이며 실습생은 실습과목 담당교수의 과목에 대한 지도편달과 실습내용에 대한 평가를 받아야 하는 사람이다. 실습지도교수는 실습기관에서 실습을 시작하기 전 학생을 지도할 의무가 있고 실습과정에서도 실습기관을 방문하는 등 실습이행이 원활하게 진행되도록 총괄하는 역할을 수행해야 한다.

① 실습계약 시 실습생이 알아야 할 주요 지침
- 실습지도분야 및 영역에 대한 명시 여부
- 실습기관의 특성에 따른 평생교육사의 전문 역량 강화 계획
- 일지작성을 위한 세부 안내 및 피드백의 요소 확정 여부
- 평생교육실무와 연계되는 사업에 대한 이해
- 평생교육실무에서 문서작성 및 예산 수립의 기준 안내
- 실습지도목표 및 실습에 관한 지식, 기술, 태도에 대한 안내
- 실습교육지도자의 직무권한 및 관련 업무 연계 여부
- 실습교육과정에서 습득해야 할 커뮤니케이션 역량 개발 여부
- 실습기간 중 위험상황 등에 대비한 보험가입 여부
- 실습생의 사회권, 근로권, 학습권, 환경권, 보건권 등에 대한 안내

② 실습생 권리 보호 가이드라인(실습기관 및 양성기관)
- 실습생은 실습기간 동안 기본적인 인권과 학습권 등을 보장받아야 한다.

- 양성기관과 실습기관은 실습교육에 대해 협력하여 실습생을 지도해야 한다.
- 실습기관 내 실습교육을 전담하는 전문가를 배치하고 성실하게 지도해야 한다.
- 실습지도자는 현장경험을 교육내용으로 전환하여 실습지도를 해야 한다.
- 실습기관은 위험사항 등에 대비한 안전을 보장받을 수 있는 보험에 가입해야 한다.
- 실습기관은 실습생의 교육을 위해 평가기준을 투명하게 공개할 수 있어야 한다.
- 실습기관 내 실습교육은 「평생교육법」 및 관련법을 준수하여야 한다.

(2) 실습기관의 교육 계획

① 실습지도자의 교수 지침

실습생은 우리사회에서 수동적인 역할로 인식되어 왔다. 실습생의 자율성과 주체성은 그동안 논의되지 않았다고 해도 과언이 아니다. 실습생은 실습지도자와의 관계 속에서 실무를 실천하면서 문제를 해결해 나간다는 전제로 협약서를 제안한다. 이 과정을 제시하는 이유는, 우리 실습문화에서 실습생과 실습지도자는 관행적으로 수직적 관계였다. 하지만 책임 이행 협약서는 각자의 책임이 무엇인지를 명확히 알고 공통으로 수행하는 동반자적 관계로 설정하였다. 따라서 문제를 해결해 나가는 수평적 대화와 존중의 문화 속에서 서로를 촉진하고 독려하는 관계를 협약의 주된 원칙으로 삼았다. 이는 실습교육문화의 새로운 시도가 될 것이다.

---

1. 실습지도자는 실습생의 메타인지를 높여 줄 수 있어야 한다.
2. 맥락 안에서 학습자의 행동을 관찰하는 방법을 지도할 수 있어야 한다.
3. 시스템 내에서 주체와 관계 · 속성 등을 연관 지어 생각하도록 지도한다.
4. 가치 있는 변화를 위해 다양한 분야의 전문가에게 조언을 구하도록 한다.
5. 사람과 맥락에 대한 일정한 패턴을 구분하고 통찰을 찾도록 한다.

② 실습생지도를 위한 책임 이행 협약서(예시)

　현장실습은 실습교육과목에 대한 공동의 학습지원과 협력을 의미한다. 실습계약은 따라서 실습생과 기관 간 협력만으로는 볼 수 없다. 실습교과목을 운영하는 양성기관과 실습기관과 상호협력 속에서 가능하다. 실습계약서는 실습생, 실습지도자, 실습지도교수 등 삼자의 계약관계 속에서 이행되는 것이라 할 수 있다. 아래 실습계약서는 각각의 책임 이행을 기준으로 작성되었다. 이는 낮은 수준의 네트워크만이 아니라 상호협력의 관계 속에서 공통의 실습교육생 양성이라는 사회적 책임 이행의 계약이라 할 수 있다. [그림 3-4]를 참조하기 바란다.

직무책임 이행의 평가 4원칙

1. 공직가치(Sensed of mission as public servants)
어떤 일을 하는 누구든 공적 책임에서 자유로울 수 없다. 공익의 가치를 수립하고 실천하는 일상을 통해 의미 있는 삶과 성장하는 기회로 삼을 수 있어야 한다.

2. 문제 탐색과 문제해결 기술(Problem finding / Problem solving skills)
문제를 진단하고 문제를 정의하는 것은 매우 중요하다. 이는 문제해결의 초점과 방향을 결정하는 중요한 기준이 되기 때문이다. 문제해결의 기술은 합리성과 공공성, 공익성의 가치다. 결과적으로 자신이 문제를 얼마나 잘 해결했는지를 통해 자부심과 전문성은 높아질 수 있다.

3. 정책구조화 능력(Policy formulation ability)
문제를 알고는 있으나 문제를 해결하는 방법을 모르면 그것은 문제를 제대로 알고 있다고 보기 어렵다. 문제를 해결하는 방안으로 정책을 구조화하고 현실의 문제를 해결할 수 있는 방식으로 정책을 수립하고 실천하면서 갈등을 조정할 수 있어야 한다. 정책을 구조화하기 위한 능력은 전체맥락과 관점, 이해관계자들을 잘 식별하는 데 있다.

4. 관리 역량(Management capacity)

어떤 일이든 시간과 공간과 같은 물리적인 조건에서, 사람들이 모여 협의하고 논의하면서 역할을 분담한다. 관리 역량은 일종의 경영능력을 말한다고 볼 수 있다. 전체를 조율하면서 그 일을 제대로 일정과 시간, 한정된 자원에 맞게 수행할 수 있고 결과를 목표에 맞게 만들어 낼 수 있을 때 관리 역량은 향상된다.

출처: 지방행정연수원(2016). 『지방행정연수원 장기교육과정개편 최종보고서』.

평생교육사 실습교육 협약서(예시)

실습생명		(인)	소속 대학		
기관명			주소 / 전화번호		
실습지도자		(인)	실습지도교수		(인)

1. 실습생의 책임
  ① 실습기간: 년   월   일 ~   년   월   일까지. 총 160시간
  ② 업무시간: 주 ____일 근무, ___시부터 ___시까지(1일   시간)
  ③ 출석 관련 조치
     − 실습 중 3회의 지각은 1회의 결석으로 인정한다.
     − 실습 중 무단으로 3회 이상 결석한 자는 실습을 중단한다.
  ④ 실습지도자의 지도 아래 실습목표성취를 위한 과제를 충실히 이행한다.
  ⑤ 기관의 특성을 파악하고 평생교육사로서의 정체성 형성을 위해 노력한다.

2. 실습지도자의 책임
  ① 실습생의 학습권 및 사회권, 노동권을 최대한 보장하는 실습교육을 이행한다.
  ② 실습생의 기본적인 안전을 위해 실습기간 동안 필요한 보험에 가입한다.
  ③ 실습지도자는 실무경험을 실습교육의 자료로 재구성하여 가르칠 수 있어야 한다.

3. 실습지도교수의 책임
  ① 평생교육사의 정체성 형성을 위해 평생교육사의 직업적 책무와 전문성을 연마시킨다.
  ② 평생교육사의 교육적 감식안을 키우는 교육적 혁신과 가치에 헌신한다.
  ③ 지속가능한 학습공동체와 공익적 문제해결을 위해 이해관계자 간 소통을 장려한다.

4. 실습기관 및 양성기관의 책임
  ① 각 기관의 사회적 책임 이행을 위한 기준과 원칙을 수립하고 실천한다.
  ② 양 기관의 상호협력하에 평생교육사 실습의 질을 높이기 위해 노력한다.
  ③ 교육혁신을 위한 평생교육정책을 강구하고 비판적 이해를 견지한다.

우리는 바람직한 실습교육을 위해 상호협력하여 동반성장하는 평생학습사회를 만들어 가겠습니다.

20   년 월 일

실습생   _____ (인)
실습지도자   _____ (인)
실습지도교수   _____ (인)

[그림 3-4] 평생교육사 실습교육 협약서(예시)

실습신청서

이름		생년 월일	
소속			
주소			
전화번호	집:	휴대폰:	
E−Mail			

실습지도사	기관명:		이름:
실습 영역	문제진단 및 문제해결의 과정. 지역 자원 목록작성, 기관 사업계획서 특성 비교, 학습자 면담 및 모니터링		
실습 내용	필수항목	모의 프로그램 개발, 평생교육 프로그램 홍보 및 마케팅, 실습기관의 주요 프로그램 조사 및 분석, 학습자 요구 분석, 기안 및 공문서 모의작성, 사업예산안 편성	
	선택항목	기관이해, 관련정책 파악하기, 실습기관 분석 및 전략 도출	
평가 영역	근무태도, 계획 및 목표 수립과 이행정도, 커뮤니케이션능력, 학습지도 및 연구·조사활동, 사무처리능력		

귀 기관에 위와 같은 내용으로 실습신청을 요청하오니 허락하여 주시기 바랍니다.

20   년   월   일

신청인   _____(인)

실습지도교수   _____(인)

양성기관장   _____(인)

실습기관장 귀중

[그림 3−5] 실습신청서

실습교육 이행 합의서(예시)

실습생 소속			
실습생 성명		학번	

실습지도자 부서	
실습지도자 성명	

실습생과 실습지도자는 공동 협력하여 실습교육을 성실히 수행할 것을 아래와 같이 합의합니다.

1. 실습교육은 160시간 내에 교육과정을 합리적·합법적으로 운영해야 한다.
2. 실습교육에 대한 평가는 공정한 기준과 원칙에 따라 투명하게 수행해야 한다.
3. 실습기관의 실습지도자는 평생교육사의 정체성을 확고히 하는 데 협력한다.
4. 실습교육은 평생학습사회를 위한 사회전체의 생산성을 높이는 데 주력해야 한다.
5. 실습교육은 잘못된 관행을 바로잡는 사회혁신에 기여하는 자세로 임해야 한다.
6. 현장실습은 직무윤리와 법적질서 및 공적가치와 책임 이행을 준수할 것을 합의한다.
7. 실습교육은 실습생과 실습지도자 간 이해관계를 인정하고 존중할 것을 전제로 한다.

20   년   월   일

실습생   _____(인)
실습지도자   _____(인)

[그림 3-6] 실습교육 이행 합의서(예시)

제4장

평생교육현장실습의 진행 단계

 개관

실습생의 실습평가는 실습기관과 실습계약이 체결된 시점에서 본격 시작된다고 볼 수 있다. 이 실습 진행 단계에서 실습지도자와 실습생은 교수-학습 관계가 된다. 제4장은 실습의 핵심 주제인 모의 프로그램 개발 과정을 중점적으로 다룬다. 프로그램 개발 과업 수행에서 실습생이 유념해야 할 핵심사항들을 간추렸다. '문제를 해결하기 위한' 기획과정은 어떻게 달라야 하는지 그 핵심 요소들을 제시하였다. 이것은 실습생과 실습지도자가 문제를 다루는 방식에 대해 고민하도록 설계한 것이다. 그 이유는 실습생과 실습지도자가 교육 프로그램 개발을 통해 성장하는 경험을 쌓도록 돕기 위해서이다. 모든 기획은 보고서에서 실행된다고 볼 때, 보고서의 핵심에 무엇이 우선 되어야 하는지를 안내하였다. 실습의 진행초기에 실습생이 기본적으로 알아야 할 구체적인 검토 내용들을 자세히 설명하였다. 실습과정에서 실습지도자와 실습생, 실습지도교수 간 협력적 관계가 형성되도록 구성하였다.

 학습목표

1. 실습 진행단계에서 실습생은 과업 수행 목표 수립할 수 있다.
2. 실습지도자는 모의 프로그램 개발의 핵심 사항을 지도할 수 있다.
3. 실습생과 실습지도자 간 문제를 해결하는 협력적 관계를 조성할 수 있다.

 주요용어

모의 프로그램 개발, 과업수행, 기획과정, 실습지도자, 성장하는 경험

1. 실습생의 자세 및 면접 지침

1) 실습 요청 전 점검 항목

실습교육을 실행하기 전 현장실습의 다양한 기준을 점검해야 한다. 실습생은 과목 이수 여부 및 자신이 실습시간을 언제 어떻게 실행할지에 대한 사전 계획을 수립하는 것이 중요하다. 학기중에 실습교육을 받을 것인지, 방학 중에 실습을 할 것인지, 주말을 이용하여 실습을 할 것인지 등 기간과 시간 사용에 대해 결정을 내려야 한다.

실습기관을 사전 방문 할 때 확인해야 할 사항과 준비해야 할 사항들에 대해서 알아 두어야 한다. 실습기관에서 실습지도자와 면접할 때 주의할 사항과 필요한 것에 대한 확인 등 점검도 필요하다. 실습 평가 항목도 미리 점검하면 실습을 원활하게 진행할 수 있고 실습지도자도 실습과정에서 실습생을 잘 교육했다는 성취감을 얻을 수 있을 것이다.

아래 현장실습 전 자기 점검의 목록을 예시로 제공한다. 실습생들은 필요에 따라 가감이 가능하므로 실습교육을 성공적으로 마치기 위해서는 자가 점검 항목을 마련해 두는 게 좋을 것이다. 점검 항목은 실습기관의 특성과 과제에 따라 선별해 적용할 필요가 있다.

실습 전 점검항목에서는 기관의 선정과 관련된 문제, 실습전 과목이수와 같은 학점이수 문제, 마지막으로 담당교수와의 면담을 통해 실습과정에서 예상되는 문제에 대한 대처 방안까지 알아보았다.

2) 실습기관 선택 후 점검 사항

〈표 4-1〉은 실습기관을 선택한 후 점검해야 할 사항을 정리한 것이다.

표 4-1 실습기관 선택 후 점검 사항

점검 항목	세부 지침	학습자의 기준
면접 준비	① 이 기관에서 어떤 실습을 계획하는가? ② 실습교육을 위해 어떤 노력을 할 것인가? ③ 실습지도자에게 요구하는 사항은 무엇인가? ④ 어떤 목표로 실습교육을 받을 것인가?	왜 이 기관을 선택하게 되었고, 실습기간 동안 어떤 목표를 세웠는가?
실습 계획	① 실습교육에 관한 전체 계획 및 부담금 ② 실습에 필요한 제출서류 확인 ③ 실습교육 일일 및 주간 점검에 관한 사항 ④ 실습교육 시 징벌 사항 ⑤ 실습생의 준칙과 윤리강령 이행 약속 ⑥ 서약서 등을 통한 실습 진행	실습이행규약 등이 합리적이고 타당한가?
실습생의 태도	① 시간엄수와 과제 수행의 책임성과 엄격성 ② 실습지도자와의 신뢰와 존중 ③ 실습지도교수와의 긴밀한 소통 ④ 관행에 대한 보편타당한 이해 ⑤ 교육적 문제인식과 감식안	실습교육에서 나는 배우는 사람의 자세인가?
실습 평가기준	① 일지에 포함되어야 할 내용 ② 과제 수행의 수준 ③ 평생교육 프로그램 개발의 교육적 가치 ④ 윤리준수와 책임 이행 수준 ⑤ 문제해결력과 커뮤니케이션 능력 ⑥ 이해관계자와의 소통과 준법성 ⑦ 관련 법률지식과 지식의 재구성	실습교육과정에서 어떤 역량을 확보하고자 하는가?

면접은 일정한 시간 안에 질의응답을 통해 서로를 확인하는 과정이다. 실습교육을 위한 기관과의 면접에서 유의해야 할 내용은 다음과 같다.

- 면접과정에서 요구와 계약사항 등 의사전달을 명확히 해야 한다.
- 면접의 목적은 공동의 과제 수행에 대한 사전 조율의 과정이 있어야 한다.
- 면접의 과정은 기관의 의사결정자와의 일정기간 실무교육 협의의 과정이다.
- 면접 시 답변은 주어를 명확히 사용하여 명확하고 짧게 질문에 답한다.
- 상대방의 질의에 대해 경청하는 자세와 암묵적 지식과 경험을 존중한다.
- 실습생은 해당 기관에 어떻게 공헌할 수 있는지 소견을 밝힌다.
- 실습지도자의 요구사항과 교육과정에 대한 실제적인 논의가 있어야 한다.
- 실습생은 기관의 비전과 사명, 가치 등에 대해 알아보고 판단을 내릴 수 있어야 한다.
- 실습지도자의 지도원칙과 실습생의 학습권 등에 관하여 대립여부를 타진해야 한다.

3) 실습기관 확정 후 점검 사항

실습기관을 확정하고 나면 실습지도자는 실습생을 지도해야 한다는 부담을 갖게 된다. 따라서 실습기관이 실습기회를 학생에게 제공했다는 것은 우리 사회의 여러 문제들을 교육 전문가를 통해 해결하는 데 도움을 제공한다는 의미다. 실습생은 실습기관을 통해서 사회에 좋은 영향력을 미칠 수 있도록 실천가로서의 제 역할을 가다듬어야 한다.

성공적인 실습교육을 위한 가이드라인

1. 실습기관은 실습생을 위한 시간 설계와 업무를 조율해야 할 경우가 발생한다. 따라서 실습생은 이러한 지원에 대해 겸허한 마음으로 받아들일 수 있어야 한다.

2. 실습교육과정에서 기관의 모든 구성원을 실습지도자로 생각해야 한다.

3. 실습지도자가 지시한 것에 대해서 신속하게 처리하고 그 결과를 보고해야 한다.

4. 실습과정에서 자신의 의견을 표현할 때 겸손한 태도로 임해야 한다. 그렇지 않으면 오해를 불러일으킬 수 있기 때문이다.

5. 정해진 실습시간에는 정해진 자리에서 교육을 받아야 한다. 외출 등이 필요할 시는 미리 알리고 움직여야 한다.

6. 실습교육은 실무를 진행하는 실습지도자를 관찰하는 일에서 시작된다. 그러므로 실습지도자의 암묵적 지식과 판단기준 등을 파악해 두는 것은 매우 중요한 역량이 될 수 있다.

7. 실습과정에서 네트워크와 소통의 문제는 어떤 기관과 연계하고 협력할 것인가의 문제이므로 실습생은 무엇으로 네트워크가 되는지를 면밀히 살펴야 한다.

8. 실습은 지식을 현장에서 적용하고 새롭게 재구성해 가는 문제해결의 과정이므로 현장에서 실습지도자의 지도에 더 방점을 두어 실천할 수 있어야 한다.

9. 실습지도자가 문제해결의 수준을 높이기 위해 어떤 전략과 의사결정의 원칙을 사용하는지를 관찰하고 기록해 두어야 한다.

10. 안전사고가 일어나지 않도록 주의하고 기관의 규정 등을 어기지 않도록 나름의 실습 규칙기준을 세워 지키는 태도가 중요하다.

11. 실습과정에서 자기평가를 할 수 있어야 한다. 이를 위해서는 실습목표에 적합한 실습교육이 될 수 있도록 체크리스트를 만들어 두는 게 좋다.

12. 실습과정에서 팀 단위 회의가 진행될 때 어떻게 진행하는지도 중요한 관찰기록이 될 수 있다.

13. 실습과정에서 보고서 작성은 중요한 실무능력이 된다. 보고서 작성의 형식과 노하우를 익히는 것이 필요하다.

14. 어떻게 평생교육으로 사회에 공헌할 것인가를 스스로 탐색하고 실천전략을 세우는 것이 중요하다.

2. 실습과정에서의 주요 과업

실습은 4주 동안 진행되기 때문에 실습생은 심리적 · 환경적으로 큰 부담을 갖게 된다. 양성기관에서 실습을 전담하는 실습지도교수는 학생이 실습과정을 통해 평생교육현장의 전문성을 습득하기를 바란다. 실습지도교수는 실습기관에 학생을 파견한 것이므로 실습기관에서 양성기관의 학습을 도와주는 셈인 것이다. 따라서 실습지도교수는 학생이 실습을 잘 마칠 수 있도록 실습기관에 방문하여 실습지도에 감사의 인사를 표하는 것이 좋다.

실습기관이 정해지고 실습의뢰서가 기관에 송부되고 나면 실습생이 실습을 시작하게 된다. 이때 실습지도교수는 실습기관의 실습지도자에게 감사의 인사와 학생관리 방법, 실습지도교수의 실습교육 목표 등을 확인하고 실습기간 내 방문일자 등을 미리 예고하여 실습기관이 준비할 수 있는 여지를 제공해야 한다.

실습지도교수는 실습기관에서 실습생에게 요구하는 사항에 대해 질의하고 그 부분을 면밀하게 기록해 두어야 한다. 실습지도교수는 실습기관의 요구사항과 실습생에 대한 평가 등을 파일에 기록해 두어 실습생의 실습참여에 도움을 줄 수 있어야 한다.

1) 실습기관에 실습지도교수가 전달하고 요청할 내용

(1) 양성기관의 요청 사항
- 실습지도교수의 연락처 및 지도 내용 전달
- 실습지도자가 파악한 학생에 대한 평가 요청
- 실습지도자가 계획한 실습계획에 대한 공감과 방문 약속 전달
- 실습지도자가 생각하는 실습교육에 대한 철학과 기준 문의 요청
- 실습지도자가 학생에게 당부한 실습규칙과 윤리에 대한 지침 공유 요청

- 실습과정에서 발생할 수 있는 실습생의 이탈 등에 대한 실습지도자의 조치 요청
- 비상상황이 발생했을 경우 연락할 수 있는 연락망 요청
- 실습지도자와의 소통은 협약 전, 실습진행 중, 실습종료 후 3회 정도가 적당함
- 실습기관에 대한 경의와 실습지도자에 대한 감사인사 전달

실습지도교수와 실습지도자 간 공유한 내용은 실습과정에 대해 평가기준을 세우는 데 큰 도움이 될 수 있다. 이것은 실습생의 실습과정에서 어려움이 있을 때 소통의 도구로써 이러한 원칙들이 활용될 수 있다. 실습생이 실습지도자의 지시에 불응하거나 저항을 할 경우 실습지도자의 의도를 읽을 수 있는 기준으로도 이용가능하다. 실습생이 실습교육을 제대로 수행하지 못했을 경우 이런 내용들이 실습지도자의 방향과 목표를 공유하는 방식이 될 수 있다.

(2) 양성기관의 확인 사항

- 실습생이 교육중인 실습기관에 대한 기초자료 등 오리엔테이션 내용
- 실습생의 실습계약서 및 계약 기간
- 실습생의 실습교육계획서
- 실습지도자에 대한 자격기준
- 실습기관에 실습생을 의뢰한 실습의뢰서
- 실습계획에 따른 실습기록서 등 일지
- 실습지도자와의 면담일지 등 코칭근거
- 실습생과 실습지도자가 공동으로 수행한 실습내용
- 실습과정에서 발생되는 인권침해 사항에 대한 파악
- 실습생 안전사고 방지를 위한 대비책 등 비상연락망
- 실습생과의 상담을 위한 온라인 커뮤니티 카페 등
- 실습생의 일일보고 및 주간보고 내용

2) 실습과정에서의 실습생 상담 및 수행과제

실습과정에서 문제가 발생하였을 경우, 실습생은 실습지도자에게 직접 문제해결을 요청할 수도 있으나 실습지도교수에게 먼저 상담을 한 뒤 문제에 접근하는 것이 바람직하다. 실습지도교수는 여러 학생들이 실습한 기관에 대한 경험이 풍부하여 사례별로 어떻게 접근해야 하는지에 대한 노하우가 있다고 보기 때문이다. 실습지도교수는 실습 세미나를 실습진행과정에서 실시하는 것이 가장 좋다. 이렇게 되면 실습기간에 발생하는 여러 상황에 대해 바로 도움을 주고받을 수 있기 때문에 유익하다. 이것은 실습교육과정에서 좋은 평가를 받을 수 있는 방법이기도 하다.

실습과정에서 시간을 내기 어렵다는 점에서 실습교육을 받고 있는 학생들에게 필요한 답은 온라인카페 등의 질의응답창구를 통해 상담을 제공하기도 한다. 실습지도교수는 학생들의 고충을 듣고 상담하는 창구로 카페 등을 통해 즉시 답을 주는 방법도 생각해 볼 필요가 있다. 문자와 카톡방, 밴드 등을 활용하는 것도 효과적으로 시간을 쓰는 방법이고, 즉시 답을 주고받을 수 있다는 점에서 활용성이 높은 방법이다. 이때 실습지도교수는 실습교육과정 중에서 흔히 발생하는 상담은 주제별로 분류하고, 그 주제들에 대해 반복되는 질의응답은 과거의 질의를 참조할 수 있도록 상담창구를 운영할 필요가 있다.

이때 실습지도교수는 실습과정에서 지켜야 할 준칙을 미리 예고하고 이를 실천할 수 있도록 지도해야 한다. 그것은 평가항목으로 반영되어야 하고 그 과정에서 학생들은 실습교육을 통해 교육적 감식력과 역량을 개발하게 된다. 그러한 지침이 없을 경우에는 실습교육에 성실히 임하지 않을 수도 있기 때문에, 기준과 준칙을 공개하여 실습생이 실습교육을 잘 마칠 수 있도록 뒷받침하여야 할 것이다.

(1) 실습지도자와의 소통

- 실습지도자는 실습생을 지도하는 책무를 가지기 때문에 실습생에게 질문하거나 과제를 부여하게 된다. 이때 실습생은 사실과 내용을 정확하게 이해해야

한다. 이해가 불충분한 경우에는 "이렇게 지시하신 겁니까?"라고 질문하여 지시사항을 다시 확인해야 한다.

- 실습지도자가 실습생에게 요구하는 것은 과제에 대한 보고다. 이때 상황은 일대일 대면보고가 된다. 실습생은 실습지도자가 무엇을 보고 있는지와 같은 상대방의 논리구조와 경험, 현재 상황 등 전체를 파악하는 노력을 해야 한다.

- 실습지도자와의 소통에서 가장 중요한 것은 실습지도자의 선행경험이다. 실습생은 실습지도자가 지도하는 암묵적 지식을 맥락과 관계 속에서 이해하려는 노력을 기울여야 한다. 실습생은 인과관계와 의미구조 속에서 실습교육을 수행할 수 있어야 한다.

- 실습지도자와의 관계 속에서 실습교육은 과제수행으로 진행된다. 실습교육은 공동의 목표를 수행하는 과정이라 할 수 있다. 실습생이 실습교육에서 배워야 할 것은 어떻게 의사결정을 하고 어떻게 주장을 관철시키는가에 관한 것이다. 이를 위해서는 짧게 정리해서 본질을 드러내는 의사소통의 방법을 익히는 게 필요하다.

- 실습지도자와의 면담과정은 회의자리가 된다. 회의 진행과정에서 가장 중요한 것은 실습과정에 대한 의견을 나누고 평가하는 의사결정의 과정이라 할 수 있다. 이 과정은 실습과정에 공동의 책임을 지는 자세가 필요하다. 그러므로 회의자리에서는 언제나 핵심을 짧게 정리하는 기술이 요구된다.

- 실습지도를 받는 과정은 달리 보면 실습과정에서 필요한 것과 필요하지 않는 것을 구분해 내는 것이다. 실습생은 사실과 주장을 구분할 수 있어야 하고, 할 수 있는 것과 할 수 없는 것을 판단하고 책임지는 행동이 필요하다.

- 실습지도를 받는 동안 실습지도자의 마음을 헤아릴 수 있어야 한다. 실습생은 실습지도자를 신뢰하고 선배로서 존경심을 가져야 한다. 겉으로 보이는 성과와 실적에만 시선을 돌리기보다 실습과정에서 일어나는 다양한 맥락에서의 갈등에 대해 실습지도자가 어떻게 판단하고 해결하는지에 주목할 필요가 있다.

(2) 단계별 실습과제

① 1단계: 적응 및 과제 인지 단계(1주)

실습교육은 실습기관 내 실습지도자의 직무 수행 과정을 돕는 정도에서 시작하되, 적응의 과정을 거치는 것이 필요하다. 이때 실습교육은 실습생이 전체 구조를 파악하고, 교육적 관찰과 맥락 속에서 교육의 문제가 어떻게 발생하고 있는지를 발견하는 데 목표를 두는 게 필요하다.

실습교육이 다른 교과목과 다른 점은 현장을 '지금-여기'에서 느끼고 문제를 풀어 가야 한다는 점이다. 그렇다면 지식의 전달보다는 지식의 적용과 현실적 성과목표가 더 중요하게 취급된다. 따라서 이 단계에서 적응은 수동적 적응이 아니라 자발적·주체적 적응이어야 한다.

실습지도자가 행해야 할 이 단계의 과업은 실습생이 기관의 조직을 이해하도록 도와야 한다. 전체 조직 내 구성만이 아니라 각 부서들이 어떻게 협업하고 어떻게 과제를 분담하고 있는지를 조망하고 관찰할 과제를 주어야 한다. 특히 이 기관의 미래 가치와 현재의 과제만이 아니라 과거 어떤 문제를 어떤 방식으로 풀어 왔는가를 교육의 문제로 이해하도록 돕는 것이 필요하다.

실습지도자는 실습교육을 위해 어떤 사람들이 관여되어 있고 그들과는 어떤 직무 관련성이 있는지를 탐색하도록 안내해야 한다. 팀별회의에도 참석하도록 할 뿐 아니라, 회의 주제에 대해서 사전 자료 수집 등의 일들에 부분적으로라도 참여하도록 배려하는 게 필요하다. 이 과정에서 실습지도자는 이런 물음을 던질 수 있어야 한다. 질문의 예시는 다음과 같다.

- 실습교육을 위해 관련된 지도자들이 어떤 일을 주로 하는지를 설명해 주었다. 교육적 문제해결의 관점에서 그들은 어떤 자료를 수집하고 어떤 회의를 통해 어떤 문제를 도출했는지를 말해 달라.
- 관찰 결과를 글로 기록하고 그 관찰과 성찰의 과정에서 사고 프레임과 그들의

접근 방식에 대해서 설명해 달라. 그들이 다루는 회의의 쟁점은 무엇이었나.
- 실습교육과정에서 관찰한 회의의 과정을 요약·설명해 달라. 다시 말해, 의사결정과정에 대해서 교육적 구조로 재구성하여 설명해 달라.

② 2단계: 과제 수행 단계(2~3주)

1단계가 조직의 이해를 위한 소통 방법인 관찰의 과정이었다면, 2단계는 과제를 부여하고 과제를 이행하는 방법에 탑승시키는 단계라 할 수 있다. 이때는 실습지도자가 실습과목의 주요 내용을 기관의 특성에 맞추어 재설계하여 과업으로 제공해야 한다. 실습지도자는 실습과목에서 요구하는 과제에 대해 충분히 이해하고, 실습지도를 해야 한다. 실습지도는 기관의 특성과 운영 프로그램의 특성을 통해 문제의식을 가다듬을 수 있어야 한다. 이 과정에서 실습생은 과제를 혼자 독립적으로 수행하기보다 실습지도자의 도움을 받아 과제에 접근해야 한다. 이는 그 이전 단계에서 실습지도자가 안내하는 수순대로 시범적으로 과제를 수행하는 시간으로 보면 될 것이다.

- 실습지도자는 과제를 제시하면서 평가기준도 함께 제시할 필요가 있다. 성인 학습자인 실습생은 평가기준을 제시하였을 경우, 그 수준에 오르기 위해 실습과정에서 노력을 기울여야 한다.
- 실습지도자는 과제 수행의 방법을 각 단계별로 설명하여 과제 이행의 방법에 대해서 실습생이 오류를 범하지 않고 결과를 내도록 지원해야 한다.
- 실습지도자는 과제 이행을 위한 상담을 초기에는 적극적으로 하지만, 중기에는 지침을 안내하여 자율적이면서도 의사결정의 주요기준에 의해 실습의 전문성을 높이도록 조력해야 한다.

③ 3단계: 과제 종결 단계(4주)

과제를 종결하는 단계에서 실습지도자는 총체적으로 과제를 평가할 수 있어야 한다. 실습지도자의 과제 평가에서 실습과목에서 요구하는 요소들을 실습교육에 반영했는가를 우선적으로 평가해 보아야 한다. 이것은 실습교육이 인턴교육과는 다른 점에 있다는 것을 의미한다. 인턴교육은 실습교육보다 교육기간이 길고 교육내용에 있어 한 분야의 전문성을 위해 접근한다. 하지만 실습교육은 과목의 하나로 접근하므로 배운 지식의 활용과 새로운 문제해결력에 평가의 초점이 맞춰져야 한다.

- 실습지도자는 기획, 계획, 실행과 분석, 평가의 각 단계에서 필요한 질문을 던져 과제 수행의 수준을 높일 수 있어야 한다. 이때는 탈맥락적으로 접근하는 것을 경계해야 하고, 실현 불가능한 계획이 난무하지 않도록 비용 및 사회적 가치 등 현실적인 계획을 수립하도록 지도해야 한다.
- 이때 실습지도자는 실습생이 개인적인 일로 접근하지 않도록 공동체적 감각과 책임을 일깨워 주어야 한다. 공동체적 존재로서 실습교육이 사회에 어떻게 기여할 수 있는가를 사고하도록 촉진할 필요가 있다.

3) 실습과정에서 익혀야 하는 '좋은' 보고서 작성

(1) 보고서의 핵심원칙

모든 기관은 보고서라는 형식을 통해 소통한다. 보고서는 생각을 정리하는 수단이다. 좋은 보고서, 문제를 명료하게 보이게 하는 보고서에는 중요한 원칙이 있다.

① 왜를 설명할 수 있어야 한다
- 왜를 찾다 보면 근본적인 가치와 의미를 생각하게 된다.
- 왜에 답하기 위해서는 어떤 문제가 발생했는지를 분석하게 된다.
- 현재의 문제와 해결되어야 하는 문제 간의 격차를 검토하게 된다.
- 검토를 마치게 되면 문제가 명료해진다.
- 문제가 명료해지면 무엇을 해야 하는지 해결방안이 도출된다.

② 보고서 기술 5원칙 -'ABCDE'

- Accurately: 정확하게 쓴다.
- Briefly: 짧게 쓴다.
- Creatively: 창의적으로 쓴다.
- Detailed: 구체적으로 쓴다.
- Easily: 쉽게 쓴다.

③ 보고서 구성 3원칙

보고서 작성에서 작성자는 이렇게 질문을 던지면서 작업해야 한다. 왜 이 보고서를 쓰는가? 이유가 분명해야 한다. 어떤 원인으로, 무엇이 필요해서 이 보고서가 필요하다고 작성자가 알아차리고 있어야 한다. 그렇다면 제목에 목적어가 강조되어야 한다.

- Why: 문제의 원인을 분석한다. 쟁점을 파악한다. 사실(fact)이 중요하다.
- How: 대안을 제시한다. 장단점을 분석한다. 검토자의 의견을 제시한다.
- What: 계획과 예산을 수립한다.

(2) 보고서의 개념과 종류

① 의미 만들기(Meaning Making)
- 인과관계로 생각의 흐름을 만든다.
- 개념으로 각 요소들을 구성한다.
- 생각의 확장을 마인드맵으로 펼친다.

② 설득하는 방법
- 결론부터 말한다.
- 근거를 제시한다. 왜 그런가를 수치와 비중, 추이로 밝힌다.

- 사례를 들어 설명한다.
- 대안을 제시한다.

③ 보고서의 종류
- 정책검토보고서: 정책을 기획하고 갈등을 조정하기 위한 것이다.
- 계획수립보고서: 행사계획과 세부추진계획을 위한 것이다.
- 상황보고서: 회의결과 및 진행상황을 파악하기 위한 것이다.
- 개요정리: 회의 내용을 설명하기 위한 보충자료인 것이다.
- 회의참고: 회의안건에 대한 검토 및 진행시나리오, 지침 등이다.
- 설명자료: 보도자료와 정책홍보자료 등이 포함된다.
- 말씀자료: 축사와 격려사 등의 참석자에게 알릴 메시지다.

3. 모의 프로그램 개발 및 운영 실습

　모의 프로그램 개발은 새로운 방식으로 개념을 전환하는 실습과정이다. 프로그램 개발은 문제를 인식하고 그 문제를 해결하기 위한 교육적 조치다. 결과적으로 실습생은 기관이 필요로 하는 구체적이며 실질적인 결과물을 도출할 수 있어야 한다.

　평생교육사는 보통 교육 프로그램을 기획하는 일을 담당한다. 고유직무는 실행계획을 세워, 교육 프로그램을 실제적으로 운영하며, 분석과 평가, 교수자의 역할을 수행한다고 볼 수 있다. 따라서 실습생은 이런 업무들을 실습지도자가 어떻게 수행하는지 맥락 안에서 관찰하고, 통찰을 얻을 수 있어야 한다.

1) 기획

기획은 체계적으로 경험을 재조직한 사고의 결과라고 할 수 있다. 이렇게 보면, 평생교육현장실습은 현장의 문제를 관찰하고 체험하여 문제를 해결하는 과정일 것이다. 기획은 새로운 방법으로 현실을 재구성하기 위한 교육기획의 기준과 원칙을 수립하는 직무경험의 시간일 수 있다. 교육기획은 학습자의 행동과 성향, 사고방식과 욕구 등에 관심을 갖는 방법이다. 다시 말해, 기획은 차별화와 혁신을 추구한다. 기획의 목적은 주로 어떤 결과를 '제공'해야 하는지에 주목하는 경향이 있다. '결과'를 만들어 내기 위한 집중은 다른 요인들을 간과하게 만든다. 이런 접근은 한계가 분명하다. 문제는 이렇다. 기획을 위해, 학습자의 경험을 조사하는 방법은 대부분 설문과 인터뷰다. 이것도 일반적으로 예상된 결과를 제공할 뿐이다. 그렇다면 문제를 해결하기 위한 적절한 기획은 어떤 원칙이 적용되어야 할까?

기획 시 원칙을 수립하는 것은 다양한 맥락과 관점, 이해관계를 명확히 식별하기 위한 것이다. 프로그램 개발의 대원칙은 무엇보다 공익을 위한 문제해결일 것이다. 기획의 주요원칙은 문제정의, 상황진단, 가치설계, 새로운 개념생성, 해결책 제시가 될 수 있다.

(1) 문제를 정의하기

문제를 정의하기 위한 관찰은 객관적인 시각과 명확한 주제, 주요 이슈 및 정책을 포함한다. 이때 관찰은 일정한 기준에 의해 행해져야 한다. 관찰자는 도출된 변화와 영향력 등을 종합한 뒤, 문제를 재해석하고 재구성할 수 있어야 한다.

- 전체 맥락에서, 트렌드의 변화에 주목하여야 한다.
- 변화의 조건을 파악하여 새로운 가치창출의 기회를 만들어야 한다.

(2) 상황을 진단하기

해당 영역에 대한 상황진단은 맥락과 패턴을 찾기 위해서다. 이를 위해서는 관련기관에 대한 개요만이 아니라 주요 성과에 대해서도 탐색할 수 있어야 한다.

- 과거의 패턴을 간과해서는 안 되며, 최근의 패턴에 주목하여 그 변화를 읽을 수 있어야 한다.
- 조사는 목표와 대상자, 환경과의 상호작용 속에서 상황을 기록, 분석하여 최종 진단을 내려야 한다. 만약 그렇지 못할 경우 진단이 잘못되어 문제를 해결하기 어렵게 된다.

(3) 가치설계하기

가치설계하기는 문제에 대해서 맥락적 연관성을 추출한 다음 시각화하는 작업이다. 핵심과제는 자료의 가치 재구성과정이다. 즉, 가치를 중심에 두고 자료를 다양한 방식으로 분류하고 이를 통해 속성을 밝혀내는 것이다. 속성은 아래 기준을 통해 더 잘 밝혀낼 수 있다.

- 기관의 이해관계자 그룹의 목록을 만든 뒤, 그들의 참여방식 및 관심사에 대해서 파악한다.
- 문제가 사회적 가치와 어떻게 연관되어 있는지 쟁점이 발생한 지점을 중심으로 그 흐름을 시각화한다.

(4) 새로운 개념 만들기

새로운 개념 만들기는 프로그램을 개발하는 관점과 개념에 대해 다시 점검하는 과정이다. 과거의 기준과 원칙들에서 현실적으로 문제를 해결할 타당한 개선 방안을 탐구한다. 이것은 결과적으로 새로운 기준과 원칙들을 세우기 위한 새로운 개념을 개발하여야 함을 의미한다.

- 새로운 원칙과 기준을 반영하여 개념을 수립한다.
- 문제해결에 도움이 될 다양한 개념을 분류하고 정렬한다.

(5) 해결책 만들기

해결책 만들기과정은 여러 가지 가능한 프로그램을 선택할 수 있는 안목을 키우는 과정이다. 이 과정의 목적은 일관성을 가지고 결과물의 향후 순환구조를 만드는 데 있다.

- 현실적으로 만들어진 프로그램이 얼마나 구체성이 있는지를 보고, 적용가능한 유형으로 전환시킨다.
- 성공의 전략과 전술을 계획하고 평가의 요소를 결정하여 지속가능한 해결책이 되도록 한다.

2) 관찰 및 조사

(1) 관찰

모든 기획은 관찰에서 시작된다. 효과적인 관찰은 세 부문에서 행해져야 한다.

첫째, 학습자의 행동관찰이다. 관찰요소의 기준을 명확히 해야 문제해결에 근접할 수 있다.

둘째, 관계는 이해관계자를 선별해 내고, 그 관계구조를 파악할 때, 각 관점과 입장이 명료해진다.

셋째, 속성은 그 기관의 궁극적 가치이므로, 이것은 최종 의사결정의 암묵적 기준이 될 수 있다.

실습생은 프로그램 개발 시 이용자와 개발자, 경쟁사 등 주제와 관련된 이해관계를 조사하는 게 우선이다. 이해관계 집단을 선별하는 가장 큰 목적은 현실가능한 프로그램 개발을 위해서다. 따라서 프로그램 기획에서 놓치지 말아야 할 요소들은 다음과 같은 질문을 통해 명료해질 수 있다.

- 왜 새로운 기획을 해야 하는가. 상황은 이전과 어떻게 달라졌는가.
- 기본 지식탐험과정에서 어떤 패턴과 가치를 도출하여야 하는가.
- 원하는 결과와 현재 해결해야 할 문제 간 도출된 과제는 무엇 때문인가.

(2) 자원조사

평생학습 프로그램 개발에서 첫 번째 순서는 자원조사다. 매체의 발달로 생활권의 범주가 온라인으로 확대된 만큼 자원조사에서 일차적인 접근은 자원에 대한 개념수립이다. 자원을 무엇으로 정의할 것인가의 문제는 자원조사의 출발점이다.

자원은 물질의 형태에 따라 유형 자원과 무형 자원으로 나뉜다. 자원조사의 주요 원칙은 사회적 가치를 그 중심에 두어야 한다는 것이다. 교육 프로그램 개발의 궁극적인 목표를 사회적 책임 이행이라고 본 것이다. 실습생은 해당 기관 및 지역에 대한 고유의 정체성을 먼저 파악해야 하고, 이어서 그 지역사람들의 경험, 즉 그들이 겪은 역사적 맥락과 정서 등을 통해 그 집단의 사회적 가치를 평가할 수 있어야 한다.

사회적 가치와 집단의 정체성을 자원조사의 핵심으로 보는 이유는 평생교육프로그램 개발이 기능적으로 흐르는 것을 바로잡기 위함이다. 실습생은 〈표 4-2〉와 같은 양식으로 자원조사를 할 수 있다. 이때 그 기관에서 주로 사용하는 용어사전을 참조할 필요가 있다. 각 기관의 특성에 따라 개념이 달라질 수 있으므로, 일반적

표 4-2 가치 재구성을 위한 자원조사

자원조사	사회적 가치	역사적 가치
유형 자원		
무형 자원		

으로 통용되는 단어라 할지라도 용어사전을 통해 분명하게 그 개념을 익힐 필요가 있다. 개념을 다르게 사용했을 시, 소통에 혼란이 일어날 수 있다.

3) 분석

(1) 학습자 분석

기관의 활동을 이해하기 위한 기본정보는 기관의 설립목적과 조직구성에 대한 이해다. 그다음으로 경영공시 등의 내용을 통해 기관의 일반현황을 이해해야 한다. 의결사항과 내부규정을 필히 탐독해야 한다. 정관, 규정, 지침을 숙지한 뒤 실습에 임하는 것이 필요하다. 그 기관의 운영에서 주요 기준과 원칙을 알아야만 그 범위 내에서 공익과 사익의 경계를 인식하게 된다. 주요 사업 설명서를 통해 주요 사업에 관한 지원근거와 사업목적, 추진경위를 알아 두어야 한다. 마지막으로 공적 책임 이행을 위한 기준으로 징계 종류 및 효력을 숙지하여야 한다.

기관에 관한 정보가 홈페이지 등에 공개되지 않았을 경우, '정보공개청구' 방식으로 그 기관의 주요 데이터를 확보하는 것이 필요하다. 이를테면 실습기관에서 시·도 진흥원과 사업계약을 맺고 일을 추진한다고 할 때 그 사업의 규모와 추진체계, 사업내용을 알고 있다면 프로그램 개발 시 일정한 기준을 수립할 수 있다.

① 기관 분석

기관 분석은 세 단위에서 접근해야 한다. 해당 기관의 이해관계자 집단목록을 토대로 주요 의사결정과정과 사업추진 관련 법령 등을 통해 그 기관의 목적에 부합하는 교육현황 실태를 우선 파악할 필요가 있다. 여기서 주목해야 할 것은 이해관계자 목록을 구성하는 것이다. 이해관계자 간 소통과 협력은 이해관계자 간 분명한 입장을 파악할 때 보다 조율이 수월하게 된다.

표 4-3 이해관계자 중심의 기관 분석

조사 구분	사전정보 공표	기준과 원칙
이해관계자 목록	① 내부이해관계자(임직원/노사협의회 등) ② 외부이해관계자(정부유관기관/협력업체/학습자 등)	유형별 · 집단별 참여 장려
의사결정 체계	① 의도적으로 배제된 집단이 없는지를 확인 ② 핵심 이슈 도출 절차의 공정성 확인 ③ 이해관계자 의견 수렴을 통한 의사결정	조직의 가치, 원칙, 표준 및 행동강령, 윤리강령 등의 행동규범
사업추진 과제	관련법령 정보 및 연간 주요추진과제 수집	사회적 책임 성과, 가이드라인 원칙적용

이해관계자 중심의 기관 분석은 조직운영의 기본원칙으로 자리 잡아가고 있다. 민주적 의사결정에는 이해관계자의 입장이 중시되는 경향을 보인다. 수평적 관계가 경험의 공유와 생산적인 지식창출에 있다고 보면, 이해관계자는 합리적이고 가치 있는 의사결정을 위한 전제가 될 수 있다. 이해관계자간 대화는 위험을 제거하고 공익을 지향하는 문화를 형성하는 토대가 된다. 어느 한 집단에게만 좋은 결정은 다른 집단에게는 나쁜 결정일 수 있다. 조정과 협력은 서로에게 긴장관계를 만들어 냄과 동시에 서로에게 배움의 기회를 제공하는 효과를 가져 온다.

② 학습자 분석

학습자 분석은 학습자의 그룹화를 위한 조사활동이다. 학습자 분류의 주요 키워드는 핵심 직무 분석이다. 기관의 직원과 외부의 관계자로 구분해서 조사할 필요가 있다. 학습자 분석에서 가장 중요한 것은 현재의 수준을 진단하는 것이다. 이것이 정해지고 나서 무엇이 부족하고 어떤 분야의 훈련과 교육이 필요한가를 파악해야 한다. 이때 훈련 프로그램은 그 기관이 지향하는 교육의 기준과 원칙 아래에서 의사결정이 내려져야 할 것이다. 만약 기준과 원칙이 없이 학습자 분석이 진행되면 향후 체계화 및 계통에 어려움이 따르게 된다.

표 4-4 공익적 의사결정 교육기준

대상 구분		훈련 및 교육	기준과 원칙
내부직원		업무성과를 높이기 위한 직급별 역량 강화교육	다양성과 기회균등
외부 관계자	사업 참여 기관	① 지역사회 필요를 충족시키는 교육 ② 새로운 지식과 사업 참여를 위한 협력 및 연대를 위한 교육	프로그램 질 관리 원칙 적용 (사회적 · 경제적 · 교육적 · 지속가능가치)
	강사	① 새로운 직업을 준비하는 교육 ② 데이터베이스 관리	생산성과 효용가치 정서적 안정 및 심리적 만족
	소외 계층	① 맞춤형 교육 ② 지속가능한 성장의 로드맵	지속가능성

(2) 유관 평생학습기관 및 프로그램 분석

SWOT 분석에서 중요한 것은 문제를 도출하고 대안을 설계하는 데 있다. 이 분석은 기관의 프로그램에 대한 정확한 분석 못지않게 해결책을 구축하는 데 최종 목적이 있다고 할 수 있다. 평생교육기관에서 지속가능한 발전을 위해서는 중장기 계획은 물론이고 연간 계획과 월간 계획을 통한 실천에 있다. 프로그램의 운영 및 성과지표를 통해 실습생은 프로그램의 목표 및 평가를 수립할 수 있다.

SWOT 분석에서 중요한 것은 '문제를 도출'하고 정의하기 위함이다. 문제를 명확히 정의하게 되면, 적합한 해결책을 마련할 수 있다. 기관 분석에서 핵심기준은 지속가능성이라 할 수 있다. 지속가능성은 지속가능경영의 마인드에서 비롯된다고 보면, 이 분석에서 유념해야 할 것은 교육적 가치의 실현에 성과지표를 두어야 한다.

1. 평생학습 SWOT 분석

분석

S	W
O	T

2. 기관의 SWOT 분석표

문제도출 및 문제정의

3. SWOT 분석 후 대안 제시 해결방안

[그림 4-1] 대안제시형 SWOT 분석

4) 사업계획 수립

(1) 평생학습 단위 사업 계획의 수립

단위사업 계획의 수립에서 유념하여야 할 것은 현실적으로 타당한가를 판단하는 것이다. 예산과 자원 등 국가와 지방자치단체의 정책 방향과 목표에 합치되는 사업이 단위 사업계획의 중요한 기준이 될 수 있다. 그러나 기관의 정체성에서 벗어난 사업계획은 자칫 소모적인 일이 될 수 있다. 기관의 특성과 방향을 유지하면서 관련 사업에 참여하는 태도가 무엇보다 중요하다.

① 영역별 평생학습 사업 계획에 대한 조사

문화예술 영역 사업 계획에 대해 최소 세 가지 유형을 조사하고 분석하라.

과거 진행되었던 사업에 대한 분석에서 중요한 것은 어떤 문제를 해결하기 위한 사업인지를 파악하는 것이다. 사업의 전체적인 설계와 맥락을 이해하게 되면 다른 영역의 사업을 비교·분석하는 데 도움이 된다. 이를 통해 단위 사업의 '좁은' 시야에서 벗어난 '넓은' 시야를 확보할 수 있다. 대부분 평가기준은 목적 혹은 목표달성 여부를 기준으로 한다. 학습자 만족도 평가로 강사와 학습환경, 프로그램에 대한 부문별 평가로 그치는 경우는 지양해야 한다.

표 4-5 문제해결형 사업평가 양식

단위 사업(예)	사업 특징	평가기준	문제 & 해결책
동네 배움터 사업			
길 위의 인문학			

② 만족도 평가와 제 문제

학습자의 만족도를 벗어나도록 평가기준을 세우는 것은 많은 노력이 필요한 일이다. 무엇보다 평생교육이 교육개혁을 지향하고 있다는 점에서 그 사회의 교육 문제를 개선하려는 노력이 반영되도록 해야 한다. 예를 들어, 학습자가 과거 어떤 교육을 받았으며 이 교육을 통해서 사회에 어떻게 기여할 수 있는지를 설계하도록 돕는 것 역시 중요한 평가요소가 될 수 있다.

사업계획 수립 시 흔히 행하는 만족도 평가는 몇 가지 문제점이 있다. 만족을 시킨다는 조사의 의미는 참가자들을 '기분 좋게' 만드는 데 있다. 만족도 조사는 학습자의 성장보다는 평생교육 프로그램을 확대하는 정책일 뿐이다. 이는 학습자가 교육적인 의미에서 실패를 경험하거나 불편함을 느끼는 것과는 거리가 멀어 보인다. 교육기획자들이 만족도에 의지하는 가장 큰 이유는, 대중에게 일종의 정당성을 승인받고자 하는 것이다. 공식화되고 일반화된 현재의 만족도 평가는 결국 비판적 사

고 등 고등사고력을 가로막고 있는 것이다. 만족도 평가는 자부심과 자신감을 제
공한다는 미명 하에 학습자의 도전 상황을 거세시키고 낮은 기대수준에 머물게 한
다. 평생교육은 공교육에서 다루지 못하는 문제들, 이를테면 사회적 경험과 정서적
유대, 공동체적 가치 등을 배우고 익히는 데 심혈을 기울어야 한다. 학습자가 이해
하는 과정이 포함되어야 하는 것은 필수불가결하다. 이런 내용들이 평생교육프로
그램 평가에 포함되지 않는 것은 '교육'이 아니라 '사업'으로 보기 때문이다. 탁월함
과 창조성, 가치판단이 포함되지 않는 만족도 평가는 '기분 좋게 만드는 교육과정
(Feel-Good Curriculum)'[1]체제일 뿐이고, 이것은 학습자의 기대충족에 지나치게 의
존하고 있는 것이다. 공익적인 교육기획은 프로그램이 당황스럽고 불만족스럽다
할지라도 학습자가 성장할 수 있는 내용이어야 한다. 현재의 만족도 평가가 학습자
의 '성장 프로세스'로 전환되어야 할 가장 큰 이유다.

(2) 단위 사업에 대한 조사에서 고려해야 할 세 가지 사항

첫째, 전체 사업에서의 위치다. 이 사업이 전체 3차년도 중 1차년도 혹은 2차년
도의 사업인지를 파악해야 한다. 각 단계별로 목표와 전략, 갈등 등을 조사해 두면
문제해결에 유용한 자원이 된다.

둘째, 예산 배정과 참여기관의 성격, 주요 주제에 대한 정보 수집이다. 이것은 사
업의 실태를 파악하기 위한 것이다. 놓치지 말아야 할 조사의 키워드는 교육의 목
적이다. 소위 '퍼포먼스'를 막기 위한 노력은 공익성에 초점을 둘 때 가능하다.

셋째, 참여기관 혹은 참여자에 대한 조사다. 교육대상이 교육목적과 밀접하게
관련되어 있어야 한다. 교육대상이 '동원'된 경우 교육효과를 낼 수 없기 때문에 이
점에 유념해서 학습자를 조사할 필요가 있다.

---

1) 미국의 비평가 모린스타우트의 주장임(Furedi, 2004).

제**3**부

평생교육현장실습의
실천 전략

제5장

현장실습 시 모의 사업 기획

 개관

　현장실습의 구체적인 개념은 기관의 목적에 적합한 교육적 문제해결 방안이다. 이는 공공적·공익적 접근이라는 점에서 공적 책임 이행의 과정이다. 평생교육현장은 각종 사업이 기획되고 평가되는 현장이다. 이 장에서는 각종 공모사업에 대한 과거와 현재, 과제를 발굴하는 안목을 갖추도록 하였다. 이를 위해 실습생이 이전 사업의 분석과 평가, 원칙을 조사하도록 하였으며 그 결과를 통해 정책의 변화를 읽도록 하였다. 실습지도자에게는 각 사업기획 단계별로 점검하고 지도해야 할 내용들을 간추렸다. 실습생과 실습지도자 간 공익에 기여할 수 있는 분석력과 문제해결을 위한 구조화에 중점을 두었다.

　제5장에서는 실습기관의 정체성과 관련된 이해관계자를 중심에 놓고 제반 논의를 전개하였다. 우리 사회가 갑–을 관계를 벗어나 다각적으로 문제를 조정하고 협의하는 역량을 개발하는 데 역점을 둘 것을 요청한 것이다.

 학습목표

1. 실습기관이 속한 지역의 그동안의 공모사업에 대해 분석한다.
2. 실행된 공모정책을 파악하고 공익적 책임 이행을 위한 제 원칙을 도출한다.
3. 사업과 관련하여 이해관계자 중심의 조정과 협의를 이끌어 낼 수 있다.

 주요용어

공모사업, 공적 책임 이행, 이해관계자, 교육적 문제해결, 실습기관의 정체성

1. 기획 단계별 과제

1) 축제사업계획

(1) 사전조사

대부분의 우리나라 축제는 민관 협력 파트너십 강화를 위해 이루어지는 경우가 많다. 축제 기획의 교육적 목적은 결과보다는 과정에 두어야 한다. 축제를 기획하는 과정에서 이해관계자 간 갈등이 빈번하게 일어난다. 이런 문제를 풀어 가는 노력은 유대감을 형성시키는 토대가 될 수 있다. 축제 기획과정에서 민주적 의사결정을 체험하도록 하는 것도 교육의 한 과정으로 생각하고 접근할 필요가 있다. 지역 고유의 콘텐츠 개발 기회가 될 수 있고 참여자 간 네트워크를 형성할 수 있다. 축제 기획과정에서 의사결정 및 판단을 학습하는 기회가 될 수 있다.

축제기획은 교육기획의 한 방편으로 진행되는 것이므로 일반적인 문화축제와는 그 성격과 내용이 달라야 한다. 따라서 평생학습 축제에서 단계별 조사와 분석의 핵심은 학습에 초점을 맞추어야 한다. 지역의 학습공동체 활성화 등으로 목표를 차별화할 필요가 있다. 일반적으로 문화축제가 지역공동체 향상을 목적으로 한다면, 평생학습 축제는 축제 기획 및 축제 참여를 고유의 평생학습자로서의 정체성 형성에 둘 필요가 있다.

평생학습 축제를 조사하고 분석하는 과정에서 유념해야 할 요소는 다음과 같다.
첫째, 교육과 학습의 개념으로 축제를 재구성할 수 있어야 한다.
둘째, 참여자들에게는 정체성과 의미를 부여하는 체험이어야 한다.
셋째, 축제 기획이 자율과 자치, 주체성을 형성하는 학습의 기회가 되어야 한다.

(2) 단계별 과제

① 1단계: 평생학습 축제를 조사하라. 최근 뉴스와 혁신 프로그램을 포함한 축제기획을 목록화하라

평생학습 축제는 시행시기별로 조사할 필요가 있다. 그 이유는 한 주제를 발전시키는 축제가 있는가 하면, 다른 주제로 다양성을 추구하는 축제가 있을 수 있기 때문이다. 이런 전체적인 흐름을 읽기 위해서는 시행시기가 중요하다.

이 중에서 혁신활동 관계도는 축제를 평가하는 핵심 요소가 된다. 이는 무엇을 혁신하기 위해 노력을 기울였는가를 파악하기 위한 것인데, 형식적인 결합이 아니라 실제 행사를 기획하는 과정에서 변화를 읽기 위함이다. 이는 기획과정에서 던진 질문과 논의과정을 통해 무엇을 탐구하려 했는가를 볼 수 있어야 한다. 조사자는 관련 자료와 기사 등을 통해 그 맥락을 파악해 둘 필요가 있다.

〈표 5-1〉 혁신활동 관계 중심 조사표에서 목적은 의도와 관계 지어 평가할 수 있어야 하는데, 그것은 '혁신활동 관계도'라 할 수 있다. 이것은 그 이전의 유사한 축제와 무엇이 달랐는지를 혁신활동에 초점을 두어 간추릴 필요가 있다. 주관기관의 평가를 그대로 받아들이기보다 참여자들이 무엇을 경험했고 어떤 행동이 그것을 증명하는지를 관찰할 수 있어야 한다.

표 5-1 혁신활동 관계 중심 조사표

시행시기	주관(주최)	축제 명	목적	혁신활동 관계도	성과

② 2단계: 축제 주제를 파악하기 위한 키워드를 선정하라. 축제의 변화 양상을 추출하라

축제 주제는 평생학습의 관계와 맥락 속에서 간추려야 한다. 축제의 목적이 평생학습의 지속가능성을 위한 것이라면, 평생학습의 변화유형은 학습공동체 유형과 이해관계자 유형으로 구분하여 조사할 필요가 있다. 전자는 이미 학습의 지속가능성을 확보한 집단을 조사하기 위한 분류 키워드이고, 후자는 이해관계의 맥락 속에서 학습의 가능성을 타진하기 위한 조사 키워드다. 주요 키워드를 예시로 들면 〈표 5-2〉와 같다.

표 5-2 축제의 변화양상 조사 항목(예시)

변화 유형	키워드 1	키워드 2	키워드 3	키워드 4	키워드 5
학습공동체	자발성	이타성	목적지향	집단행동	상호작용
이해관계자	계몽성	이기성	정치적 동원	형식적·위계적	경제적 이익

③ 3단계: 축제 평가 준거 제시를 위해 패턴을 시각화하라

평가 준거 제시는 축제의 과정을 교육활동으로 접근할 때 그 타당성을 얻을 수 있다. 평가 준거의 핵심은 어떻게 학습활동에 가담했는가를 파악하는 데 있다. 패턴의 시각화는 학습관계의 전체 맥락 속에서 공동의 목적을 이루기 위한 학습과정을 일정한 패턴으로 분류하는 작업이다. 〈표 5-3〉은 패턴을 유화하는 키워드이고, 평가시에 유용한 도구다.

표 5-3 축제 평가 유형

과정	패턴 1	패턴 2	패턴 3
참여	자원(콘텐츠) 공유	개별학습	집단학습
담론	경제담론	문화담론	현장담론
학습	정서적 공감	의미 재구성	학습 주체
선택	의사결정	자기인식	경험의 정당화

④ 4단계: 학습자의 교육적 성장을 위한 체크리스트 항목을 개발하라

학습자가 경험한 것들을 항목으로 정리하는 것은 교육적 성장의 평가지표다. 이 것은 축제라는 이벤트를 통해 공동체적 감수성 개발과 공동체 속에서 자신의 역할 을 찾는 것이 된다. 이 과정은 차이를 통한 가치발굴의 의미와 이해관계 속에서 갈 등경험, 학습주체로서 지속성의 토대가 될 수 있다. 평가지표는 곧 혁신의 기준이 될 수 있다는 점에서 〈표 5-4〉와 같은 예시를 들 수 있다.

표 5-4 공동체 성장촉진형 평가 양식

이전의 축제 평가 체크리스트 항목 수집		개발해야 할 축제 평가 체크리스트 항목	
관점 1	관점 2	관점 1	관점 2
관(官)의 평가기준	민(民)의 평가기준	학습 가치	자치 의식

2) 평생학습 공모사업 기획

평생학습 공모사업은 그 기관의 목적사업과 밀접하게 연관된다. 평생교육기관 들은 학습참여 및 학습담론 생산에 지향점을 둔다고 할 수 있다. 공모사업은 학습 활동에 참여하고 학습관계를 형성하면서 지역의 주권자로서 제 역할의 토대가 된 다. 학습의 관계형성을 통해 공동의 목표를 세우고 파트너십을 갖는 것이다. 이것 은 다른 측면에서 학습관리체제의 구축을 의미한다. 공모사업은 협력적 연대와 교 육활동을 촉진하기 위한 유기적 조직화의 방식이다.

(1) 1단계: 사전 공모 기획서 분석

① 공모사업 기획서 수집
• 서울시의 평생학습 관련 공모사업에 채택된 기획서를 수집하고 분석하라.
다음 조사표 작성을 바탕으로 설명하자면, 우선 공모사업의 목적을 네 가지 요소

로 분석해야 한다. 공모사업이 어떤 대상을 어떤 문제로 인식하고 있는지 그 문제의식에 주목해야 한다. 문제의식을 정립하고 나면 왜 이 일을 하고자 하는지 공모사업의 목적이 더욱 명료해질 수 있다.

② 변화와 맥락에 대한 분석

정보수집 체계에서 대상 분석과 변화 분석은 주요 트렌드의 변화를 추출하기 위한 방법이다. 이들 변화가 기획 아이디어 및 이야기를 만들어 낼 수 있다. 차별화 전략에서 대상 분석은 대상의 현재 학습과 목표 학습 사이의 차이를 통해 읽어 낼 수 있다. 변화 분석에서 차별화 전략은 동종의 학습 프로그램에 대한 전반적인 변화를 미시적 시각에서 파악할 때 완성도를 높일 수 있다. 〈표 5-5〉는 맥락적으로 시고하고 전략을 도출하기 위한 워크시트다. 활용하면 도움이 될 것이다.

표 5-5 문제의식형 공모사업 조사표

구분	공모사업의 목적	정보수집 체계	차별화 전략
대상 분석			
변화 분석			
기획 아이디어			
표현방식(스토리텔링)			

(2) 2단계: 평생학생 정책 분석

① 정책자료 분석

• 다음의 자료를 탐색하여, 서울시 평생학습 정책을 수집하고 분석하라.

관련 기관에서 배포하는 주요 자료를 수집하여 항목별로 조사하고 분석하여야 한다. 맥락적으로 한 기관의 정책은 관련법에서 발현되었다고 보면, 관련 정책과 제도에 대한 이해는 정책에 관련된 프로그램 개발자의 기본 자세다.

② 주제별 분석

한 기관의 홈페이지의 자료는 표면화된 자료와 심화된 자료로 구분된다. 전자가 일반적으로 검색을 통해 수집할 수 있다면, 후자는 관련 논문 검색 등과 정보공개 청구를 통해서 수집해야 한다. 〈표 5-6〉은 공공정책이 어떤 수준과 맥락에서 수행되는지를 일목요연하게 정리하는 도구다.

표 5-6　정책 수집 및 분석 조사표

탐색 자료	전문가 면담	관련 뉴스	인기 프로그램
서울 시정 목표(분야별)			
서울시 평생교육진흥원 목표(사업별)			
서울시 평생교육 마스터플랜(단계별)			
서울시 평생교육 웹진(주제별)			
관련 문화재단 공모사업(목적)			
평생학습 포털 프로그램 현황(추이변화)			

(3) 3단계: 모범 사례 선별

① 원칙과 목표

• 공모사업 기획안의 모범사례가 가진 장점을 도출하라.

공모사업 기획안의 주된 접근은 몇 가지 원칙에서 출발할 필요가 있다.

첫째, 참여자가 학습 소비자가 되지 않도록 학습주체를 위한 목표를 수립해야 한다.

둘째, 지속적인 학습관리를 위해 자발적이며 반복적인 참여구조를 만들어야 한다.

셋째, 학습경험이 개별화 혹은 사사화되지 않도록 공적 책임과 공론화과정이 수반되어야 한다. 〈표 5-7〉은 공모사업의 관계망을 여러 측면에서 조사할 수 있는 분석틀이다.

표 5-7 공모사업 기획안 검토

참여자에 관한 장점 1	학습구조에 관한 장점 2	공익 가치에 관한 장점 3

② 한계 분석

• 공모사업 기획안의 모범 사례가 가진 한계를 도출하라.

공모사업을 모든 구성요소로 평가하는 시스템 관점[1]은 다음과 같은 요소를 포함한다. 분석의 과정은 다음과 같다.

첫째, 주체(Ehtities): 두 주체를 분석하라. 물리적 주체(학생, 책 등)와 개념적 주체(문제, 목표 등)다. '명사'의 형태를 주목하라.

둘째, 관계(Relations): 각 주체들이 어떻게 관련되는지 그 속성을 묘사하라. 그 관련성은 '동사'의 형태로 정의를 내릴 수 있다. '무엇은 어떻게 관계를 맺고 있다'고 표현할 수 있다.

셋째, 특성(Attributes): 주체와 관계의 성격을 규정하라. 그 특성은 정성적·정량적 형태로 특성가치를 묘사할 수 있다. '형용사'처럼 기술된다.

넷째, 흐름(Flow): 주체들 간(학생-목표)의 시간적(수직적) 맥락과 인과관계의 이동(수평적)을 기술하라. '전후좌우'의 변화를 '전치사'로 묘사할 수 있다.

---

1) Vijay Kumar(2013).

2. 기획 실행 시 과제

1) 예산 책정

(1) 예산과 학습 효과 간 관계 설정

예산안 책정 시 가장 유념해야 할 것은 기능적으로 균형 잡힌 예산은 곤란하다는 점이다. 예산을 공적으로 가치 있게 사용할 방안에 대해서 고민하는 것이 우선이다. 예산을 많이 사용한다고 해서 학습효과가 일어난다고는 볼 수 없다. 학습대상자가 어떤 문제의식으로 어떤 학습을 원하는가에 따라 학습내용을 조직하는 것이 가장 바람직할 것이다. 이는 학습 대상에 대한 학습효과를 고려해 강사선정 및 프로그램을 조직하는 것이다. 학습자의 학습 역량을 향상시키기 위한 노력이 그 중심에 있어야 한다. 이를 위해서는 문제해결을 위한 프로그램 개발이 필요하다. 학습이 종료되는 시점에서는 학습동아리 등 결성을 목표로 지속가능한 구조를 세우는 것을 계획에 반영할 필요가 있다.

(2) 문제 해결형 예산 기획의 목차와 핵심 질문

문제를 해결한다는 것은 문제를 진단하고 적정한 해결책을 마련하는 것을 말한다. 당연히 예산 사용을 이 단계에서 결정하여야 한다. 문제가 해결되는 지점은 갈등이 해소되고 협상이 되었다는 것을 의미한다. 해결책을 제시하기 위해서는 문제를 다각적인 측면에서 검토해야 한다. 이를테면 이해관계자 간의 요구가 상충될 때 이것을 간과하면 문제가 더 복잡해질 수 있다. 요구사항이 공적인 관계망 속에서 해결되어야 하고, 법적으로 문제가 되지 않는 선에서 최종 결론을 낼 수 있어야 한다.

문제를 해결하기 위한 예산 기획의 첫 단계에서 던질 질문의 내용은 〈표 5-8〉과 같다.

표 5-8 문제해결형 예산 기획의 요소

목차	주요 질문	세부 구성 요소	비고
개요	현재 문제 혹은 관행은 무엇인가? 구체적인 배경과 목적은 무엇인가?	기획 배경, 기획 목적	문제 정의
현상 분석	현재 문제와 관련된 상황은 어떠한가?	현재 상황, 주요 이슈	상황 분석
문제점 도출	현재 문제점은 무엇이며, 이를 해결하기 위한 방향은 무엇인가?	문제점 도출, 개선방향 (목표 설정)	방향 설정
해결 방안	구체적인 해결 방안과 내용은 무엇인가?	해결 방안, 방안별 세 부 내용	전략 도출
추진 계획 및 기대효과	해당 방안을 추진하기 위한 구체적인 계 획은 무엇인가?	세부 추진 일정, 소요 비용, 기대효과	계획 수립

출처: 한빛비즈(2014). 『지금 당장 기획공부 시작하라』. p. 185.

2) 실행계획

(1) 평생학습 실행계획서

평생교육사의 문제해결 방법은 '평생교육'의 개념에 적정한 문제해결이어야 할 것이다. 이를 위해서는 일종의 실행계획서가 필요하다. 문제 발견에서 유념해야 할 것은 교육의 문제를 발견하고 정의해야 한다는 것이다. 그다음으로 생각해 볼 것은 이것은 왜 해야 하는가, 왜 지금 해야 하는가와 같은 질문을 통해 문제의식을 다듬는 목적의식이 필요하다. 이 단계에서는 문제가 무엇인지를 문장으로 명확하게 기술할 필요가 있다. 무엇이 문제인지를 아는 것은 문제를 해결할 핵심 키워드 보유를 의미한다.

여기서는 문제를 해결하기 위한 여러 가지 진단과 방법이 동원될 것이다. 이때 어떤 목적과 가치를 위해 문제를 해결하려고 하는지 의사결정과정을 하게 된다. 의사결정의 기준은 공적 가치기준과 평생교육적 개념이 적용되어야 한다. 이를 적용하지 않으면 다른 프로그램과 상충되는 현상이 발생될 수 있다. 이를테면 사회복지

표 5-9 문제해결형 평생학습 주제

분류	주제	내용
문제발견	맥락적 문제 정의 및 설계	교육적 맥락에서 문제를 명료화 함
	취지 및 필요성	(과제 중심 정의, '~하기'의 형태)
의사결정 (판단 근거)	가치부여 및 개념 설정	준시대적 변화에 따른 교육적 가치 제시
	지식 및 원리 적용	(왜 이것이 중요한가?)
실행방법	과제 명 및 과제 형태	실행할 과제의 세부 명칭
	마감 기한 준수	완성된 과제 형태 제시(책, 동영상, 물건 등)
문제해결	이해 당사자 간 공동체적 가치 공유	이해 당사자 식별 및 회의
	협력적 문제해결	공동의 협력 과정 제시

프로그램과 무엇이 다른가와 같은 문제제기에 답을 하기 어렵게 된다.

그렇다면 실행방법에서는 어떤 과제를 가지고 어떻게 접근해야만 문제를 해결할 수 있는지 현장의 상황과 한정 기한, 그것을 수행할 인력 등을 통해 일정표와 상황판이 조직되어야 한다. 이 과정에서 기획자는 이해 당사자 간 공동체적 가치를 공유하는 학습의 과정을 경험하게 할 필요가 있다. 우리 사회는 급속도로 발전하는 과정에서 경쟁의 논리만 확대되어 공적인 가치조차 경쟁의 논리 속에 묻혀 버리고 말았다. 지속가능한 공적 가치에 대해 생각해 볼 수 있는 기회를 제공하는 것도 기획의 가치를 높이는 데 중요하다고 하겠다. 이해를 돕기 위해 〈표 5-9〉를 제시한다. 참고 바란다.

문제해결을 위한 실행계획의 체크리스트 항목 개발의 목적은 학습자의 성장을 위한 것이어야 한다. 이를 위해서는 시간과 공간, 그 문제에 처한 당사자의 관점을 놓쳐서는 안 된다. 다음에 나오는 항목 개발 설명을 통해 과제를 해결하기 위한 적확한 항목 개발을 추가로 만들어 보도록 한다.

(2) 실행계획을 위한 체크리스트 항목 개발

실행계획을 위한 체크리스트 항목 개발은 문제를 명료화하는 과정이면서 문제를 다루는 과정에서 부딪힐 문제를 미리 예견해 보는 마음의 준비과정으로 볼 수 있다. 현실과 이상의 차이를 극복하기 위한 과정이면서, 이 과정은 현실적으로 가능한 자원을 동원할 수 있는 방법을 설계하기 위한 점검과정인 것이다. 〈표 5-10〉은 결과적으로 합리적이고 타당한 실행계획의 점검표인 셈이다.

표 5-10　문제 명료화 체크리스트 항목

체크 항목	체크
문제에 대한 인식과 개념 설정이 적절한가?	
문제의 원인과 현상, 결과 등이 개괄적으로 소개되고 있는가?	
문제가 맥락적으로 구조화되어 있는가?	
이전 5년간 그 문제를 해결하지 못한 이유 혹은 딜레마는 무엇인가?	
사회적 정의를 세우기 위한 가치와 기준이 제시되고 있는가?	
문제를 보는 관점은 학습자의 성장을 위한 것인가?	
공동체적 가치 공유를 위해서 어떤 학습이 더 필요한가?	
현실적으로 실천가능한 계획안인가?	
평가기준과 목표는 무엇을 위한 것인가?	

(3) 네트워크체제 구축의 원리

문제를 해결하기 위해서는 문제를 바르게 정의할 필요가 있다. 문제가 공적인 가치가 아닌 사적인 이익집단을 양성하는 것으로 흐르게 되면 그것은 문제를 해결하기보다 확대 · 재생산하게 된다. 이를테면 어떤 개발 이슈가 있다고 할 때, 이것을 진행시키는 데 어려움이 따르게 된다. 이럴 때 설득의 과정이 수반되게 되는데 관공서는 집행을 어느 기한 내에 해야 한다는 부담을 갖게 된다. 이런 경우 공권력이 과도하게 집행되었을 때 발생되는 문제를 종종 보게 된다. 문제를 해결하기 위한 네트워크체제의 핵심은 문제를 어떻게 접근할 것인가를 충분히 고려한 뒤 결정

표 5-11 공적 책임 이행 네트워크 원리

단계	원리	실행방안
1	분명한 가치 수립 및 공유	기관 및 단체의 목적을 통한 가치 공유
2	가치 흐름을 위한 지도	가치 실현을 위한 학습 프로그램 설계 및 실행
3	실행을 위한 도구	구체적인 역할 분담을 위한 역량 개발
4	가치 완성	공동의 실행을 통한 성과 공유 및 평가

해야 한다는 것이다.

　네트워크체제를 공동체의 가치를 완성하기 위한 방법이라고 보면, 네트워크는 공동의 문제해결에 동참하는 학습과정이 된다. 이를테면 A 지역의 편의를 위해 B 지역의 마을버스 노선을 일방적으로 조정하면 안 되는 것이다. A 지역민의 의견과 B 지역민의 의견수렴이 있어야 하고 그 결과를 신속하게 내리기보다는 가장 좋은 결과를 내기 위한 노력으로 기준을 이해해야 한다. 관계를 이해하는 전제로, '법과 제도 등을 숙지하는 교육'이 선행되어야 한다. 이때 교육은 어느 한편으로 끌어들이기 위한 네트워크가 아닌, 스스로 판단하고 공적 책임 이행을 위한 숙고의 과정이 되어야 한다. 네트워크체제는 어떤 네트워크인가가 무엇보다 중요하게 인식되어야 한다. 기능만이 아니라 그 내용과 목표가 공적 책임에 일치하도록 네트워킹되는 것이 더 우선이다. 〈표 5-11〉은 공공정책 등 프로그램의 실행과정에서 각각의 입장을 공유하고 조정하는 도구(Tool)이다. 〈표 5-11〉을 참조하기 바란다.

3) 연구 · 조사활동

　평생교육사는 사람을 성장시켜야 하기 때문에 교육내용만이 아니라 교육할 사람의 수준과 가치관에 관심을 둘 필요가 있다. 연구 · 조사활동에서 유념해야 할 것은 연구의 목적이다. 교육을 주제로 하는 연구는 대상에 대한 조사와 환경에 대한 조사, 내용에 대한 조사로 나눌 수 있다. 프로그램 개발을 위한 연구 · 조사활동은 첫째, 어떤 프로그램 개발이 이 문제를 해결할 수 있는가를 보아야 한다. 둘째, 이 프로그램 개발을 왜 하려고 하는가에 초점을 맞출 필요가 있다. 연구·조사활동은 프로그램 개발이 왜 필요하고 그 프로그램 개발을 통해 그 지역의 어떤 문제가 어떻게 해결될 수 있는가를 파악하는 조사활동이어야 한다.

(1) 프로그램 개발 타당성 분석

프로그램 개발 타당성 분석에서 기준은 공공성과 공적 가치다. 프로그램 개발의 중요한 목적은 우리 사회의 중요한 문제를 해결하는 것이다. 타당성 분석에서 개발자는 학습자 개개인의 역량 개발에 초점을 두기보다는 학습공동체를 조직하고 지속가능하게 하는 데 주력할 필요가 있다. 이것은 우리 사회의 지나친 경쟁과 격차를 줄이는 해법이라는 점에서, 학습을 통한 가치관과 세계관에 대한 인식개선에 일차적인 목표를 두어야 한다. '경쟁, 발전, 성과'와 같은 정책목표보다는 '보편성과 다양성, 기본권 보호'를 기반으로 하여 교육적으로 성장할 수 있는 지표를 타당성 분석지표로 삼아야 한다.

2017년 OECD 38개 회원국 중 공동체지수가 38위로 최하위를 기록한 것을 보면 우리 사회에서 공동체가 얼마나 부실한지를 여실히 알 수 있다. 공동체 회복을 추구하는 것이 무엇보다 중요한 과제임을 인식한다면 프로그램 개발도 이러한 기준을 충족시키는 방향으로 타당성을 검토하는 게 필요해 보인다. 〈표 5-12〉는 평생교육 관계자들이 주목한 프로그램 개발의 타당성 분석표다. 프로그램 개발 선행자들이 어떤 기준으로 타당성을 검증했는지를 검토해야 한다. 〈표 5-12〉의 양식을 참조하라.

표 5-12 평생교육 관계자들이 주목한 프로그램 개발의 타당성 분석표

주목한 사례 발굴	사회적 가치 & 사회적 책임	공동체적 의사결정	지속가능성
A 사례			
B 사례			

　　프로그램 개발의 사례들을 분석하는 것은 프로그램의 일정한 기준과 원칙, 관행을 파악하는 데 유용하다. 이전의 프로그램 개발이 정책적 목표 아래서 수행되어 왔다고 했을 때 그 정책적 목표가 어떻게 평가되었는지를 파악하는 것 또한 개선을 위한 초석이 된다.

(2) 프로그램 유형 분석

　　타당한 분석틀은 성과목표를 기준으로 하기도 하지만, 〈표 5-13〉의 다섯 가지 분류기준을 통해서 적용하는 것도 필요하다. 이 다섯 가지 기준은 프로그램의 다른 유형을 도출하는 데 유용하다. 실습생은 분석틀을 준거로 하여 여러 유형을 구분할 수 있어야 한다. 이것을 하게 되면, 일정한 패턴을 발견할 수 있을 것이다.

　　다섯 가지 분석틀 중 공적 가치를 최상의 프로그램 개발의 방향으로 놓아야 한다. 이를 위해 문제를 명확히 하고 실행 목표를 세워 내용과 기준을 설정하고 평가할 수 있어야 한다.

표 5-13 기존에 개발된 프로그램 평가 분석틀

분석틀	프로그램 A 유형	프로그램 B 유형	프로그램 C 유형
공적 가치			
해결해야 할 문제			
실행 과제(목표)			
제공되는 학습내용			
관련법과 제도(기준)			

(3) 프로그램 요구 분석 및 우선순위 설정

　　평생교육 프로그램 개발의 고전적 우선순위는 요구 분석이었다. 교육 프로그램 개발에서 가장 최우선 순위가 요구 분석이라는 점은 무엇을 시사하는가. 그것은 학습자의 요구에 맞춰 프로그램을 실행할 것을 강조한 것이다. 그러나 학습자는 곳곳에 있으며 학습자의 요구 또한 시시각각으로 달라질 수 있다. 그렇다면 요구 분석이 무슨 의미가 있는가 생각해 보게 된다.

요구 분석은 학습자만을 초점에 두어서는 안 된다. 프로그램 개발의 좁은 범주에서는 학습자만을 보면 된다. 그러나 그 프로그램 개발이 한 사회의 문제를 해결하기 위한 방안이라고 했을 때, 흔히 사용되는 설문지를 통한 요구 분석은 사회적 가치와 사회적 책임 이행 등 공적 가치를 담아내기 어렵다. 문제는 학습자의 전반적인 속성, 특성 등 행위에 주목해야 한다는 것이다. 〈표 5-14〉 학습자 유형별 요구 분석은 주관적인 설문 조사보다 광범위한 학습자의 경험 데이터를 수집·분석하는 요구 분석을 제시한다. 참고하길 바란다.

표 5-14 학습자 유형별 요구 분석

단계	목록 및 유형	속성	개념 정의
1	잠재적 학습자 경험	설계 원칙	경험의 가치 수집
		가치 및 의미 프로필	
2	학습자 속성 목록	통계적(나이, 성별)	양적 데이터 수집
		정신적(가치관, 태도, 습관)	
		행동적(동기, 지능, 감성)	
3	학습자 유형 정의	공통된 속성 유형	집단화
		관리가능한 학습자 유형	
4	학습자 성격 특성	페르소나 프로필(열렬한 예술 지지자)	판단 근거 자료
		인용문 혹은 일화 수집	
5	시각적인 프로필	표준 서식(일화, 인용문, 시각자료)	행위 분석 자료
		결과문서 팀원과 공유	

(4) 아이디어의 구조화

아이디어를 구조화하는 과정은 브레인스토밍과는 다른 접근이다. 이 구조화 과정은 일정한 가이드라인을 통해 주어진 과제를 재설계하는 과정이다. 브레인스토밍은 일정한 가이드라인이 없이 진행되는 반면, 이 과정은 목적이 분명하게 기술된 상태에서 일정한 프레임워크를 통해 정보를 체계화하면서 개념을 통해 설계의 원리를 적용한다. 이 과정에서 핵심 포인트는 가치를 설계하는 데 두어야 한다.

〈표 5-15〉는 목표설정 및 개념도출 구조이다. 이와 같은 실행목표의 7단계는 아이디어를 구조화하는 절차로 구성된다. 주제를 심화시키면서 최종안을 만들기 위한 논의의 과정으로 보면, 이 구조화 작업은 목적을 공유하고 실제적인 개선안을 확보하기 위한 것이다. 이 과정에서도 역시 핵심 가치 설계에 대해서 분명한 목표

표 5-15 목표설정 및 개념도출 구조

단계	실행 목표	실행 방법	결과물 및 유의사항
1	세션 목표 설정	체계적인 계획, 가이드라인	주제와 관련성, 목적의 명확성
		목적기술서	
2	다양한 전문가 선정	다른 직업 능력 및 역량 체계	직업능력 기술
		다른 관점과 다른 경험자	
3	프레임워크	통찰, 원칙, 프레임워크 수집	개념 및 관점, 시야 확보
		개념 도출을 위한 설계 원칙	
4	환경조성	3~4명 조직, 편안한 환경	다양한 논의를 위한 접근
		워크시트지 제공, 기본 물품	
5	참여 촉진	연대 및 이해관계자	토의과정 및 협의안
		쟁점을 명료화하기	
6	콘셉트 도출	시간 제한, 개방형 사고	접근의 자율성 및 다양성
		강요, 비판, 판단 금지 원칙	
7	결과 공유 및 요약	사회적 가치 공유	목표 점검 및 핵심 가치설계
		개선안 마련	

가 있어야만 한다. 경쟁우위를 점하기보다는 협력하여 어떤 사회적 가치를 생산할 것인가를 더 큰 논의의 출발점으로 삼아야 한다.

3. 행정실무

1) 공문서 작성

공문서는 공공기관에서 공적 직무 수행 시 작성하는 모든 문서다. 공문서에는 종이문서와 도면과 같은 사진, 테이프, 필름 등 전자문서만이 아니라 특수매체 기록을 포함한다. 모든 조직 및 기관의 공식적인 의사소통의 방법은 문서다. 공문서는 발신기관장이 수신기관장에게 보내는 공식입장을 취한다. 공문서는 행정안전부 사무관리규정 및 시행규칙에 의거하여 작성된다. 행정안전부『2018년도 행정업무운영편람』규정에 준하여 작성된다.

2) 업무의 관리 원칙

(1) 직무 이행의 목표
① 업무의 간소화: 불필요한 보고 및 결재 단계를 축소하고 전자결재 방식으로 업무성과 및 생산성을 높임
② 업무의 표준화: 담당자가 바뀌어도 업무가 연속되도록 전자결재의 활성화를 추구
③ 업무의 과학화: 전자행정 및 행정지식 등을 공유하는 의사소통 및 협업 시스템
④ 업무의 정보화: 행정업무의 처리방식을 전산화 및 정보화하는 행정 서비스

(2) 문서의 종류

① 공문서: 공무상 작성하고 시행하는 문서로 도면, 사진, 디스크, 테이프 등 특수매체기록을 포함한 행정기관이 접수한 모든 문서

② 사문서: 각종 신청서 · 증명서 · 진정서 등과 같이 행정기관에 제출하여 접수가 된 공문서로 제출자 임의로 회수하지 못하는 문서

③ 내부결재문서: 발신되지 않는 내부 계획수립 및 업무보고, 소관사항 검토 등을 위한 문서

④ 대내문서: 해당 기관 내부에서 상호 간 협조 및 보고 또는 통지를 위하여 수신 · 발신하는 문서

⑤ 대외문서: 다른 행정기관이나 국민, 단체 등에 수신 · 발신하는 문서

⑥ 법규문서: 주로 법규를 규정하는 문서로, 헌법 · 법률 · 대통령령 · 총리령 · 부령 · 조례 및 규칙 등에 관한 문서

⑦ 지시문서: 행정규칙, 행정명령에 해당됨.
  • 훈령: 상하관계에 놓인 기관이 장기간에 걸쳐 지시하기 위해 행사하는 명령 (지사, 예규, 일일명령이 포함됨)
    - 지시: 상급기관이 하급기관에 구체적으로 내리는 명령
    - 예규: 행정업무의 처리기준과 원칙을 제시하는 문서로 법규문서를 제외한 문서
    - 일일명령: 당직, 출장 등 일일업무에 관한 상사의 명령

⑧ 공고문서: 행정기관이 일정한 사항을 일반에게 알리기 위한 문서. 고시와 공고가 있다.
  • 고시: 법령이 정하는 기준에 따라 일반 공중에게 공표해야 하는 문서
  • 공고: 해당 기관이 일반 공중에게 알리기 위한 목적으로 작성한 문서

⑨ 일반문서: 각 문서에 속하지 않는 모든 문서

⑩ 회보: 해당 기관의 장이 소속 구성원에게 연락과 통보 등을 알리기 위해 정기적으로 발행하는 문서

⑪ 보고서: 특정한 주제에 대한 현황을 검토하거나 수집 혹은 연구한 결과를 알리는 문서

(3) 문서 항목의 구분

항목구분은 〈표 5-16〉과 같은 항목 기호에 따라 구분한다. 이외에 특수기호(□, ○, -, •) 등으로도 표시할 수 있다.

표 5-16 항목구분 및 기호체계

구분	항목기호	비고
첫째 항목	1., 2., 3., 4., …	둘째, 넷째, 여섯째, 여덟째 항목의 경우, 하., 하), (하), ㉻ 이상 계속되는 때에는 거., 거), (거), ㉮, 너., 너), (너), ㉯… 등 단모음 순으로 표시
둘째 항목	가., 나., 다., 라., …	
셋째 항목	1), 2), 3), 4), …	
넷째 항목	가), 나), 다), 라), …	
다섯째 항목	(1), (2), (3), (4), …	
여섯째 항목	(가), (나), (다), (라), …	
일곱째 항목	①, ②, ③, ④, …	
여덟째 항목	㉮, ㉯, ㉰, ㉱, …	

(4) 문서 표시위치 및 띄우기

첫째 항목기호는 제목의 아래 왼쪽 기본선에서 시작한다. 둘째 항목은 바로 위 항목 위치에서 오른쪽으로 2타씩 들어와 시작한다. 둘째 항목부터는 항목 내용의 첫 글자에 맞추어 정렬한다. 항목기호와 그 항목의 내용 시작점에는 1타를 띄운다. 항목기호는 항목이 두 개 이상일 때만 부여한다.

```
수신∨∨○○○장관(○○○과장)
(경유)
제목∨∨○○○○○
.........................................................................
1.∨○○○○○○○○○○
∨∨가.∨○○○○○○○○○○
∨∨∨∨1)∨○○○○○○○○○○
∨∨∨∨∨∨가)∨○○○○○○○○○○○
∨∨∨∨∨∨∨∨(1)∨○○○○○○○○○○
2.∨○○○○○○○○○○○○○○○○○○○○○○○○　　∨∨∨○○○○○
```

※ 2타(∨∨ 표시)는 한글 1자, 영문·숫자 2자에 해당함

[그림 5-1] 문서항목기호 작성법

① 하나의 본문 아래 항목 구분

한 본문에 이어서 여러 항목을 써야 할 경우, 항목의 순서 및 띄어쓰기

• 첫째 항목은 1, 2, 3······ 부터 시작한다. (둘째 항목: 가, 나······.)

• 첫째 항목은 왼쪽 기본선부터 시작한다.

　* 공문서 여백: 위쪽(3cm)·왼쪽(2cm) 기본선, 아래쪽·오른쪽(1.5cm) 한계선

```
수신∨∨○○○장관(○○○과장)
제목∨∨○○○○○
.........................................................................
문서관리교육을 다음과 같이 실시하오니 참석하여 주시기 바랍니다.
1.∨일시:∨○○○○○
2.∨장소:∨○○○○○○○○○○
3.∨참석대상:∨○○○○○○○○○○.∨∨끝.
```

[그림 5-2] 공문서 작성양식

② 숫자 등의 표시

아라비아 숫자로 쓴다. 날짜, 숫자로 표기하되 연, 월, 일의 글자는 생략하고 그 자리에 마침표를 찍어 표시한다(예: 2011. 12. 12.). 시간, 시·분은 24시각제에 따라 숫자로 표기한다. 시·분의 글자는 쓰지 않는다. 시간과 분 사이에 쌍점(:)을 찍는다(예: 오후 3시 20분 → 15:20, 오전 7시 9분 → 07:09). 금액을 표시할 때에는 아라비아 숫자로 쓴다. 그 뒤에 괄호를 하고 한글로 숫자를 풀어 쓴다[예: 금113,560원(금일십일만삼천오백육십원)].

(5) 발의자 및 보고자의 표시

발의자란 기안하도록 지시하거나 스스로 기안한 사람이고, 보고자란 결재권자에게 직접 보고하는 자이다.

표시 기호 및 표시 방법은 다음과 같다.

발의자는 '★'로, 보고자는 '◉'로 표시한다. 발의자와 보고자가 같을 경우에는 '★' '◉'를 동시에 사용한다. 기호의 표시는 기안문의 해당 직위나 직급의 앞 또는 위에 표기한다. 전자문서시스템 등을 이용한 보고는 보고자 표시를 생략한다.

(6) 기안문 작성방법

① 행정기관명: 그 문서를 기안한 부서가 속한 행정기관명을 기재한다. 행정기관명이 다른 행정기관명과 같은 경우에는 바로 위 상급 행정기관명을 함께 표시할 수 있다.

② 수신: 수신자명을 표시하고 그다음에 이어서 괄호 안에 업무를 처리할 보조·보좌 기관의 직위를 표시하되, 그 직위가 분명하지 않으면 ○○업무담당과장 등으로 쓸 수 있다. 다만, 수신자가 많은 경우에는 두문의 수신란에 '수신자참조'라고 표시하고 결문의 발신명의 다음 줄의 왼쪽 기본선에 맞추어 수신자란을 따로 설치하여 수신자명을 표시한다.

③ (경유): 경유문서인 경우에 '이 문서의 경유기관의 장은 ○○○(또는 제1차 경유기관의 장은 ○○○, 제2차 경유기관의 장은 ○○○)이고, 최종 수신기관의 장은 ○○○입니다.'라고 표시하고, 경유기관의 장은 제목란에 '경유문서의 이송'이라고 표시하여 순차적으로 이송하여야 한다. 문서에는 '(경유)'라고 기재되어 있다(그림 5-3] 참조).

④ 제목: 그 문서의 내용을 쉽게 알 수 있도록 간단하고, 명확하게 기재한다.

⑤ 발신명의: 합의제 또는 독임제 행정기관의 장의 명의를 기재하고, 보조기관 또는 보좌기관 상호 간에 발신하는 문서는 그 보조기관 또는 보좌기관의 명의를 기재한다. 시행할 필요가 없는 내부결재문서는 발신명의를 표시하지 않는다.

⑥ 기안자·검토자·협조자·결재권자의 직위/직급: 직위가 있는 경우에는 직위를, 직위가 없는 경우에는 직급(각급 행정기관이 6급 이하 공무원의 직급을 대신하여 사용할 수 있도록 정한 대외직명을 포함한다. 이하 이 서식에서 같다)을 온전하게 쓴다. 다만, 기관장과 부기관장의 직위는 간략하게 쓴다.

⑦ 시행 처리과명-연도별 일련번호(시행일), 접수 처리과명-연도별 일련번호(접수일): 처리과명(처리과가 없는 행정기관은 10자 이내의 행정기관명 약칭)을 기재하고, 시행일과 접수일란에는 연월일을 각각 마침표(.)를 찍어 숫자로 기재한다. 다만, 민원문서인 경우로서 필요한 경우에는 시행일과 접수일란에 시·분까지 기재한다.

⑧ 우) 도로명주소: 우편번호를 기재한 다음, 행정기관이 위치한 도로명 및 건물번호 등을 기재하고 괄호 안에 표시한다.

⑨ 홈페이지 주소: 행정기관의 홈페이지 주소를 기재한다.
　예: www.mois.go.kr

⑩ 전화번호(　　), 팩스번호(　　): 전화번호와 팩스번호를 각각 기재하되, (　　) 안에는 지역번호를 기재한다. 기관 내부문서의 경우는 구내 전화번호를 기재할 수 있다.

⑪ 공무원의 전자우편주소: 행정기관에서 공무원에게 부여한 전자우편주소를 기재한다.

⑫ 공개구분: 공개, 부분공개, 비공개로 구분하여 표시한다. 부분공개 또는 비공개인 경우에는 「공공기록물 관리에 관한 법률 시행규칙」 제18조에 따라 '부분공개(   )' 또는 '비공개(   )'로 표시하고, 「공공기관의 정보공개에 관한 법률」 제9조제1항 각 호의 번호 중 해당 번호를 적고, 괄호 안에 건물 명칭과 사무실이 위치한 층수와 호수를 기재한다.

예: 우 03171 서울특별시 종로구 세종대로 209 (세종로)

함께하는 공정사회! 더 큰 희망 대한민국!

행정안전부

수신   수신자 참조(문서관리업무담당과장)

(경유)

제목   「행정 효율과 협업 촉진에 관한 규정」 일부개정령안 입법예고 알림

「행정 효율과 협업 촉진에 관한 규정」 일부개정령안의 입법예고가 2017. 11. 6.자 관보, 행정안전부 홈페이지(www.mois.go.kr)를 통해 실시되고 있음을 알려드립니다.

붙임   「행정 효율과 협업 촉진에 관한 규정」 일부개정령안 1부. 끝.

행정안전부장관

수신자   서울특별시장, 부산광역시장, 대구광역시장, 인천광역시장, 광주광역시장, 대전광역시장, 울산광역시장, 경기도지사, 강원도지사, 충청북도지사, 충청남도지사,
....

		전결
행정사무관 김○○	정보공개정책과장	○○○○. ○○. ○○.
		장○○

협조자

시행   정보공개정책과−283(2017. 11. 6.)   접수

우 03171   서울특별시 종로구 세종대로 209 (세종로)   /http://www.mois.go.kr

전화번호 (02)1234-5678 팩스번호 (02)3456-7890 /abc1234@○○○.go.kr /대국민공개

[그림 5-3] 공문서(기안문) 양식

제6장

평생교육현장실습의 실행 전략

 개관

현장실습에서 실습생의 문제의식은 실행 전략에서 비로소 드러날 수 있다. 제6장에서 다루려는 실행전략은 '왜 이 프로그램이어야 했는가'에 대한 해답일 수 있다. 현장에서 기획자의 설계가 적용되고 평가된다고 볼 때, 그 실효성은 전략에서 산출된다. 프로그램 개발자가 기획자이자 PD라고 보면, 실행계획은 기획의 의도가 자세한 매뉴얼에 담긴다고 할 수 있다.

여기에서 다루려는 것은 프로그램 실행계획과 매뉴얼 제작, 프로그램 전략개발과 평가전략이다. 기획의 의도와 효과, 반응 등을 관점과 맥락에 따라 평가하고 실제적으로 매뉴얼을 작성하도록 과제를 제시하였다.

교육학이 문제가 되는 상황을 '재구성'하는 학문이라고 할 때, 모든 의사결정은 교육적 안목과 문제를 읽는 공익적 감식력에 달려 있다고 할 수 있다. 표준화와 특성화가 중점적으로 언급되지만, 중요한 것은 그 문제들을 어떻게 조직하고 설계하며 통합관리할 것인가가 관건이 될 것이다. 이장의 내용에 대해 실습생은 실습지도자와 어떻게 실행 전략을 수립하여 성공적인 프로그램 개발과 평가에 이르게 할 것인가를 논의하는 과정으로 활용할 수 있다.

 학습목표

1. 실습생은 실행전략을 구체화하는 매뉴얼을 개발할 수 있다.
2. 실습생과 실습지도자는 다양한 맥락과 관점에서 전략을 평가하고 보완할 수 있다.
3. 실습지도자는 실행전략에 관하여 평가체계를 제공하고 기준과 원칙을 수립할 수 있다.

 주요용어

실행전략, 매뉴얼 개발, 평가전략, 통합관리, 분석틀, 학습가치

1. 프로그램 실행계획 및 매뉴얼 제작

실행계획표는 작업계획표라 할 수 있다. 이 과정은 일일계획과 주간계획 그 자체를 뜻하는 것이 아니라 매뉴얼에 따라 실행을 성취해 가는 과정을 말한다.

1) 프로그램 실행계획

(1) 프로그램 실행계획표

실습과제

- 현행 평생학습 기관 홈페이지를 검색하여 프로그램의 유형별 실행계획표를 산출하라.
- 비교를 위해 타법에 의한 평생학습기관의 실행계획표를 산출하라.

(2) 비교 · 분석 결과

실습과제

- 비교 · 분석틀을 제시하고 그 결과를 발표하라.
- 발표문에 대해 토론하고 그 결과를 공유하라.
- 합의된 비교 · 분석 결과를 기반으로 프로그램 실행계획표를 작성하라.

(3) 실행계획표 평가

실습과제

- 실행계획표를 학습자의 수준과 조건에 따라 평가하라.
- 실행계획표의 평가를 위한 평가 준거를 개발하고 목록화하라.

(4) 표준화된 실행계획표 구성

실습과제

- 표준화된 실행계획표 적용 시 한계를 명시하라.
- 기능적인 표준화의 한계를 벗어날 수 있는 질적 향상의 방법을 안내하라.

2) 학습목표에 따른 실행 매뉴얼

(1) 평생교육 프로그램의 6대 영역별(주제별) 학습목표를 조사하라

실습과제

- 학습목표를 수집하고 나열하라.
- 학습목표 기술의 공통 특성을 분석하라.
- 학습목표 기술의 원리를 개발하라.

(2) 학습목표를 문제해결의 관점에서 접근하라

실습과제

- 학습자의 현재의 상태는 어떠한가?
- 학습자를 성장시킬 수 있는 수준별 프로그램을 조직하라.
- 이를 위해 학습자에게 어떤 질문을 던지고 관찰해야 하는가? 관찰 질문을 생성하라

(3) 학습자가 원하는 수준과, 학습자의 현재 수준(능력)의 차이를 발견하라

실습과제

- 학습자의 요구사항과 학습자의 수준의 차이를 파악할 수 있는 테스트용 평가지를 개발하라.
- 진단평가를 통해 학습자의 학습상황을 진단하고 향후 학습을 위한 로드맵을 구축하라.

(4) 학습자의 수준을 높일 수 있는 연간 지원 계획을 수립하라

실습과제

- 학습자의 학습 요건을 시간, 자원, 학습환경, 비용 등으로 분석하고 적절한 방안을 제시하라.
- 학습자의 학습을 관리하는 프로그램을 조직하고 정기적인 지원 계획을 수립하라.

3) 시간조직 및 인력 배치

(1) 시간조직 및 학습지원을 위해 학습자와 면담하라

실습과제

- 학습자는 시간을 어떻게 사용하고 있는가?
- 학습을 위해 학습자는 시간을 어떻게 사용해야 하는가?

(2) 학습자의 관심영역과 문제의식을 파악하라

실습과제

- 학습자의 관심영역은 어떤 경험을 통해 형성된 것인가를 파악하라.
- 학습자의 감정, 문제를 보는 관점, 학습자의 성취 욕구 등을 면담을 통해 파악하라.

(3) 학습자가 성취하려는 것에 대해 공감하고 교수방법을 모색하라

실습과제

- 학습자의 관심사와 성취하려는 목표에 대해 면담하고 구체적인 방법을 설계하라.
- 1차 설계도를 시범적으로 적용하고, 수정하는 과정에서 학습을 습관화하도록 하라.

(4) 학습의 사회공헌에 주목하여 학습자의 학습가치를 재구성하라

실습과제

- 학습을 위한 목적이 사회에 공헌할 수 있는 것이라는 점에 주목하여 어떤 방법으로 공헌을 할 수 있을지, 그 방법에 대해 구체적으로 설계하라.
- 멘토와 멘티의 역할을 규정하고 상호 협력적으로 학습지원을 위한 세세한 규칙을 제정하고 합의에 동의하도록 하라.

4) 프로그램 실행 자원 확보

(1) 프로그램 실행 자원을 목록화하라

실습과제

- 다음 각각의 항목에 대해 자원을 세분화하여 실행 프로그램을 만들라.

표 6-1   자원세분화 항목

인적 자원	물적 자원	시간 자원	공유 자원
개발자	개발비	개발시간	개발 모델 및 도구
기금 조성자	강사료 및 활동비	강의 시간	주제별 모델
강사 및 스태프	운영비 및 참가비	준비 및 종료 시간	관점 및 문제의식
자원봉사자	장소 및 재료	평가 및 면담 시간	법적 정책적 범주
참여자	매체 구매비 등	모든 참여자 관찰시간	검색 도구

(2) 프로그램 실행을 위한 검토 항목으로 세부 질문을 개발하라

실습과제

- 프로그램의 질적 완성도를 높이기 위한 검토 질문을 제시하라.

표 6-2 프로그램 실행을 위한 세부질문

기관의 성격과 목적	학습자 특성 검토	문제인식 및 해결안	목표와 평가 비교
기관의 교육적 의미	기관 내 학습자 대상	현실가능성	장·단기 목표
기관의 사회적 책임	기관 밖 학습자 대상	문제의 재구성	평가지표 개발
국제표준의 기준	취향 및 이슈 검토	해결해야 할 과제	수준 및 과정 개발
지속가능성 가치	사회적 소수자 등	인류 보편적 과제	교육의 생산성 개발

(3) 프로그램 평가를 위한 평가 질문을 개발하라.

평가는 목표를 달성했는가를 확인하는 지표다. 양적 평가는 프로그램의 수, 참여율, 비용 등 외적인 결과를 평가하는 것이라면, 질적 평가는 그 프로그램의 사회적 가치와 맥락적 의미, 참여자의 수준향상 등을 면밀하게 드러내려는 접근이다.

실습과제

- 양적 평가기준과 질적 평가기준을 위한 근거 안을 3가지 이상 마련하라.

표 6-3 양적·질적 평가질문지 양식

평가질문	질문 내용
양적 평가	
질적 평가	

(4) 비용에 대한 조치 방안을 마련하라

실습과제

- 예산운영지침을 마련하고 필요에 따라 수정한다.

표 6-4　예산집행지침서 양식

구분	남은 예산의 처리	부족한 예산의 처리
예산안 범위 내 집행	환급 처리	
집행 후의 추가비용		이월 처리
강사료 확정을 위한 조치		

2. 프로그램 특성화를 위한 전략개발

1) 프로그램 홍보

(1) 특성화 및 브랜드화, 프로그램 분류 및 유의가 창출

프로그램 홍보가 가장 어려운 점이라고 흔히 말한다. 홍보의 요건은, 첫째, 요구분석에서 나온 학습자의 요구를 면밀하게 분석해야 한다는 것과 둘째, 그들이 관심을 기울일 만한 내용으로 홍보전략을 수립해야 한다는 것이 있다.

(2) 프로그램 개발 시 특성화 및 브랜드화 방안 설계

프로그램 특성화 설계기준에는 목적과 글의 형태가 일치하도록 한다.

표 6-5　콘텐츠 유형별 구분의 예

유형 구분	목적 및 방법	글의 형태
광고성	팔려는 상품의 필요성을 정확히 인지시키는 정보를 전달함.	"우리 건 다른 거랑 이렇게 달라."
정보성	콘텐츠 소비자에게 유용한 정보를 상세하게 제공함.	"우리는 이런 전문 지식이 있어."
이슈성	정보성 내용이지만 소비자에게 질문을 던짐으로써 덧글을 유도함.	"최근 유행하는 제품이야."
일상성	정보성 내용이지만 친절하게 설명해 주는 문체로 작성함.	"이건 이렇게 이건 저렇게."

(3) 프로그램 분류 및 유의가 창출 방안 설계

현대 사회를 살아가는 성인 여성 혹은 성인 남성들의 연령대별 요구사항을 분류한다.

표 6-6 성인 남성의 노후 대비를 위한 프로그램 주제 및 항목 수집의 예

프로그램 명	운영주체 / 부처	내용 및 설계안	성과 평가

2) 프로그램 특성화 전략을 위한 분석

(1) 프로그램의 특성화 전략을 분석하기 위해 분석틀을 개발하시오

① 강의형태인 경우: 프로그램 개발자의 시각에서

프로그램 개발은 아래 육하원칙에 따라 설계할 수 있다. 육하원칙은 방법을 구체화하는 접근이다. 육하원칙을 수용한다고 해서 문제해결을 할 수 있다고 오해해서는 안 된다. 프로그램 개발은 여러 관계와 맥락 등 공익적인 가이드라인을 준수하는 데서 출발해야 한다. 여기서는 육하원칙을 통해 문제를 명료화하는 과정을 설명하고자 한다. 흔히 평생교육 프로그램 개발에서 놓치는 부분은 '왜 해야 하는가'에 대한 목적의식이다. 어떤 목적으로 프로그램을 개발할 것인지를 명확히 할 필요가 있다는 것이다. 중요한 것은 사회적 의미와 공적가치를 위해 개발의 초점을 맞추어야 한다. 이를 위해서는 프로그램에 대한 전반적인 흐름에 대한 평가와 문제를 발견하는 등의 사회전반에 대한 시대적 인식이 개발자에게 있어야 한다. 예를 들어 보자. 강의형식의 프로그램을 개발한다고 했을 때 고려해야 할 사항은 다음과 같다.

첫째, 시기에 대한 결정이다. 언제(When)부터 언제까지 다룰 것인가, 그 시기를

한정해야 한다. 먼저 해당 지역의 과거와 현재의 역사적·문화적·사회적 맥락을 파악해야 한다. 어떤 결정이 어떤 결과를 낳았는지를 검토해야 한다. 그 문제에서 갈등이 남아 있다면 그 갈등이 무엇인지를 명확히 인식해야 한다. 만약 그 갈등을 잘못 인식했을 경우 갈등을 더 부추길 수 있기에 개발자는 이런 가능성에 유념해야 한다.

둘째, 문제의 원인을 찾는 데 집중해야 한다. 어디서(Where) 문제가 발생했는지 그 진원지를 탐색해야 한다. 문제가 어떻게 연결되어 있는지 그 전체적인 고리를 파악해야 한다. 문제를 해결하기 위해서는 문제의 당사자들과 접촉할 수 있어야 한다. 개발자는 관련된 관계자들의 입장을 명확히 식별해야 한다. 각자의 주장에서 무엇이 대립하는지를 파악하고 있어야만 문제해결의 단초를 찾을 수 있다.

셋째, 무엇을 문제로 삼아야 할지 분명하게 결정해야 한다. 이 단계에서는 본질이 무엇인가(What)를 파악하고 문제를 도출해야 한다. 다시 말해 목표를 수립해야 하는데, 무엇을 어떻게 해결할 것인가를 확정짓는 것이다. 목표는 관련 문제를 진단하고 그 문제를 어떻게 접근하여 어떻게 해결할 것인가를 선명하게 한 문장으로 정의하는 것이다.

넷째, 문제를 해결하기 위한 가장 적합한 방법을 모색해야 한다. 어떤(How) 정책과 자원이 현재의 문제해결을 할 수 있을지 검토해야 한다. 타당성과 법적토대 등을 확인하는 것은 물론이고 고유한 특성을 발굴하여 자원과 결합할 수 있어야 한다.

다섯째, 앞서 강조한 바와 같이 프로그램 개발의 의미와 가치를 놓쳐서는 안 된다. 왜(Why)에 대한 공감적 인식은 중요하다. 개발자가 공익성을 담보하기 위한 제1원칙이 '왜'에 담겨 있다고 볼 수 있다. 개발자가 간과해서는 안 될 것은 왜 하는가에 대한 답변이다. 개발자 자신이 생각하는 의미와 가치를 개발팀에서 말할 수 있어야 한다. 교육 프로그램 개발은 개발자의 의도와 무관하지 않기 때문에 이는 더욱 중요하다.

여섯째, 개발자는 누구를 이 프로그램의 이용자로 삼을 것인가에 대해 분명히 해야 한다. 누구(Who)의 시각에서 프로그램 개발을 할 것인지 주 대상에 대해 분석을 해야 한다. 개발자의 시각에서의 분석은 프로그램의 총체적인 관계와 네트워크를 볼 수 있어야 하고, 이용자의 관점에서는 해당 프로그램이 어떤 이익과 어떤 성장을 가능하게 하는가에 초점을 두어야 한다.

표 6-7 강의식 프로그램 개발

When	Where	What	How	Why	Who
과거	주최	목표 설계	정책 실현	사회적 의미	개발자
현재	사업주	관련 문제	특성화	공적 가치	이용자

② 토론과 협의인 경우: 프로그램 참여자의 시각에서

프로그램 집행과정을 보면, 평가방법은 대부분 설문지를 배포하고 만족도 조사로 마무리 된다. 프로그램 참여자의 시각에서 토론과 협의 프로그램을 설계할 경우, 참여자에 대한 입장 분석이 선행되어야 한다. 그 참여자들이 어떤 경험과 주장을 하고 있는지를 파악하는 것은 프로그램의 질과 공공성을 높이기 위해서는 매우 중요한 절차다. 토론 주제 선정을 위해 참여자들의 사회적 위치, 문화적 토양, 개인적 취향 등의 정보를 수집하는 것은 기본이다. 공익성을 위한 토론회의 설계가 목표가 되어야 한다고 볼 때, 토론자와 참여자 간 어떤 주제를 어떤 수준에서 다룰 것인가를 기획자는 설계할 수 있어야 한다. 여기서 가장 중요한 것은 서로 주장이 대립할 때 조율하는 방법이다. 이른 바 쟁점이 될 수 있는데 그 쟁점이 어떤 성격의 것인가가 중요하다. 흔히 우리 문화에서는 갈등을 회피하는 경향이 있다. 이를 테면 어떤 사안에 대해 대립하는 이해관계자를 배제하는 측면이 있다. 이해관계자를 손익의 구조로 접근하게 되면 그것은 해결하기 어렵다. 무엇보다 중요한 것은 공익을 위해 어떤 선택이 더 바람직한가를 중심에 놓고 토론과 협의가 진행되어야 한다.

프로그램을 설계하는 평생교육사는 어떤 문제의식을 가지고 접근해야 할까. 중요한 것은 다른 사람들과의 소통에 어떻게 개입할 것인가의 태도가 중요하다. 이를 위해서는 관련된 주제에 대해서 어떤 상반된 주장이 대립하는지를 파악하고 그 문제에서 손익의 구조를 전체적으로 인지하고 있어야 한다. 어떤 정책과 제도가 이런 결과를 양산했는지를 우선적으로 검토할 필요가 있다. 따라서 평생교육사는 토론회를 왜 개최하는지 설계자로서의 공익적인 견해를 분명하게 수립하고 있어야 한다. 토론회를 설계함에 있어 공적 책임의 자세를 가져야 한다는 말이다. 또한 그 문제의식에서 어떤 문제가 잘못되었는가, 또 우리사회가 어떤 문제를 간과하고 있는가에 대한 면밀한 분석력을 확보하고 있어야 한다. 결과적으로 개발자는 공동체의 가치수준과 이해관계자에 대한 식별이 설계 이전에 수행해야 할 과제라는 것이다. 이를 토대로 토론자에 대한 사회적 위치, 참여자에 대한 사회적 요구, 이들이 어떤 문화적 토대 위에서 어떤 주장을 하고 있는가를 조사해야 한다. 그 다음에 각 단체의 성격과 주장하는 내용 등을 공적 타당성 위에서 검토해야 한다. 여기서 유의할 것은 각자가 사익을 강화하는 쪽으로 토론과 협의를 해서는 안 된다는 것이다. 강한 다수가 약한 소수를 지배하는 구조는 바람직하지 않다는 것이다.

　설계자가 어떤 목표를 정해 놓고 유도해 가는 방식으로 접근해서는 안 된다는 것이다. 따라서 평생교육사는 사회현상과 이슈에 대해서 교육적으로 해석할 수 있어야 하고, 교육적 문제의식을 통해 공동체적 가치를 어떻게 논의주제로 다룰 수 있을 것인지 적절한 접근 방법을 개발할 수 있어야 한다. 개발자는 공동체적 가치를 단 하나의 일체화된 입장을 가지는 것으로 이해해서는 곤란하다. 평생교육사는 문제를 해결하는 사람이라는 인식이 우선되어야 한다. 즉, 어떤 문제에 대해 이해관계가 각기 다르다는 것을 전제로 공동체적 가치를 만들어나가는 데 초점을 맞추어야 한다. 이해관계자의 요구를 충분히 이해하고 그 입장을 인정해야만 공동체적 가치에 참여할 수 있는 토론이 가능해야 한다는 것이다. 평생교육사는 토론과 협의도 학습의 한 과정이라는 점을 명심하고 그 학습에 사회구성원들이 적극적으로 참여하도록 하고 그 결과를 만들어가는 기회를 제공하는 사람이다. 즉, 토론회 등을 통해 공익적인 판단 및 의사결정을 할 수 있도록 지지대를 만드는 전문가라는 인식이 필요하다. 〈표 6-8〉은 토론식 프로그램 개발 시 고려해야 할 기본항목들이다. 주

표 6-8 토론식 프로그램 개발

When	Where	What	How	Why	Who
사회적 위치	문화적 토양	각자의 특성	문제의식	공동체 가치	이해관계자

제와 관련된 참여자들을 선정할 때 유용한 도구다.

(2) 프로그램 개발 과정에서 봉착하게 될 예상되는 문제들의 세부항목을 개발하
   시오.

① 일반화의 오류 검토

평생교육사가 프로그램 개발 시 겪는 어려움은 무엇일까. 프로그램의 목표가 명확히 설정되어 있다 하더라도 이 프로그램이 잘 만들어졌는지 평가하기 어렵다는 것이다. 이는 프로그램 목표가 양적 기준은 될 수 있을지 모르나 질적 기준을 달성하는 목표가 되기 어렵기 때문이다. 개발자는 프로그램의 속성, 즉 개별 프로그램이 어떤 지향 점을 가지고 있는지 검토해야 한다. 이것은 개발자의 반성적 사고와 개발자가 속한 집단의 요구에 대한 비판적 사고가 필요하다는 주장이다. 예상되는 문제 항목들은 다음과 같다. 즉, 일반화의 오류만이 아니라 성과와 불합치 되는 경우, 정책적인 요구를 수용할 수밖에 없는 경우 등을 들 수 있다. 이런 경우에 평생교육사는 대처방안을 마련해 둘 필요가 있다.

예를 들어 보자. 일반화의 오류를 검토하는 방법은 사례에 대한 면밀한 분석이다. 개발자는 그 사례가 어떤 현상과 특성을 가지는지를 보아야 한다. 평생교육사는 하나의 사례가 설명하는 내용에 대해서 교육적 감식안을 확보하고 있어야 한다. 일반화의 오류를 방지하기 위한 대처방안은, 첫째, 해당 사례가 다른 사례를 설명하는 데 타당한가를 견주어 볼 수 있어야 한다. 둘째, 상반된 주장이 해당 사례를 설명할 수 있는가를 대비해 볼 수 있어야 한다. 셋째, 사실과 현상이 보이는 객관타

당성 등 왜곡현상이 없는가를 파악할 수 있어야 한다.

② 공익적 성과 검토

성과와 불합치되는 경우를 검토하는 방법은 공익적 책임 이행에 대한 평가다. 개발자는 해당 프로그램이 어떤 문제를 해결하기 위한 것인지를 검토해야 한다. 이를 위해서는 그 문제가 어떻게 공익을 훼손하고 있는지를 파악해야 한다. 그 문제를 진단하고 그렇게 된 경위가 무엇인지를 인지하고 있어야 한다. 즉, 성과평가는 공익적으로 문제를 해결하기 위한 성과여야 한다는 것이다. 흔히 개발자 개인의 성과를 위해 프로그램이 개발되는 경우도 있다. 개발자가 승진을 앞두고 있다면 공익보다는 조직 내에서 인사권을 가진 자가 필요로 하는 성과로 프로그램을 평가할 개연성이 있다. 다시 말해, 사사화(私事化)의 문제를 간과해서는 안 된다는 말이다. 이를 방지하기 위해서는, 첫째, 성과평가 도구가 정확해야 한다. 어떤 문제를 해결할 것인지 그 성과평가의 접근 방법이 명확하고 자세해야 한다. 둘째, 공익적 설계와 사익적 설계를 구분할 수 있는 기준, 즉 판별 도구가 있어야 한다. 셋째, 현실적으로 영향력을 미치고 있는 세력이 어떤 위치에서 어떤 주장을 하는지를 파악하고 있어야 한다. 그 세력화의 정도를 인지하고 의사결정과 성과에 미칠 결과를 예상하는 조사도구가 있어야 한다.

③ 정책적 실행가치 검토

정책적 요구를 검토하는 방법은 집단적 이기주의를 배제하기 위한 대처다. 우리 사회는 집단 내 부정한 행위에 대한 내부견제가 부실하다. 이러한 현실에서 개발자가 의사결정권자의 정책적 요구를 무조건적으로 수용하게 되면 균형 잡힌 프로그램 개발이 어렵게 된다. 개발자가 검토해야 할 사항은 정책적 요구와 공익성 간 합치되는 지점이 있는지를 파악하는 것이다. 이를 위해서는, 첫째, 의사결정의 절차, 즉 회의과정에서 논의된 문제들을 검토해야 한다. 개발자가 정책적 요구에 왜 동의할 수 있는지, 왜 동의할 수 없는지 등을 구별하는 공익적 동의요소를 간추릴 수 있어야 한다. 둘째, 의사결정권자의 정책적 요구에 대한 절차적 타당성과 공익가치를 조사해야 한다. 흔히 선출직 공직자인 경우 무리한 성과를 내기 위해 정책을 공약으로 제시하는 경우가 있다. 이를 방지하기 위한 검토가 반드시 필요하다. 셋째, 각종 위원회의 전문가의 견해를 수렴하는 등 관련 정책에 관한 전문가의 식견을 충분히 반영하여 실행여부에 대한 판단근거를 마련해야 한다. 이는 평생교육사의 프로그램개발이 기능적으로 흐르지 않을 전문성 확보의 방안이 될 수 있다.

표 6-9 프로그램 개발 시 검토항목

예상문제 항목	대처방안 1	대처방안 2	대처방안 3
일반화의 오류			
성과와 불합치			
정책적 요구			

3) 프로그램 자산화를 위한 전략 개발

(1) 프로그램 자산화를 위한 필요 문서 목록화하기

지식정보화사회에서 기록은 자산으로 구분된다. 현대사회에서는 기록물에 대한 관리가 무엇보다 중요한 시기다. 교육 자원인 프로그램 개발에 관한 필요문서 목록화 작업은 지식산업의 기반이 되는 기록물이다. 흔히 문화유산이 중요한 것은 한 국가의 정체성을 대변하기 때문일 것이다. 마찬가지로 평생교육 프로그램 개발에 관한 문서 목록화 작업은 일종의 '교육문화' 유산으로서의 위상을 가질 수밖에 없다. 아카이빙 작업이 필수적인데 그동안 평생교육계는 그 점을 소홀히 한 측면이 있다. 프로그램 자산화 과정에서 필요한 목록화는 다음과 같은 유형으로 설계할 수 있다. 이 목록화 과정은 일종의 문서 보관 및 아카이브(archive)라고 할 수 있다.

예를 들어, 이것은 소위 매뉴얼을 통해 표준화하는 작업인 것이다. 이를 위해서는 먼저 예시한 바와 같이 프로그램 형태가 구분되어야 한다. 이를테면 지역공동체 유형인지 정책적 지원유형인지를 설계자가 기준을 수립해야 한다. 좀 더 자세히 살펴보면, 기준 수립 시 지역공동체 유형은 목표를 그 중심에 놓는 것이고 정책적 지원유형은 그 집행방안을 말하는 것이다. 각 기준이 다르기 때문에 어떤 기준으로 프로그램 형태를 구분할 것인지를 설계자가 매뉴얼에 제시해 둘 필요가 있다.

(2) 자산화 의사결정 과정에서 고려되어야 할 사항

프로그램 개발자가 무엇을 자산화 할 것인가를 혼자 결정하기 보다는 조직 내 여러 부처의 의견을 수렴하는 의사결정절차를 수립해야 한다. 이를 위한 원칙은 다음과 같다.

첫째, 어떤 가치를 자산화 할 것인가를 결정해야 한다. 희소성의 가치인가, 문제해결의 창발성인가, 전환된 관점의 가치인가 등 자산화 할 가치근거를 제시할 수 있어야 한다.

둘째, 선발된 그 프로그램의 자산화의 기한을 어느 시기까지 할 것인가를 정해야 한다. 이것은 공익성과 비밀 준수, 저작권 등 공적·법률적 한계 내에서 결정해야 할 것이다.

셋째, 자산화 증명서는 공적 환원의 의미인 것인데, 지식산업에서 지식생산은 과거 지식생산의 토대위에서 가능할 것이다. 공익성과 공적 가치 측면에서 얼마만큼 공유하고 공개할 것인가의 문제. 이를테면 국립중앙박물관 등 박물관의 유형자산들은 〈e-뮤지엄〉 프로그램으로 무료 사용토록 공개하고 있다. 유료화보다 더 많은 공적 가치를 나누는 의미로 필요 사진들을 저작권 표기만으로 제공하고 있다. 이러한 것들이 자산화 증명서의 한 예가 될 수 있을 것이다.

프로그램 자산화는 지식축적의 맥락과 경위를 파악하는 중요한 기반이 된다. 이를 목록화 하는 작업은 프로그램 개발의 중요한 기초 자원의 효과를 볼 수 있다. 프로그램 자산화를 위한 설계는 생산된 지식을 공유하고 재구성할 수 있게 한다. 이 프로세스를 거치게 되면 흩어져 있는 지식들을 유목화하고 필요시 다양한 조합도 가능해진다.

표 6-10	프로그램 자산화 설계		
프로그램 형태	자산화를 위한 문서	자산화를 위한 기한	자산화 증명서
지역 공동체 유형			
정책적 지원 유형			

3. 프로그램 평가를 위한 조사전략

1) 프로그램 모니터링

(1) 프로그램 모니터링 평가 방안 설계: CIPP 모형을 중심으로(Stufflebean)

CIPP 모형은 프로그램의 진행순서에 따라 평가하는 방안이다.

---

1. **상황평가**(context evaluation)
- 프로그램이 작동할 상황을 규정하고, 그 상황의 요구와 기회를 사정하고 확인하며, 그 요구와 잠재하는 문제점을 진단하기 위한 목적으로 실시된다.
- 평가형태는 상황, 목표, 목적, 계획수립 및 여건 조성을 위한 의사결정이다.

2. **투입평가**(input evaluation)
- 프로그램 담당자의 능력, 목표 달성을 위한 전략, 전략의 실행계획을 확인하고 사정하기 위한 목적으로 실시된다.
- 프로그램 목표를 달성하기 위한 역할, 자원책, 해결 전략, 절차의 선정 등 구조화와 실천가능성을 평가한다.

3. **과정평가**(process evaluation)
- 프로그램 실시계획과 실행과정의 문제를 탐색, 예상, 결정을 위한 정보제공을 위해서다. 실시과정 자체기록을 위한 평가다.
- 실행계획을 구체화하고 개선하기 위한 평가로, 성과를 해석하기 위한 정보와 의사결정을 위한 평가다.

4. 산출평가(product evaluation)
- 프로그램의 종료, 진행 중 성취한 결과를 측정하기 위한 목적으로 시행한다.
- 프로그램의 존속, 폐지, 수정 또는 재강조를 결정하고 변화를 위해서다.

각 평가는 어떤 요소들로 구성되어야 하며, 조사하고 관찰할 항목이 무엇인지 알아본다.

(2) 평가관찰 항목 조사 설계

① 상황평가
상황평가는 문제를 개선하기 위한 목적으로 접근한다. 이것은 문제를 진단할 기회를 수립하는 의사결정의 기초자료 수집이 강조된다.

상황평가에는 어떤 상황인지를 파악하기 위한 관찰항목을 제시하는 방식이다. 관찰항목은 예를 들어, 어떤 관점과 어떤 맥락에서 그 문제를 관찰해야 하는가부터 결정해야 한다. 그렇다면 현재 그 상황은 어떤 관점과 맥락에서 평가해 왔는가를 파악해야 한다. 따라서 관찰항목은 두 가지로 접근가능하다. 그것은 문제를 바라보는 시각인 A-B의 비교 관점이 될 수 있고, 맥락적 접근에서는 과거의 경위와 현재의 상황과 흐름을 파악하는 데 유용하다. 이를 통해 전체적인 상황을 5점 척도 등 점수로 구분할 수 있고 한 문장으로도 그 상황을 정리할 수 있다. 문제는 무엇을 관찰할 것인가를 결정하는 데 보다 중점을 두어야 한다.

〈표 6-11〉은 상황조사의 여러 측면을 빠트리지 않고 수행할 수 있는 도구다.

표 6-11 상황평가를 위한 관찰 항목 조사표

구분	관찰 항목 개발	척도
상황		
목적		
목표		
계획수립		
문제점 진단		

(3) 참여자의 팀워크를 조직하는 설계

① 투입평가

투입평가는 앞서 상황평가 결과를 반영한 결과인 것이다. 이 과정에서 개발자는 실천가능한 구조를 생성하고 평가도구를 제시해야 한다. 개발자는 전체 흐름을 이해하고 실행전략을 수립해야 한다. 이는 누가 어떻게 전략을 이행하고 문제를 해결할 것인가를 계획하고 실행하는 단계다.

투입평가에서는 평가를 위한 질문항목 개발이 주요 평가도구가 된다. 개발자가 담당자와 강사에게 어떤 질문을 던져야만 프로그램의 목표를 달성할 수 있는지를 알아야 한다. 담당자의 역할과 강사의 역할, 진행 스태프의 역할이 분명해야만 질문항목을 적합하게 개발할 수 있을 것이다.

프로그램 진행 절차에 대해서도 질문 항목 개발은 적용되어야 한다. 진행절차에 대해 인지가 되지 않으면 오류가 발생할 수 있다. 이것은 매뉴얼 등으로 숙지시킬 필요가 있고 전체에 대해서 이해하고 참여할 수 있어야 한다. 조화롭게 참여하고 제 역할을 다하기 위한 이해과정으로 사전 워크숍 등도 제공되는 것이 효과적일 수 있다. 각각의 질문을 통해 각자의 참여자들이 제 역할을 잘 할 수 있도록 해야 하고, 흐름과 매뉴얼을 숙지할 수 있도록 해야 한다. 이는 개발자와 역할자, 조정자와 의사결정자 간 합의과정이 포함되어야 한다. 문제점 진단은 개발자가 질문항목을

표 6-12　투입평가를 위한 질문 항목 조사표

구분	질문 항목 개발	척도
담당자		
강사		
진행 스태프		
절차		
실행구조		
문제점 진단		

개발하기보다는 역할자 모두가 스스로 질문항목을 제시하고 그에 맞는 평가기준과 문제점을 진단할 수 있도록 설계하는 것이 바람직하다. 〈표 6-12〉는 팀워크 구축과 각 역할자들의 진정어린 참여를 독려하는 도구로 기능할 수 있다.

(4) 실행 매뉴얼을 통한 관리

① 과정평가

과정평가는 투입평가와는 다른 접근이다. 투입평가가 실제 실행자(설계)에 대해 초점을 두었다면 과정평가는 이용자(참여)의 시각에서 평가하는 방안이다. 이 평가는 실행매뉴얼의 관점에서 보면 적정성과 효과성에 초점을 둔 것이라 할 수 있다. 상황의 변화에 어떻게 대처했는가와 같은 실행의 효과, 순간적 상황에 대한 의사결정 등 예상가능한 문제에 대처하는 역량을 점검하는 평가라 할 수 있다.

흔히 프로그램 평가는 과정평가에서 목격하게 되는데, 프로그램의 개요를 보면 이러한 구성으로 제시된다. 시간사용과 학습목표 달성 여부, 진행자의 상황에 대한 인지와 전략 등은 프로그램을 기획하고 제시하는 제공자의 입장에서의 평가항목이다. 예를 들어, 시간사용에 대한 목표항목 개발은 시간을 적절하게 배분하고 사용했는지를 질문할 수 있다. 우선순위를 무엇으로 할 것이며 어떻게 진행할 것인가를 판단할 기준을 목표항목으로 제시하는 것이 바람직하다.

학습자의 변화는 과정평가의 핵심이 되어야 하는데, 학습자가 어떤 내용으로 인해 어떤 반응을 하는지를 파악하는 것이 무엇보다 중요하다. 일종의 학습효과를 측정하기 위한 학습자의 변화를 체크하는 목표항목 개발이 필요하다. 전후과정을 통해 학습의 결과와 학습자의 생각이 어떻게 바뀌었는지, 태도는 어떻게 달라졌는지, 무엇을 알게 되었고 그래서 앞으로는 어떻게 사고를 할 것인지를 평가할 수 있어야 한다. 성과달성을 위한 목표는 무엇인지를 명시하고, 이를 달성했는지 달성하지 못했는지를 무엇으로 판단할 것인지 그 근거를 목표에 명시할 수 있어야 한다. 이를테면 '이런 성과를 냈을 경우 목표달성으로 본다, 이런 성과를 내지 못했을 경우, 목표달성이 미비한 것으로 본다'와 같은 평가기준이 적실하게 문장으로 기술될 수 있어야 한다. 과정평가에서 특히 유념해야 할 것은 우리 사회에서는 전반적으로 많은 사람들이 참여하면 성과가 있다고 판단하는 경우를 종종 보게 된다. 이런 문제들을 극복하고 질적인 과정평가를 위해서 과정평가에 대한 목표를 설정하고 그 질문을 통해 각 진행과정에 대한 평가도구가 개발될 필요가 있다.

표 6-13 과정평가를 위한 목표 항목 조사표

구분	목표 항목 개발	척도
시간 사용		
학습목표 달성		
진행자의 전략		
학습자의 변화		
성과 달성		
문제 진단		

(5) 목표 달성을 확인하는 평가

① 산출평가

산출평가는 투입평가의 결과라 할 수 있다. 프로그램 개발은 공산품과 같은 물질이 아니므로 다르게 접근해야 한다. 이는 결과적으로 교육이 사회에 어떤 영향력을 미치고 더 나은 세계를 만들기 위해 노력했는가와 같은 거시적인 안목과 미시적인 접근을 통해 어떤 변화를 만들어냈는지를 평가할 수 있어야 한다. 다시 말해, 어떤 문제를 해결했는가에 초점을 맞출 필요가 있다. 평가자는 어떤 자원을 어떻게 배분하여 어떤 역량을 확보해 냈는가와 같은 공동체적 역량을 평가하는 것이 우선이다.

평가항목 개발은 예를 들어, 학습목표 달성 여부를 파악하기 위해 어떤 질문으로 학습결과를 진단할 것인가를 고려해야 한다. 평가자는 학습내용이 학습자의 학습목표 달성에 적합했는가를 평가해야 하는데 이를 위해서는 학습자의 수준과 학습자의 요구를 이미 파악하고 있어야 할 것이다. 학습자의 수준을 객관적인 지표로 평가할 수 있을 것이다. 이를테면 비문해자가 '국가'라는 글자를 익히기 위해 '나라'를 비교/설명할 수 있을 것이다. 연관지어 국가와 나라라는 단어를 설명하지만 국가의 개념에 대해서도 설명하게 되고, 국가를 형성하는 삼권분립체계와 주권자 국민의 권한과 책임 등을 결합하여 국가를 이해할 수 있도록 지도하는 등 기

표 6-14 산출평가를 위한 평가 항목 조사표

구분	평가항목 개발	척도
학습목표 달성 여부		
학습결과 진단		
학습내용의 적절성		
성취결과 판단		
학습자의 평가		
문제 진단		

능적인 접근을 넘어서서 내용적이고 실제적인 시민성 향상을 위한 교육적 노력이 필요하다고 본다. '국가'라는 단어를 가르칠 때, 필요한 중요 평가항목은 결국 '시민성'이 될 수 있다. 〈표 6–14〉 조사표를 활용하면 평가 시 도움을 받을 수 있을 것이다.

위의 네 단계의 모든 평가에는 문제를 진단하는 항목이 배치되어 있다. 이것은 개발자가 설계한 내용과 실제 적용한 결과를 비교·검토한 뒤 문제를 파악할 수 있어야 한다는 의미다. 문제를 진단하려는 자세를 가지고 검토하게 되면 무엇을 얻을 수 있을까. 교육적 설계인 프로그램 개발에 대한 진단능력을 확보하는 것이 중요하다. 설계자는 기준에 적합하였는지를 평가하고 차별화하는 안목을 갖추도록 추동하는 노력을 게을리 해서는 안 된다. 다시 말해 프로그램 개발은 끊임없이 차이를 만들기 위해 '보는 눈'을 다듬어가야 한다. 이를 위한 방법은 수준이 높은 것과 낮은 것의 차이를 구별하는 것만이 아니라 그것이 어떻게 다른가를 선별할 수 있어야 한다. A와 B가 같은 업무를 수행함에 있어 왜 다른 결과를 어떻게 만들어내고 있는가에 주목해 보아야 한다. 설계자는 A와 B의 차이가 무엇에 의해 발생되는지를 추적하여 그 과정에 대해 다르게 작동되는 직무수행자의 접근방법, 인식의 차이와 의사결정 및 판단의 과정을 볼 수 있어야 한다. 이러한 차이를 통해 낮은 수준을 높은 수준으로 끌어 올리는 프로그램을 개발할 수 있고 전체 역량을 높이는 설계를 할 수 있게 된다. 문제 진단 항목은 차별화 전략일 뿐 아니라 각자의 직무 수행을 위한 매뉴얼을 평가하고 수정하는 작업의 일환일 수 있다.

2) 프로그램 관리 스크립터 작성

프로그램 관리를 위해서는 일정한 기준과 원칙에 따라야 한다. 관련법으로는 「비영리민간단체 지원법」 및 「보조금 관리에 관한 법률」 「지방재정법」 등과 각 지방자치단체의 「교육진흥을 위한 지방보조금 지원 조례」 등이 있다. 이들 법과 조례 등에 따라 국가보조금 및 지방자치단체의 보조금 예산편성 기준과 원칙을 지켜 프로

표 6-15 프로그램 관리 체계표

관리 체계	1단계 조치	2단계 조치	3단계 조치	4단계 조치
시간관리				
내용관리				
정보관리				
학습자관리				
예산관리				
수준관리				
평가관리				
강사관리				

그램을 기획·운영할 필요가 있다. 〈표 6-15〉 프로그램 관리 체계표는 여덟 가지의 관리 항목을 4단계 조치로 관리하도록 하였다. 이때 유의할 것은 어떤 기준과 원칙으로 질을 높일 것인가를 먼저 세워야 한다. 자칫 통제나 지시가 남용되지 않도록 유의해야 한다. 팀별로 시간단위·성취목표를 세분화하여 관리하면 효과를 얻을 수 있을 것이다.

3) 관점별 모니터링 관찰 요소 도출

모니터링은 관찰의 일종이다. 일반적인 모니터링은 기관의 관점에서 시행되어 왔다. 다양한 측면에서 모니터링이 될 때 프로그램 개발의 목적과 성과를 얻을 수 있다. 그동안 기관의 관점만으로 모니터링이 되었다면, 이제는 개발자와 교수자, 학습자의 관점 등 다양한 이해관계의 맥락에서 모니터링이 될 때 문제를 더 잘 파악하고 개선할 수 있고 그 효과를 측정할 수 있다. 모니터링은 교수자의 목소리와 학습자들과의 상호작용 등 구체적인 행위에 초점이 맞추어져 왔다. 이것은 모니터링의 목적을 교수자에 한정한 것으로 기능적인 접근이다. 실습생이 배워야 할 모니터링은 좁게는 기관이해 및 프로그램 개발과 실행 역량이고, 넓게는 공적인 문제해결을 위한 관점과 접근을 다듬기 위함이다. 이것은 학습공동체의 요소들을 모니터링하는 것이고 공적책임 이행 및 사회적 가치기준을 평가하는 것이 된다.

이를테면 개발자 관점으로 학습공동체적 접근을 했을 경우, 모니터링의 요소는 '개발된 프로그램이 학습공동체를 어떻게 형성할 수 있겠는가' '개발자는 사회적 의미와 가치를 프로그램에 어떻게 담아내고 있는가' '개발자의 목표와 교수자의 목표, 학습자의 목표가 다를 것이기 때문에 이들 각자가 어떤 목표 달성을 위해 노력하는가'를 관찰해야 한다. 모니터링의 결과 좁은 의미에서는 단위 목표 달성 여부를 확인해야 하지만, 넓은 의미에서는 공적 책임을 이행했는가를 검토해야 한다. 〈표 6-16〉은 다양한 관점으로 모니터링하는 양식이다.

표 6-16 관점별 모니터링 관찰 요소 양식

관찰 분야	개발자 관점	교수자 관점	학습자 관점
학습공동체적 접근			
사회적 의미와 가치			
목표 달성 여부			
공적 책임 이행			

4) 사업계획서 작성의 기준과 원칙

사업계획서는 한마디로 생각을 정리한 문서다. 계획서에는 왜(문제의식과 목적)와 어떻게(원칙과 기준), 무엇(의미와 가치)이 담겨야 한다.

- 문제(Problem): 문제를 명확하게 정의한다. 필요성과 취지 등을 객관적 자료로 설명한다.
- 해결책(Solution & program): 정량적·정성적 지표로 해결과제를 설명하고 근

거를 든다.

- 전략(Product roadmap): 시장성과 현실성 있는 예산을 수립하고, 자타의 사례를 든다.
- 가치(Value): 공적 책임 이행 및 성과 등 가치와 의미를 제시한다.

다음은 사업계획서의 예시다.

- 추진배경: 해결하고자 하는 사회문제를 설명
- 사업모델: 어떻게 그 문제를 해결할 수 있는지 방법 안내
- 사회적 가치: 사업제안이 가져올 기대효과 및 사회적 의미
- 사업추진계획 및 일정
- 사업추진 목표
- 조직 구성 및 역할분담
- 예산책정
- 평가계획 및 정산보고서
- 개인정보 활용 동의서
- 참고자료

사업계획서의 성격은 설득과 제안이다. 현재의 불편한 문제를 해결하고자 하는 것이다. 다음은 각종 공익지원재단의 자원을 활용할 전략을 정리한 내용이다.

첫째, 지원재단에 좋은 인상을 주고 파트너십을 위해 정기적인 유대를 갖는다.

둘째, 지원재단의 공모시기 및 담당자 연락처 등 정보를 수집·관리한다.

셋째, 사업신청서에 적합한 사업계획 및 예산편성을 위해 트렌드 등을 파악한다.

제4부

평생교육현장실습의
성과평가

제7장

평생교육현장실습의 종결 단계

 개관

실습교육을 종결하는 단계에서 실습생은 실습 개시 전에 세운 실습 목표를 얼마나 성취했는지 살펴보아야 한다. 실습생이 정리해야 할 것은 실습과정에서 배운 내용과 프로그램 개발의 혁신을 간추릴 수 있어야 한다. 종료 단계에서는 실습기관의 실습지도자와의 교수-학습 관계를 끝맺어야 하는데, 객관적인 평가와 개별적인 면담을 통해 최종 실습에 대한 평가를 요청해야 한다. 실습지도자는 실습에 대한 평가서를 작성해서 양성기관에 제출해야 한다.

종결 단계에서 발생할 수 있는 문제를 최종 점검할 필요가 있다. 이 과정에서 실습생과 실습지도자는 공식적으로 실습계약을 해지하게 된다. 이 장에서는 실습종결 단계에서 반드시 이행해야 할 검토사항과 관계개선 등을 다루고자 한다.

 학습목표

1. 실습종결에 따른 과업을 이해한다.
2. 실습종결 단계에서 실습지도자에게 총평을 요청하는 방법을 습득한다.
3. 평생교육현장실습기관의 유형에 따른 평생교육사의 직무를 인식한다.

 주요용어

평생교육사의 실습평가, 평생교육사 실습종결, 실습지도자의 총평, 실습계약 해지

1. 실습성취기준 및 실습종결 지침

실습생의 성취기준은 실습목표에 나타나 있다. 실습 전 과정에서 실습생의 성취기준을 달성하기 위해 실습지도자와 실습생은 함께 노력했다고 볼 수 있다. 실습생의 성취기준은 개인적인 성취기준이 될 수는 없다. 다만 실습생을 지도하는 실습지도자의 지원에 힘입어 성취 수준에 이를 수 있을 것이다. 자세히 보면, 실습성취기준은 평가영역과 평가항목으로 구분된다. 객관적 평가 준거는 실습생 평가서의 평가항목에 따라 시행된다.

평가영역은 다섯 가지로 구분된다. 근무태도와 자질, 학습지도능력과 연구조사활동, 학습경영 및 사무처리 능력이다. 이들 필수항목 중 배점이 가장 높은 중요도 순으로 보면, 모의 프로그램 개발이 35점으로 가장 높다. 그다음으로 행정업무인 사업예산안 편성과 기안서 작성 등이다. 선택항목은 관련법과 프로그램 운영지원, 행사 참석으로 구분되는데, 이 중 하나를 택하여 행하면 된다. 정리하면, 모의 프로그램 개발과 사업계획서가 실습의 핵심내용인 것이다.

1) 실습성취기준

실습의 성취기준은 다음과 같이 정리할 수 있다.

- 공적 책임 이행의 업무를 파악하고 책임에 맞게 실행하였다.
- 관련 정책에 대한 이해를 기반으로 모의 프로그램을 개발하였다.
- 기관의 특성에 적합한 조사 · 분석 및 행정을 실습하였다.
- 평생교육사 고유 직무에 관한 문제해결 기술을 습득하였다.
- 전문가로서 직무윤리 및 사회적 가치를 적용하고 혁신의 방법을 익혔다.

2) 실습종결 지침

실습지도자는 실습교육 전반에 대한 경험을 혁신으로 연결시키기 위해 다음 지침을 활용할 필요가 있다.

- 기관 내 평생교육의 실습지도자로서 핵심 사명과 책임이 무엇이라고 생각하는가?
- 양성교육의 공통표준에 새롭게 결합 혹은 추가될 내용은 무엇인가?
- 실습교육에 대한 업무 프로세스에 새로운 개념이 적용되었는가?
- 실습교육과정에서 개별 평생교육사의 능력 개발 시도가 이루어졌는가?
- 실습교육과정에서 새로운 교수법이나 학습조직이 활용되었는가?
- 대내외 각 이해관계자에게 가치를 부여하고 연결하는 기본원칙을 실천하였는가?

실습생은 실습기간 동안 현장에 대한 이해와 평생교육사의 정체성을 확립하여야 한다.

이를 위해 다음 지침을 적용할 필요가 있다.

- 평생교육사의 핵심 사명과 책임이 무엇이라고 생각하는가? 예를 들어, 평생교육사는 사회복지사와 어떻게 다른 직무를 실천해야 하는가?
- 평생교육사의 직무 전문성 향상의 기준과 원칙은 무엇인가?
- 평생교육에서, 문제점을 파악하기 위해 반드시 가져야 할 속성과 관점은 무엇인가?
- 프로그램을 실행하기 위해 취해야 할 조직 내 기획자(개발자)의 행동방식은 무엇인가?
- 모의 프로그램의 성과 및 결과물을 분석하기 위한 수집자료(데이터)는 무엇인가?
- 문제점을 파악하고 혁신을 이루기 위해서 실습생의 필요 역량과 행동계획은

무엇인가?
- 핵심결과물을 얻기 위한 과정(조사, 분석, 종합, 실행)의 전략과 통찰은 무엇인가?

3) 실습지도자 등 실습관계자와의 종결

실습과정에서 실습지도자와 실습생, 실습관계자와의 협력은 어떤 의미에서는 실습기관과 양성기관 간 평생교육진흥을 위한 초석을 놓은 것이라 할 수 있다. 실습지도자와 실습생과의 관계는 암묵적 지식을 차세대에게 전수하는 상호작용의 결과일 것이다. 실습지도자와 실습생은 직접적인 이해관계자이기 이전에 사회적 책임 이행을 위한 학습의 과정이라고도 할 수 있다.

실습지도자의 체화된 업무추진은 평생교육 현장의 현실을 파악하는 기회가 되었을 것이다. 실습생은 현장의 실무경험을 실습지도자로부터 배웠을 것이고 실습지도자는 표준화된 평생교육 실습과목에 대한 이해를 높일 수 있었을 것이다.

(1) 실습생의 직무 수행 시 관찰 내용

실습지도자의 직무이행과정에서 놓치지 말아야 할 실습생 관찰은 다음과 같다.

첫째, 실습생은 실습지도자가 왜 이 일을 하는지를 관찰하고, 그것이 실습지도자에게 어떤 의미인지를 면밀히 수집할 필요가 있다. 그것은 실습지도자의 삶에서 평생교육이 왜 필요하며 우리 사회는 어떻게 평생교육을 실천하고 있는지 그 현장을 관찰하고 기록하는 것이 되기 때문이다.

둘째, 실습생은 실습지도자와의 관계에서 해당 기관의 의사결정과정에 대해서 알아 두어야 한다. 이것은 의사결정의 기준과 원칙을 발굴하라는 의미다. 의사결정이 예산과 사회적 역할, 평생교육적으로 문제를 해결하기 위한 것이라고 할 때, 어떤 문제를 어떤 방법으로 접근하여 해결하는지 그 협력관계를 살펴보아야 한다.

셋째, 모든 문제는 상호협의 속에서 진행되는 것이 가장 바람직할 것이다. 공공성이라는 것은 어떤 한 집단이 피해를 보지 않도록 조정하는 것이라고 할 때, 협력을 위한 이해관계자 소통은 매우 중요한 덕목이자, 갈등을 해결하는 중요한 접근이 될 것이다. 이해관계자와의 소통은 평생교육계에서도 낯선 접근이지만 향후 모든 논의에서 최우선으로 다루어야 할 핵심사항이 되어야 한다.

넷째, 우리 사회의 '갑질' 문화와 '사사화' '상명하복'의 문제는 지나친 경쟁문화에서 비롯된 것이라 생각한다. 한정된 자원을 놓고 벌어지는 갈등 현상은 평생교육으로 한 번에 해결할 수도 없고 그렇게 해결해서도 안 된다. 한국의 공교육은 인간의 품격을 위해 노력해 온 것이 아니라, 경제발전을 이루기 위한 도구로 이용되었기 때문이다. 이러한 패러다임을 변화시키기 위한 가장 빠른 접근은, 이를테면 '갑질' 문화의 교육적 문제에 주목하는 것이다. 이 문화가 왜 발생했으며 어떤 갈등을 포함하고 있고 그 결과 발생되는 사회적 비용을 추정해 보는 것이다. 이 과정에서 새로운 대안으로서 교육 프로그램 개발이 활용되는 것은 매우 가치 있는 접근이라 할 수 있다.

다섯째, 평생교육정책과 실습기관은 영향을 주고받는 관계다. 평생교육정책은 교육정책과 맞물려 시대적 과제를 해결하는 것이어야 한다. 평생교육정책은 학교교육과는 다른 지점에 있기 때문에, 강제하기 어려운 측면이 있다. 즉, 실습기관은 평생교육정책 실천의 모델이 될 수 있다. 실습생은 실습교육과정에서 평생교육정책의 현장적용에 대해서 면밀하게 연구하는 자세로 임해야 한다. 정책의 효과성뿐 아니라 정책의 의도와는 다른 결과에 대해서도 관련 기관에 의견을 제시하는 것도 중요한 실천이다.

여섯째, 평생교육의 본래 취지가 '교육혁신'에서 출발했다고 보면, 실습은 현장에서 어떻게 문제를 교육적으로 해결하는지를 경험한 것이 될 것이다. 평생교육은 어떤 문제를 해결하기 위한 교육적 방식의 접근이라 할 수 있다. 프로그램 개발 시 평생교육적 접근은 그 요구가 경제적인 문제로 보인다 할지라도 이것은 교육의 문제로 재구성하는 전환의 노력이 필요하다. 그러나 그동안 평생교육 프로그램의 대부분은 자발적 의지에 의해 행해졌다고 보기 어렵다. 정책의 수단으로 평생교육이 전개됨에 따라 그 부작용 또한 해결하기가 녹록하지 않다.

일곱째, 평생교육사들은 민간과 공무원으로 근무하는 경우가 많다. 다른 두 기관의 성격상 전자는 이익을 추구해야 하고 후자는 공익을 추구해야 한다고 생각하는 경향이 있다. 그러나 평생교육의 모든 프로그램은 '공익적 가치'를 내재하고 있어야 하고 그 가치를 교육적으로 전파하고 학습하는 체제라고 볼 수 있다. 그렇다면 민간과 공무원 조직을 대립시켜 판단하는 것은 바람직한 방법이 아니다. 민간기업과 공공기관 모두 협력적 파트너십으로 교육적 혁신을 위한 평생교육의 역할에 충실할 수 있어야 한다.

(2) 실습지도자와 실습생의 관계 종결

실습지도자와 실습생의 관계는 교수-학습의 관계다. 다른 면에서 보면, 실제 현장과 표준화된 교육과정 간 관계다. 실습지도자는 실습생에게 평생교육의 본연의 직무를 잘 이행하도록 기술과 태도, 지식을 가르치는 사람이다. 실습지도자가 평생교육을 접근하는 방식이 반드시 옳다고 혹은 틀렸다고 말할 수는 없다. 그러나 분명한 것은 실습지도자가 평생교육을 현장에서 적용하는 것은 최적화된 방식이라는 점이다. 실습지도자와 실습생의 관계는 어떤 문제를 어떻게 접근해야 하는지 그 문제를 다루는 선행자와 후행자의 만남이라 할 수 있다. 따라서 실습지도자와 실습생의 관계 종결에서 주목해야 할 문제는 다음과 같이 정리할 수 있다.

첫째, 실습지도자와 실습생은 자신이 보는 평생교육의 문제에 대해 시야를 확보하고 있어야 한다. 실습지도자는 이를테면 여러 기관과 어떤 연대와 협력적 관계를 유지할 것인가와 같은 경험지식을 통해 문제를 풀어 갈 수 있다. 실습생은 이러한 기능적 혹은 경험적 지식을 어떻게 지도자가 활용하는지를 잘 관찰하는 것이 필요하다. 관계를 통한 문제해결의 방안을 습득하는 것은 의사결정자의 요구에 적합한 대안을 제시하는 방법이다. 이러한 접근은 쉽게 결과를 얻을 수 있다는 점에서는 도움이 될 수 있지만, 새롭게 문제를 바라보는 관점을 놓치게 될 우려가 있다.

둘째, 실습지도자가 행한 방법은 여러 가지 방안 중에서 하나가 될 수 있다. 실습지도자의 문제의식을 파악하는 실습생의 태도는 문제를 어떻게 인식하고 그것을 풀어 가는가와 같은 질문에 답하는 관찰이어야 한다. 실습지도자의 조직 내 위치에 따라서 평생교육을 접근하는 방식이 다를 수 있다. 최고의사 결정자인 경우 문제를 해결해 나가는 과정에서 협력보다는 동원할 수 있는 자원이 다르기 때문에 표준화된 절차나 방법을 사용하지 않을 수 있다. 이런 점에서 실습생은 의사결정과정에서 어떤 이해관계자와 협력하고 소통하는가에 주목해야 한다.

셋째, 실습생은 자신이 향후 평생교육현장에서 무엇을 주제로 전문성을 확보할 것인가를 설계할 수 있어야 한다. 자신의 관심분야를 정하고 연구하고 실행하기 위한 노력을 기울여야 한다. 모든 분야를 섭렵하는 평생교육사가 있으면 좋겠지만 현실적으로 그렇게 직무를 수행하기 어렵다. 실습생은 자신의 분야에 대해 맥락적 이해와 교육적 공감대를 형성할 수 있어야 한다.

넷째, 실습생은 지역의 정체성과 특성화를 위해 노력해야 한다. 실습생은 전국의 평준화된 교육 프로그램을 개발하는 사람이기보다는 지역의 정체성과 특성을 살린 프로그램을 개발할 수 있는 사람이다. 우리 사회는 지방자치가 안착되었다고 보기는 어렵다. 그러나 지역의 문제를 교육적으로 접근하는 노력은 매우 절실하다. 따라서 역사적 맥락과 문화적 맥락을 통해 지역의 난제들을 해결하도록 노력해야 한다.

4) 실습기관에서의 실습 보고회

(1) 실습기관에서의 실습생의 보고

실습생이 실습 전반에 대해 보고하는 절차는 실습기관에 대한 감사의 표시이며, 실습에 대한 총정리의 과정이다. 실습생이 실습경험을 보고하는 자리는 실습기관에서도 실습의 질적 향상 및 효과성을 위해 피드백을 받는 자리라고 볼 수 있다. 실습생의 보고회는 전체적인 흐름과 실습과정에서 경험한 내용들만이 아니라 실습의 전 과정에서 간과한 것들을 보완하는 의미도 포함된다. 실습기관에서 볼 때도, 실습생은 실습기관에 의탁된 수동적인 존재가 아니라 실습교육에 대한 맥락적 의미 분석의 과정이 되기도 한다.

실습생의 보고에 들어가야 할 주요 내용들을 간단히 정리한다.

① 전체 흐름: 개요 정리법
- 자신의 삶에서, '왜' 평생교육 실습인가?
- 어떤 문제를 해결하고자 했는가?
- 그 문제를 어떻게 해결하려 했나?
- 이 실습기관을 선택한 이유는 무엇인가?
- 실습에서 경험한 '주제'는 무엇인가?

② 실습과정: 계획 · 실천 · 평가
- 실습계획 수립 시 교육목표 및 성취목표는 무엇이었나?
- 어떤 기준과 원칙으로 실습교육에 임했는가?
- 각종 조사결과를 어떻게 해석했는가? (분석과정)
- 실습지도자의 피드백에서 핵심사항은 무엇이었나?
- 필수항목과 선택항목에 대한 실습생의 성취는 무엇이었나?

③ 실습의 재구성: 맥락적 의미 분석
- 문제를 어떻게 바라보아야 하는가? (관점의 재구성)
- 평생교육의 의미와 가치는 어떻게 평가할 수 있는가? (성과지표의 한계)
- 평생교육의 실습에서 이해관계자 목록은 왜 중요한가?
- 정책과 제도 측면에서 평생교육은 어떤 방향으로 개선되어야 하는가?

④ 의견제시: 실습교육과정의 경험
- 실습교육과정에서 실습생은 무엇을 성취했는가?
- 실습교육과정에서 평생교육사의 직무철학은 무엇이었나?

• 실습교육과정에서 생각한 개선점은 무엇인가?

(2) 실습지도자와 일대일 대면보고

실습지도자와 실습생은 일대일 대면하는 경우가 많을 것이다. 이 보고과정은 방침을 지시한다거나 협의 및 조정을 할 때, 업무를 위해 코칭이나 멘토링을 하는 경우에 이 보고 방법을 많이 쓴다.

실습지도자와 실습생이 개인적으로 대면을 했을 때, 실습생의 접근방법이다.

먼저 준비해야 할 것은 다음과 같다.

첫째, 실습지도자에게 개별 대면보고를 할 때의 마음가짐은 정확한 사실이해다.

둘째, 실습지도자의 과거의 업무경험과 현재 상황에 대한 이해가 선결조건이다.

셋째, 실습지도자가 파악하고 있는 기본개념에 대한 공유다.

넷째, 전체적인 흐름과 맥락 속에서 인과관계로 생각을 설명하라.

다섯째, 같은 것은 묶고 다른 것은 비교한다.

여섯째, 사실과 주장, 당위성과 가능성은 엄격히 구분한다.

일곱째, 본질만 간추리고 핵심내용에는 생각과 의미를 더한다.

2. 평생교육현장실습 평가

1) 실습생의 현장실습 평가

현장실습 평가과정은 좁게는 실습평가규정에 적합한 요소를 확인하는 절차이고, 넓게는 평생교육의 교육적 재설계에 해당된다. 여기서의 현장실습 평가과정은 앞서 기능적인 평가항목을 넘어서는 평생교육의 혁신설계의 요소를 다루기로 한다. 기능적 평가항목과 내용은 이미 앞선 장에서 다루었기 때문이다. 이것은 평생교육을 보는 관점을 혁신에 두고 맥락적으로 프로그램을 설계하는 방법과 절차에 대한 인식을 높이기 위함이다. 이러한 새로운 접근은 평생교육이 우리 사회의 새로운 문화현상으로 나타나고 있고 그것을 깊이 있게 이해하고 조사하는 과정에서 혁신을 위한 기회를 얻을 수 있기 때문이다. 현장실습 평가과정을 정성적으로 접근한다고 보면 되는데, 이것은 실습생에게는 사실을 수집하는 방법, 분석하는 방법, 연관성과 일관성 있는 논리를 형성하는 방법 등의 모든 과정이 커뮤니티 문제해결의 기초자료가 되고, 그 자체가 학습의 과정이 된다.

(1) 혁신을 위한 설계가 되게 하는 교육실습

- 평생교육현장실습은 문제를 발견하고 구조화하여 새로운 실천을 탐구하는 것이다.
- 평생교육현장실습은 맥락적 흐름을 탐색하여 변화상황을 예측하는 이해의 과정이다.
- 평생교육현장실습은 일정한 규칙을 통해 새로운 기회를 탐색하는 것이다.
- 평생교육현장실습은 조직 내 관습과 문화를 이해하여 문제를 재구성하는 경험이다.
- 평생교육현장실습은 사실입증자료와 논리적 판단에 의해 실패를 줄이는 절차다.

(2) 의사결정의 근거 자료 수집을 위한 교육실습

- 주요사실은 통계 및 전문가의 의견이다. 이것은 문제해결의 기초가 된다.
- 핵심주제를 파악하는 방법은 주요 사실들을 하나의 정해진 형식으로 정리하는 데 있다.
- 현장실습은 기관의 성공적인 혁신 사례들을 비교하고 그 성공전략을 탐색하는 과정이다.
- 현장실습은 일정한 주제에 대해 종합적인 관점에서 이해하는 통찰의 과정이다.
- 현장실습은 프레임워크를 통해 지식을 포착하며 역학관계를 만들어 낼 수 있다.

- 현장실습에서 키워드 검색은 주제와 관련된 정보를 얻는 데 유용하며, 이를 이해할 패턴을 찾을 수 있다.

(3) 새로운 관점으로 이동하게 하는 교육실습

- 평생교육현장실습은 관습에 새로운 관점을 도입하는 것이다.
- 교육실습은 문제해결을 위해 새로운 관점으로 현재의 맥락을 바꾸는 것을 말한다.
- 교육실습은 최근의 트렌드에 기반한 가능성을 탐색하는 연결통로가 되는 학습기회의 시간이다.
- 교육실습은 사람들이 살아가는 방식과 사회적 규범의 관계 속에서 사용자 맥락을 탐구한다.
- 교육실습에서 실습자는 문제를 재정의하기 위한 프레임워크를 만들어야 한다.
- 교육실습은 이해관계자의 입장을 이해하는 과정이다.

2) 각 기관의 현장실습 평가

현장실습 평가는 평생교육사가 문제를 어떻게 해결했는가를 평가하는 것이다. 특히 갈등을 유발하는 핵심요소가 이해관계자에게 있다는 것을 깨닫고 그것을 어떻게 공유하고 토론하는지를 파악하는 데 평가의 목적이 있다. 현장실습 평가에 포함되는 요소들은 크게 나누면, 가치 흐름에 대한 맥락적 연관성과 이해관계자를 체계적으로 분석하는 것이다. 다시 말해, 핵심평가 요소는 이해관계자의 활동을 구조화하고 그 상호관계를 조정하는 데 있다 할 것이다. 이것은 공공성과 공정성, 공익가치를 다루는 태도가 된다.

(1) 현장실습 평가 요소

① 이해관계자 요소: 이해관계자의 속성을 통한 경험비교
- 사람들이 얼마나 다르게 생각하고 느끼는지 경험에 대한 사용자 관점을 비교한다.
- 사람들의 활동에서 불편한 점이나 개선할 점을 찾아 분류하고 패턴화하는 방법을 안다.
- 국가의 보조금 지급과정에서 공모사업 관련 이해관계자의 목록을 작성한다.
- 주제와 관련하여 경험의 지도를 조사함으로써 포괄적 이해와 속성을 밝힐 수 있다.
- 일정한 프레임워크를 개발하여 경험을 종합적으로 구분하고 단계를 설정함으로써 관련 주제에 대한 종합적인 이해를 얻을 수 있다.

② 법체계 요소: 법과 제도 및 윤리강령 준수
- 한 사회의 제도와 정책이 어떻게 사회를 변화시키는지를 검토한다(예: 「개인정보 보호법」의 시행).
- 사람들의 행동은 법과 제도, 정책의 방향을 움직인다는 점에서 개념을 확인하는 것은 중요하다.
- 문제해결을 위한 설계의 원칙을 수립하는 것은 실행가능한 종합적인 출발점을 의미한다.
- 의미맥락과는 다른 관점의 수용은 일정한 규칙 및 다양성을 이해하는 주요 지침이 될 수 있다.
- 수평적 공간과 개방적 대화환경 제공은 통찰을 포착하고 상호작용하는 진행규칙을 제공하는 것이다.

③ 가치 관계 요소: 경계를 재구성하고 가치를 지닌 통찰을 조직하는 방법

- 혁신은 의문점을 갖는 것에서 시작된다. 일반적 관행에서 벗어나는 것은 새로운 개념을 탐험하는 새로운 사고방식의 채택이다.
- 관점을 바꾸는 질문은 사고의 전환에 직관적으로 접촉하게 한다. 혁신은 새로운 가치를 새로운 개념으로 전환시킬 때 가능하다.
- 스토리는 가치를 고양시키고 이해를 도우며 그 가치를 드러내는 데 매우 효과적이다.
- 여러 분야의 전문가를 모아 팀으로 작업하는 게 필요하다. 다양한 맥락의 조정이 가능해진다.
- 핵심 개념들을 모아 검토하도록 한다. 비현실적이고 무관한 것들은 없애고 가치가 있는 개념들을 공유하고 문서화한다.

④ 관점의 구조: 관계와 사고구조 시스템 만들기

- 전달하고자 하는 핵심 가치를 만들고 이해관계자와 공유한다.
- 관계를 파악하기 위해 학습자들이 공유한 속성을 유형으로 구분한다.
- 맥락 내 관련자와 인터뷰를 하고 행동을 관찰한다.
- 경험 창출을 위해 서로 다른 경험과 관점을 회의에 포함시킨다.
- 유의미한 생각을 재구성하기 위한 방법으로 은유와 유추를 사용한다.

(2) 실습기관의 현장실습 평가

실습생 평가서는 양성기관과 실습기관 공동의 공식기록이 되기 때문에 실습지도자는 책임을 가지고 출석상황과 실습기간 등을 사실적으로 기재해야 한다. 평가에 있어 실습지도자는 지도한 내용에 대해서 실습생이 얼마만큼 인지하고 실천을 했는지를 평가기준으로 삼아야 한다. 무엇보다 실습생이 어떤 문제의식을 가지고 접근하는지를 파악하고 있어야 한다. 실습생이 현장실습기관의 특성을 이해하고 기관의 설립목적에 적합한 프로그램 개발 역량을 갖추고 있는지를 면밀히 관찰하

고 기록해야 한다. 공정성과 객관성을 주요 기준으로 삼고 사명의식을 함양하고 있는지도 간과하지 말아야 한다.

정리하면 실습지도자가 해야 할 평가의 핵심은 실습생이 어떤 문제를 어떤 맥락에서 어떻게 해결하고자 하는지 그 목적과 교육개발자의 정체성을 함양하고 실천할 수 있는지를 평가할 수 있어야 한다는 것이다.

실습생명			
소속양성기관명			
실습기간			
실습지도자	(인)	실습평가일시	년 월 일

※ 출석상황

  무단결석 없음(   ) 무단결석 1회(   ) 무단결석 2회(   ) 무단결석 3회 이상(   )

[그림 7-1] 실습생 출석확인평가서

실습생의 출석확인은 시간 확인을 넘어서는 평가여야 한다. 출석은 곧 태도를 반영한 결과로도 볼 수 있다. 실습에 임하는 태도는 실습시간을 어떻게 적절히 사용하고 통제하는지와 긴밀하게 연결되어 있다. 실습생이 주어진 과제를 위해 어떤 접근을 하고 얼마만큼 몰입하는지와 관계가 있다. 즉, 1일 실습시간을 '채우기' 위한 활동을 하는 실습생과 '문제를 해결하기' 위해 애쓰는 실습생은 그 차이가 나기 마련이다. 실습생은 제시된 매뉴얼에 따라 실습을 수행할 수 있지만 실습과정에서 새로운 개선안을 실습 기관에 제시할 수도 있을 것이다. 실습생의 태도는 곧 실습생이 직무를 수행하는 자세로 이어지게 된다. 특히 이 실습과정은 실습생의 시간과 자원의 적절한 배분, 목표를 달성하기 위한 관계 맺기 등에서 지식과 기술 못지않게 태도가 평가의 핵심이 되기도 한다. 직무훈련의 과정인 실습은 지식과 기술만이

실습생 평가서

실습생명		생년월일	
양성기관명		실습지도자	(서명 또는 인)

평가영역(배점)			평가항목		배점	점수
근무태도(10)		근무사항	• 출석, 결석, 지각, 조퇴 등		5	
		태도	• 성실성, 근면성, 친절성, 적극성, 예절 등		5	
자질(15)		목표설정 및 계획수립	• 실습목표 설정 • 실습세부계획 수립 등		5	
		가치관	• 평생교육에 대한 가치관 및 신념 • 실습생으로서의 자세와 역할 등		5	
		관계형성	• 기관 내 직원들과의 협조적인 대인관계 • 동료실습생과의 관계 • 평생학습 네트워크체제 이해 등		5	
학습지도 능력(50)	필수 항목	기관이해 (오리엔 테이션)	• 실습기관의 평생교육 관련 주요업무 이해 • 실습기관의 주요 학습자 및 프로그램 이해 • 구체적 실습목표 설정 및 일정별 세부계획 수립		10	
		모의 프로그램 개발(Ⅱ)	• 평생교육 프로그램 개발		15	
			• 평생교육 프로그램 홍보 및 마케팅		5	
	선택 항목* (택 1)	실습기관 관련 법 및 정책이해와 기관 분석	• 평생교육법 및 관련 정책 파악하기 • 실습기관의 SWOT 분석을 통한 전략 도출		20	
		교육 프로그램 운영 지원	• 학습자 관리 및 지원 • 강사, 학습동아리 등 인적DB 관리및 지원 • 학습정보DB 관리 및 지원 • 학습시설 · 매체 관리 및 지원 • 프로그램 관리 · 운영 및 모니터링 • 프로그램 만족도 조사 지원(결과분석 수행 등)			
		유관기관 방문 및 관련행사 참석	• 유관기관 프로그램 조사 및 분석을 위한 방문 • 평생학습 관련 행사(지역축제, 박람회 등)			
연구조사 활동(15)	필수 항목	모의 프로그램 개발(Ⅰ)	• 실습기관의 주요 프로그램 조사 및 분석 • 학습자 요구 분석(실습기관 학습자 대상)		15	
학급경영 및 사무처리능력(10)	필수 항목	행정업무	• 기안 및 공문서의 모의작성 여부 • 사업예산(안) 편성		10	
총 점					100	

※「참고 3」평생교육현장실습 프로그램」의 실습내용을 바탕으로 실습생을 평가하고, 「평생교육현장실습 평가서」에 평가점수를 반영하시기 바랍니다.

* 선택항목 부분은 실습내용으로 택 1하여 실시한 항목만을 기재하고 평가하도록 합니다.

[그림 7-2] 실습생 평가서

아니라 정서적 유대도 중요하다. 실습과정에서 보이지 않게 누구든 마음의 상처를 받을 수도 있다는 점에서 조직 내 존중의 문화는 중요하다. 그러나 습관이 하루아침에 바뀌기 어려운 것처럼 조직문화도 마찬가지다. 그렇다면 실습생은 소위 '성찰일지' 등을 통해 하루 일과를 평가하고 그 안에서 자신이 성장할 수 있었던 기회를 포착하는 등 반성적 사고 기회를 갖는 것이 필요하다.

(3) 실습지도자의 실습교육평가

실습지도자의 실습교육평가는 주요 항목별 체크리스트가 유용하다. 실습생과 공유할 내용은 교육과정 설계만이 아니라 평가기준도 포함된다. 평가의 세부 기준을 수립하고 실습생에게 공개하는 것은 객관성과 타당성을 확보하는 방안이 될 수 있다. 실습교육은 실습생을 평가하는데 목적이 있기보다 실습교육의 질적 향상을 위한 교육평가라는 점에 초점을 두어야 한다. 실습지도자는 실습이전에 실습생에게 이러한 평가도구를 공개하고 동의를 구하는 절차를 밟는 것이 바람직하다. 교수자와 학습자가 공동의 과제를 수행한다는 의미에서 실습지도자의 고지가 요구된다. 이 체크리스트는 지도자와 실습생 간 협력해야 할 항목과 내용이 될 수 있다. 뿐만 아니라 현장의 문제와 한계를 인식하고 문제를 해결할 수 있는 방안을 모색하는 지도안의 역할을 포함한다.

[그림 7-3] 실습교육평가표는 실습지도자가 실습생을 평가하는 기준이지만, 실습지도자와 실습생 간 공동의 과제 수행을 확인하는 기준이 될 수 있다. 평가표를 적용하기 전에 실습지도자와 실습생은 실습과정에 이러한 내용들이 어떻게 반영될 수 있을지를 논의하고 이 기준들을 충족시킬 수 있는 노력을 기울여야 한다.

다음은 실습생에 관한 평가입니다. 실습생이 실습지도 기간 동안 보여 주었던 태도와 행동을 기준으로 아래 항목에 평가해 주기 바랍니다. 실습내용에 포함되어 있는 사항에 관해서만 평가지도해 주시고, 평균에는 평가항목 총점을 2로 나눈 점수를 기입하면 됩니다.

(1점: 매우 그렇지 못하다 ~ 5점: 매우 그렇다)

항목	내용	1	2	3	4	5
직무 책임	1. 평생교육사의 직무 특성 및 정체성에 대한 인식					
	2. 평생교육현장에 대한 문제인식의 수준					
	3. 핵심직무책임을 위한 윤리강령의 준수					
	4. 평생교육의 과제 및 실천에 대한 목표설정 수준					
문제 진단	5. 평생교육정책에 대한 성과 및 한계에 대한 이해도					
	6. 지역 평생교육 특성을 파악하기 위한 조사 및 분석 정도					
	7. 평생교육기관의 핵심 사업에 대한 평가기준 설정					
	8. 지속가능한 평생교육을 위한 현실적 대안제시 타당성					
	9. 일상에 대한 사고와 습관을 탐구하는 조사방법의 적정성					
	10. 학습자 행동과 사고과정에 대한 심층지식과 면담 방법					
문제 해결	11. 관련 이해관계자 명시와 조정자로서의 제 역할					
	12. 주제에 관한 가치 및 개념 정립과 학습공동체 구성					
	13. 일정한 기준에 의해 문제를 분류하고 분석					
	14. 시뮬레이션을 계획하고 관찰하여 통찰을 얻는 능력					
보고	15. 결과를 요약하고 토론하며 이해관계자와 공유하는 능력					
	16. 관계자의 사고과정과 맥락을 통합하고 편집하는 능력					
	17. 핵심적인 원칙을 개발하고 종합적인 지식으로 통찰					
	18. 패턴과 관계를 통해 공동생산의 커뮤니티 구조 형성					
평가	19. 전체적인 특성과 가치 발굴을 통한 교육적 문제 해결력					
	20. 이해관계자 간 공유와 조정을 통한 맥락적 정책 개선안					
	21. 과정과 결과를 문서화하고 개념과 의미를 창출하는 능력					

[그림 7-3] 실습교육평가표

3. 양성기관의 현장실습 평가

현장실습 평가인정과정은 실습교육에 대한 총체적인 평가를 통해 공식 학점이수를 인정하는 제도적 절차다. 이 인정과정은 형식요건과 절차상 검토에 해당된다. 평가인정과정은 앞서 설명하였으므로 형식적 절차는 중복할 필요가 없다고 생각하여 여기서는 생략한다. 다만 현장실습 평가인정을 받은 이후, 즉 평생교육사 자격 취득자로서 행해야 할 직무윤리와 직무 책임성에 관한 논의를 소개하고자 한다. 그 이유는 우리 사회는 자신의 직무를 일종의 '수단'으로 보는 경향이 강하여 소위 '유혹'에 쉽게 넘어가는 경향이 많이 발생하기 때문이다. 즉, 공적 책임과 직무책임에 대한 인식이 미흡하여 벌어지는 사회문제가 공적 가치를 훼손하기 때문이다.

1) 현장실습 평가인정과정

현장실습은 실제적으로는 160시간을 충족하고 실습지도자의 지도 아래 필수항목과 선택항목, 실습교육 평가를 일정 정도 인정받으면 되는 과목이다. 평가인정과정은 양성교육기관에서 평가인정을 위한 세미나 등이 별도로 이루어지지만, 이 역시 실습현장에서 큰 문제가 없으면 통과되는 경향이 있다. 즉, 실습교과목에 대한 지식이해와 실습이라는 현장체험을 이수한 사람들에게는 평생교육사 자격증이 발급된다. 현장실습과정에서 앞으로 논의되어야 할 것은 평생교육사가 '왜' 필요한가, 어떻게 사회를 교육으로 개혁할 것인가와 같은 직무 책임성에 관한 논의다. 따라서 현장실습 평가인정과정에서 외부적인 평가체계가 아닌 질적인 평생교육실습 평가에 대한 기준을 제시한다.

첫째, 실무 역량이다.

현장실습은 현장에서 벌어지는 다양한 관련 직무를 실무로 체험하고 실행하는 학습과정이다. 따라서 실무체험은 실무교육을 포함한다. 실무 역량을 평가하는 기준은 다음과 같다.

- 정해진 기한 내에 과제를 수행했는가의 여부
- 주어진 수행 과제를 목적과 내용에 적합하게 수행했는가의 여부
- 문제의식과 문제인식, 문제에 대한 접근이 합치되는가의 여부
- 문제해결을 위한 협력방식과 필요 자원의 동원력, 자원 배분의 관계를 조정하는 능력
- 조사와 분석 등 주요 핵심 방법론을 적용하고 결과를 도출할 수 있는가의 여부
- 관련 자료를 해석하고 대안을 제시할 수 있는 비판적 사고력의 활용 여부

둘째, 공적 책임 이행이다.

- 법적 · 제도적 · 정책적 기준을 적용할 수 있는 능력
- 공적 절차를 준수했는가의 여부
- 합리적 · 공익적 · 민주적인 합의를 위한 노력을 기울였는가의 여부
- 권한을 남용한다거나 과도한 권력을 이용한 무리한 법 집행의 여부
- 첨예한 갈등 상황에서 이해관계자를 어떻게 참여시켰는가의 여부
- 공동체적 가치를 위해 어떤 역할자로 기능했는가의 여부

셋째, 평생교육적 가치실행이다.

- 문제해결을 위한 대응과정에서 갈등과 이해관계를 어떻게 조정했는가의 여부
- 사회문제에 대해서 어떤 교육적 문제의식과 관점으로 프로그램을 개발했는지의 여부
- 복지분야와 다르게 교육분야의 접근에 대한 평생교육 실행자로서의 정체성 형성의 정도

- 해당 평생교육기관의 사회적 책임에 대하여 공적책임을 분석한 정도
- 의무교육과 다른 평생교육의 제 역할과 혁신방안으로서의 대안제시
- 교육개혁가로서의 마음가짐과 사회적 실천가로서의 문제대처능력

현장실습 평가인정과정은 평생교육이라는 직무에 대해 평가인정하는 과정이다. 이것을 맥락적으로 연결해 보면 평생교육은 고정된 기본지식을 다루는 것이 아니라 문제에 대응하는 교육 프로그램을 개발하는 전문가로 볼 수 있다. 이를테면 도시의 익명성추구에 따라서 발생한 문제, 즉 공동체 파괴현상을 평생교육 프로그램으로 어떻게 극복할 것인가의 문제를 다룬다고 볼 수 있다. 다시 말자하면, 현장실습 평가인정과정에서 실습생이 놓치지 말아야 할 것은 자신이 이 분야의 무슨 문제를 해결해 나갈 것인가에 대한 깊은 책무성이다. 객체화되지 않기 위해서라도 스스로 평생교육이 어떤 의미가 있는지를 모색하지 않으면 안 될 것이다.

2) 양성기관의 현장실습 평가 준거

현장실습은 실습기관과 양성(교육)기관에서 동시에 이루어진다. 양성기관은 전체를 다룬다면, 실습기관은 기관의 현장실습에 관한 부문을 평가하게 된다. 이렇게 두 기관이 협업하여 진행하는 실습교과목은 사회와 학교의 공동의 교육협업이라 할 수 있다. 실습교과목은 양성기관의 목적과 교육현장의 목적, 교육부의 평생교육사의 배치 및 훈련과도 연계되어 있다. 이것은 또한 시대적 사명과 소명의식, 사회적 필요에 의해서 진행되는 이른바 교육정책의 일환으로 전개되어 온 것이다. 이렇게 보면 양성기관의 현장실습 평가는 시대의 변화에 부응하는 교육적 노력인 것이다. 양성기관은 현장의 변화에 쉽게 부응하기 어렵다는 점 때문에 현장실습을 부득불 하게 되었다고도 볼 수 있다.

평생교육에서 현장실습은 실용학문으로서 현장의 문제해결 전문가를 양성하는 것을 목적으로 한다. 이렇게 보면, 실습교육과정은 평생교육직무를 맡을 인재를 기

르는 과정인 것이다. 양성기관의 현장실습은 더욱 면밀하고 구체적인 실행계획과 지도 계획, 우수한 실습기관의 확보, 경험과 지도력을 발휘할 수 있는 실습지도자와의 관계 등 종합적인 맥락을 확보해야 하는 문제다. 양성기관의 현장실습 평가의 기준을 정리해 보자.

첫째, 교육이다. 교육과 학습은 어디서도 일어난다. 그것을 교육이라거나 학습이라고 말하지 않을 뿐이다. 교육의 눈으로 평생교육을 보면 평생교육은 생애 전체를 성장의 기회로 삼는 것이라 할 수 있다. 양성기관에서 현장실습을 평가하는 기준 중 중요한 핵심은 실습현장에 대한 조사보다는 교육적 감식력이라 할 수 있다. 즉, 현장실습을 평가하는 기준이 양성기관에서는 실습기관과는 다르다고 볼 수 있다. 양성기관에서 평생교육의 평가기준은 역량평가라 할 수 있다. 앞서 실습기관에서의 평가는 능력 평가, 즉 '무엇을 해냈는가?'와 같은 '과거'에 초점을 둔다면, 양성기관에서의 평가는 '얼마나 해낼 수 있는가?'와 같은 미래 가치를 본다는 것이다.

이런 시각은 양성기관에서는 학습자가 어떻게 문제를 해결하는지를 보려고 한다. 주어진 대로 하는지, 그것을 재구성하는지에 주목한다는 것이다. 물론 전자보다는 후자에게 더 가능성이 있다고 판단한다. 양성기관에서 교육을 평가하는 주요 관점들은 다음과 같다고 할 수 있다.

- 교육적 원리를 현실과 교육대상에 맞게 재구성하는 능력
- 교육을 경쟁의 수단이 되기보다 문제해결과 경험의 성장과정으로 보는 시각 확보 여부
- 교육으로 아름다운 공동체를 설계하도록 소명을 실천하는가의 여부
- 우리 사회의 문제를 사람을 중심에 놓고 해결해 나가는 능력 여부
- 가르침이 아니라 스스로 배움의 길을 걷도록 안내하는 촉진능력 여부

둘째, 성찰이다. 모든 교육학자들이 한결같이 하는 말이 있다. 바로 성찰이다. 교육학은 다른 학문과 달리 성찰의 힘을 기르는 과정이라 표현한다. 성찰은 인격의

완성이라고도 볼 수 있다. 겉으로 보이는 성공이 아니라 내부에 깃든 존재에 대한 물음이 성찰의 토대가 될 것이다. 성찰의 힘을 기르는 몇 가지를 정리하면 다음과 같다.

- 성찰은 반성적 사고의 태도다. 인간의 오만을 멈추게 하는 기제다.
- 양심을 통해 자신을 되돌아볼 수 있을 때 빗나갔던 길에서도 제자리를 찾을 수 있다.
- 성찰은 인간의 한계를 인식하는 매우 중요한 자기학습의 과정이다.
- 성숙한 인격을 갖추기 위한 노력은 성찰에서 시작된다.

셋째, 관계다. 우리는 선행자가 후행자를 가르치고 배우면서 살아왔다. 사회에서 제 역할을 하기 위해서는 관계를 맺어야 한다. 학습관계가 될 수도 있고 그렇지 않을 수도 있다. 우리는 저마다 입장이 있기 때문에 그 입장에 따라 이해관계자가 된다. 이러한 관계를 인식하는 것부터 교육은 출발해야 한다. 이런 이해관계를 인정하고 그것을 실천하기 위해 노력하는 사회가 선진국이라고 생각한다. 획일화를 만들지 않는 첫 번째 조건은 이해관계자를 인정하고 대화를 시작하는 것이다. 학습관계를 만들어 나가는 것이 교육의 시작이자 종착점이다.

- 교육에서 생산성은 문제를 해결함과 동시에 관계를 생산적인 관계로 만드는 것이다.
- 관계를 통해 민주주의를 발전시킬 수 있다. 서로를 존중하는 것은 바로 관계 속에서 가능하다.
- 종속적인 관계의 틀에서 벗어나려는 시도가 우리 사회에서 일어나고 있다. 소위 '갑질' 문화를 견제하는 문화적 풍토가 시작되고 있다. 자신의 인간다움을 추구하는 노력은 관계를 어떻게 설정하는가에 따라 달라질 수 있다.
- 집단의 이익만을 쫓기보다 집단의 이익을 보장하는 관계를 인정하는 과정 속

에서 문제를 해결하는 지혜가 발생한다. 상대의 입장을 인정하는 관계 속에서 새로운 관계로 발전된다. 교육은 더 나은 인격을 위해 부단히 노력하는 사람들을 길러 내는 일에 전력해야 한다.

넷째, 협력이다. 우리는 협력보다 경쟁에 더 익숙해져 있다. 순위를 매기고 서열을 정하는 문화적 습관은 협력의 기회를 훼손해 왔다. 이런 토대위에서 협력의 가치는 미약해졌고 경쟁의 가치는 드높아졌다. 협력은 공교육에서 본격 가르치지 않았고 그 결과가 '헬조선' 등을 만들어 냈다고 해도 과언이 아닐 것이다. 협력은 좁은 의미에서는 함께 한다는 의미 있지만, 제4차 산업혁명이 도래하고 있는 시점에서는 공동의 문제해결력이 된다.

- 어떤 가치를 위해 협력해야 하는지를 생각할 수 있어야 한다.
- 협력은 분담의 의미를 이미 내재하고 있기 때문에 동반성장의 과정으로 보아야 한다.
- 협력은 연대를 위한 기초가 된다. 협력과 연대에서 가장 중요한 것은 공적 가치와 보편적 가치획득이어야 한다. 기득권 지키기가 되어서는 안 된다는 것이다.

제8장

평생교육현장실습 세미나

개관

실습교육은 실습기관의 업무 속에서 진행되기 때문에 실습과정은 현장의 맥락과 이해 속에서 배움이 일어난다고 볼 수 있다. 평생교육현장실습 세미나는 경험한 현장실습에 대해 전체적으로 조망하고 최종 정리하는 공동학습의 장이다. 이 과정은 실습자와 양성기관의 담당교수, 실습지도자 간 최종 평가의 자리인 것이다. 객관적인 거리를 두고 현장실습에 관해 공동의 목표를 달성했는가를 따져 보는 시간이다. 일종의 팀 활동에 대한 다양한 입장과 관점을 확인하고 조율하는 자리라고도 볼 수 있다. 이에 이 장에서는 현장실습 세미나의 성격규명과 다루어야 할 문제들에 대해서 안내하고 보고해야 할 핵심내용을 제시하고자 한다.

학습목표

1. 실습 최종 보고 세미나를 수준 높게 진행하는 방법을 터득한다.
2. 평생교육사의 직업적 전문성과 사회적 책임을 실천할 수 있다.
3. 실습과정에 대해 종합적으로 평가하고 개선책을 논의한다.

주요용어

평생교육현장실습 세미나, 문제해결을 위한 사고구조, 발표자료 제작의 주요 요소, 토론과 회의진행 방법

1. 양성기관의 실습 세미나 지침

실습 세미나의 성격은 실습생이 현장실습과정을 총정리한 공개 평가의 자리다. 이 세미나는 일종의 보고회로 자신의 학습과정을 발표하는 자리라 볼 수 있다. 실습교육과정에서 어떤 학습을 했었는가에 초점을 맞춰 보고하는 자리가 되면 좋겠다. 세미나를 위한 지침은 다음과 같다.

보고서의 형태는 다음 세 가지로 요약된다. 상황보고서 · 문제해결보고서 · 제안보고서가 그것이다. 이 세 가지 보고서는 목적이 각각 다르다. 상황보고서는 상황이 어떻게 전개되었는지에 초점이 맞추어져 있는 것이고, 문제해결보고서는 문제를 어떻게 해결했는지를 보여 주는 보고서다. 마지막으로 제안보고서는 새로운 대안을 제시하는 보고서라 할 수 있다. 실습생은 이 세 가지를 경험하는 기회가 필요하다. 각 상황에 적합한 보고방법에 대해 알아보자.

1) 상황보고의 네 가지 요소

상황보고는 '지금은 어떠하다.'에 초점을 맞추어야 한다. 보려는 주제(사건)가 어떤 상황인지를 설명할 수 있어야 한다. 핵심은 전후 상황의 변화를 읽어 내야 한다. 상황을 지켜 보아야 하는 목적 · 변화 · 조치를 설명해야 한다. 실습의 상황보고로 예를 들어 보면, 실습초기와 실습중기, 실습말기에 해야 하는 일이 달라질 것이다. 이런 시간의 변화에 따른 실습의 내용을 보고하는 것과 이 실습을 왜 하는지 목적과 목표를 설명해야 한다. 모든 목적과 목표가 실습의 내용과 결합되어야 하고 어떤 변화가 일어났는지를 설명해야 한다. 이 일련의 과정에서 어떻게 대처하고 조치를 취해 상황을 바꾸었는지 그 결과를 설명하는 게 필요하다. 상황보고의 네 요소를 정리하면 다음과 같다.

(1) 상황(Situation)

상황에 대한 정의와 개념을 정의한 뒤 보고자 하는 핵심 행동(상황)이 무엇인지를 결정해야 한다. 중요한 것은 어떤 가치를 촉진하기 위함인지를 밝혀야 한다. 그 정의된 상황의 요소에는 누구의, 어떤 행위를, 어떤 공간과 시간 속에서, 관계와 맥락, 프로세스를 포함시켜야 한다.

'과거는 어떠했고, 지금은 어떠하다.'와 같이 보려는 주제의 변화를 비교할 수 있게 설명해야 한다. 상황 파악의 목적이 무엇인지를 정확히 읽어 내려는 노력이 필요하다. 어떤 상황을 어떻게 개선할 것인지를 전제로 설명이 되어야 한다. 목표로 하는 완성된 상황 B에 얼마나 근접해 가는지를 설명할 수 있어야 한다. 즉, 상황이 더 좋아지고 있는지 나빠지고 있는지를 판단하여 설명해야 한다.

(2) 과제(Task)

앞서 상황설명이 시간의 흐름과 변화 등 기록에 초점을 두었다면, 과제 보고에서는 어떤 문제상황을 파악하고 어떤 조건상황을 조정해야 하는지 그 변화를 구체화하는 것이다. 질문을 구체화하는 것이 필요하고 왜 그런 행동과 그런 상황이 발생했는지를 담을 수 있어야 한다. 여기서는 과제를 해결하기 위해서 상황을 어떻게 해석하고 분석했는가를 다룬다. 예를 들어, 상황이 열악하다고 판단했거나 상황이 좋다고 판단했을 때 그 판단근거는 주어진 과제와 긴밀하게 결합되어야 한다. 실습생은 이 과정에서 상황의 추이를 살피면서 과제를 명료화할 수 있어야 한다.

(3) 활동(Activity)

이 과정은 과제를 수립하고 나서, 활동을 어떻게 전개할 것인가를 다룬다. 이때 활동의 유형을 정리하는 것이 필요하다. 이 과정은 어떤 문제를 어떻게 해결할 것인가의 판단을 위해 특성을 결합하는 과정이다. 누구에게, 어떤 관점으로, 어떤 원칙을 적용하여, 어떤 방향으로 할 것인지를 결정해야 한다. 이러한 활동 원칙은 각각의 유형에 적합한 핵심 개념과 통찰을 만들어 낼 수 있다.

실습생은 계획수립부터 활동의 과정에서 발생하는 문제를 어떻게 해결하기 위해 노력했는지 활동과정을 통해 그 적용사례를 보여 주는 것이 요구된다. 이 과정은 방법적 접근으로 어떤 과제를 어떤 방법으로 접근했는지 특정 사례의 분석과정에서 핵심사항을 도출할 수 있어야 한다. 사례를 기능적으로 설명하는 것에 머물러서는 안 된다.

(4) 결과(Result)

앞서 활동유형을 실험한 자료를 수정하거나 규합하여 최종적으로 적합한 유형을 택하는 과정이다. 왜 이 유형이 적합한 것인지를 설명할 필요가 있다. 이 결론과정에서는 일련의 실험과정에서 얻은 배움과 실패, 필요한 점검항목을 제시할 수 있어야 한다. 결론에 해당되므로 과정 전체를 보여 줄 필요도 있는데, 주요 요소를 설명하면 이해를 높일 수 있다. 즉, 목표와 원칙, 어떤 진화과정을 거쳤는지도 요약해 보여 주어야 한다. 최종 결정의 의사결정과정에서 어떤 논의들이 있었고 이해관계자는 어떻게 참여했는지도 드러낼 수 있어야 한다.

정리하면, 상황은 어떤 문제로 그 상황을 인식했는지를 설명할 수 있어야 하고 이를 위한 목표 설정이 포함되어야 한다. 과제부문에서는 그 과제를 어떤 관점으로 점검했는지를 설명해야 하고, 활동부문에서는 몇 개의 상황을 유형화할 필요가 있다. 결과적으로는 관행적으로 행해 왔던 방식과 비교하여 어떤 성과가 있었는지를 설명하는 게 필요하다.

2) 문제해결보고

문제해결보고에서 강조되는 것은 '문제해결의 공적 가치'다. 해결책에 초점이 맞추어져 있지만 핵심은 분명치 않았던 문제를 어떻게 이해하고 파악하여 문제를 도출했는가부터 그 문제의 어떤 점이 가장 어려운 문제였는가, 그 경험한 결과를 발표하는 자리다. 이 보고는 어떤 해결책을 왜 내야 하는가부터 어떤 문제를 해결하

여 어떻게 공적 가치를 높일 수 있었는가와 같은 과정의 중요한 상호작용도 드러
낼 수 있어야 한다. 결과적으로 문제상황을 어떻게 인식했는가, 그게 평생교육의
관점인가가 평가기준이 될 수 있다. 그 문제들을 해결하기 위해 어떤 의사소통과
아이디어, 개념을 수립했는가를 설명할 수 있어야 한다. 마지막으로 문제해결의
결과 어떤 것이 더 필요한지, 이해관계자들과 어떤 연계가 가능한지를 설명해야
한다.

(1) 상황(Situation) 파악

앞서 상황보고가 상황에 대한 전후맥락에 초점을 두었다면, 여기서의 상황은 문
제를 어떻게 인식하고 있는가를 찾기 위한 상황이해인 것이다. 현실과 미래요구 사
이의 격차를 파악하는 것부터 어떤 결과를 희망하는가에 대해서도 명확히 조사가
이루어져야 한다. 이때 조사목록에는 요구의 형태, 요구의 이유, 관련자들의 요구,
요구충족의 방법 등 대상의 경험을 개념화하고 목록화해야 한다. 이러한 관련성을
기준으로 개념을 분류하는 것은 다양한 개념을 아우르는 공유의 지점을 만들기 위
한 것이다. 실습생은 상황을 어떻게 조사하고 개념화했는지 그 상황이해의 구조와
맥락, 통찰의 관계를 설명하면 될 것이다.

(2) 목표(Goal) 설정

상황이해를 완료하였다면 이 과정에서 목표를 수립해야 하는데 목표수립은 어
떤 문제를 어떻게 해결할 것인가를 밝히는 것이다. 시간과 공간, 참여자 및 조직의
역량 등 자원의 한계를 인정하면서 현실가능한 목표를 수립하여야 한다. 실습생은
목표설정에서 그 범위를 최대한 축소하여 접근할 필요가 있고 유사 패턴과 상호 유
사성을 검토한 뒤 특성화된 목표를 설정하는 데 문제를 해결하는 효과적인 방법이
된다. 주의할 것은 일반화된 목표를 수립하지 말아야 한다. 일반화 내에서는 주요
특성과 프로세스를 해결할 방안을 수립하기 어렵다. 목표를 정의하기 위해서는 어
떤 집단을 어떤 항목에 따라 분류하고 관계를 점검할 것이며 그 비교·분석은 왜

필요하며 또 기준은 무엇이어야 하는지를 결정하고 반영할 수 있어야 한다.

(3) 문제점(Problem) 도출

문제를 잘 해결하기 위해서는 문제를 잘 정의해야 한다. 문제 정의에 필요한 요소는, 첫째, 왜 이것이 문제인가, 둘째, 이 문제는 유사한 문제와 어떻게 다른가, 셋째, 이 문제는 어떤 기준이 적용되어야 하는가, 넷째, 이 문제가 해결되면 어떤 게 좋아지는가를 생각해 보아야 한다. 문제점을 명확하게 간추리기 위해서는 관련 데이터를 수집하는 것과 패턴을 도출하는 것에 두어야 한다. 일정한 기준으로 분석이 가능해야 하고, 이를 통해 포괄적으로 관계를 설명할 수 있어야 한다.

(4) 해결책(Solution) 채택

해결책은 중요한 공적 가치와 사명을 수반해야 한다. 이해관계자의 요구를 조정하기 위한 상호작용은 공동체의 협력을 이끌어 내기 위한 것이다. 해결책은 연관된 이해관계자들의 '해결책'이 되어야 한다는 의미다. 이해관계자들의 의견을 무시한 해결책은 해결책이 될 수 없다. 그렇게 되면 공정한 의사소통이 될 수 없고 불평등한 관계가 확산되기 때문에 유의해야 한다. 진정한 해결책이란 각기 관계자들이 공익을 위해 소명을 다할 수 있는 연계성을 지니는 것이다. 그것이 균형 잡힌 사회와 정의로운 사회를 만드는 토대가 될 수 있다.

해결책은 목표에 도달했는가를 평가하는 지표다. 목표와 다른 해결책은 적합한 해결책으로 볼 수 없다.

(5) 결과(Result) 예측

문제해결보고는 문제를 해결한 것으로 보고를 마무리해서는 안 된다. 문제해결 이후 어떻게 달라질지 그 변화를 예측하는 것이 보고의 마무리로서 중요하다. 보고자는 문제해결을 위해 나름 깊은 고민을 했을 것이기 때문에 보고자의 의견은 무엇보다 중요한 견해가 될 수 있다. 실습보고과정에서 실습생은 문제해결보고를 택하였다면 이 예측결과에 대해 의견을 제시하는 수준이 평가의 기준이 될 수 있다. 교수자는 실습생이 실습과정에서 무엇에 주목했고 어떤 견해를 최종적으로 도출할 수 있었는지에 주목하여 평가하게 된다. 어쩌면 실습생의 견해가 발표 평가에서 핵심이 될 수도 있다는 것이다.

3) 제안보고

제안보고는 문제에 대해 새로운 접근으로 대안을 제시하는 것이다. 문제해결식 접근이 기존의 방식으로 문제를 해결하고자 한 것이라면, 제안보고는 새로운 관점과 맥락에서 문제를 새로운 방식으로 바라보고 그 대안을 제시하는 것이라 할 수 있다. 이것은 우리 사회의 새로운 문제를 발견하고 해결하기 위한 노력인 것이다. 제안보고는 그동안 다루지 못한 문제와 변화에 따라 새롭게 등장한 문제들을 다루어 보자는 의제의 성격이다. 제안보고의 요소는 핵심주장과 그 이유, 그것을 통해 효과를 얻었던 사례, 그리고 그것의 의미와 가치를 다시 강조하는 것으로 구성된다.

(1) 핵심주장(Point) "～가 필요하다"

제안보고의 첫 단계인 핵심주장은 '왜 그것이 지금 필요한가, 지금 해결하지 않으면 어떤 문제가 발생하는가'와 이를 통해 '어떤 공적인 가치를 얻을 수 있는지'를 설명해야 한다. 즉, 시급성과 타당성, 공익성이 강조되어야 한다.

(2) 이유(Reason) "누구에게 혜택을"

보고자가 어떤 문제에 주목하였고 어떻게 문제를 해결하고자 하는지를 여기서는 보여 주어야 한다. 보고자는 그동안의 접근 방식에 대한 문제제기와 그것이 왜 그렇게 될 수밖에 없었는지를 비교·검토한 결과를 발표해야 한다. 앞의 핵심주장이 '반드시 해야 한다.'고 주장하는 것이라면, 여기서는 '누구에게 어떤 혜택이' 주어지는지를 구체적으로 밝혀 주는 노력이 필요하다.

(3) 사례(Example) "공적인 가치"

사람들이 새로운 제안을 받아들이도록 하려면 사례를 보여 주는 것이 설득력이 있다. 여기서는 어떤 사례가 주장하는 제안과 적합해야만 설득력을 얻을 수 있다. 가능하면 바꾸면 더 좋을 것 같은 사례들을 수집하고, 그 사례들에서 어떤 결과를 얻었는지를 보여 주는 것이 좋을 것이다. 공적인 가치를 설명하기 위해서는 이 사례들을 분석해 보여 주는 노력이 요구된다. 분석의 요소로는 그 사회의 법적·사회문화적 구조를 설명하는 가운데 그 사례가 우리 사회에 어떻게 적용될 수 있는지 그 방안을 설명할 수 있어야 한다. 탈맥락적인 사례로 다루어져서는 안 된다는 것이다.

(4) 핵심정리(Point) "그래서 이런 의미와 가치가 있다"

마지막으로 다시 주장하는 바를 강조하는 '핵심정리'는 앞서 핵심주장과는 다른 관점과 시각, 맥락에서 설명되어야 한다. 여기서는 우리 사회가 이것을 통해 얼마나 더 질적으로 달라질 수 있는지를 설명할 수 있어야 한다. 즉, 첫 단계의 핵심주장은 필요성을 강조한 것이라면, 이 마지막의 핵심정리에서는 새로운 가치와 기준, 원칙들을 다시 정리하는 것이 된다.

4) 발표의 방법

세미나 과정은 비슷한 시기에 실습을 한 동료와의 경험을 나누는 시간이다. 발표는 자신의 생각을 정리하는 동시에 왜 그런 생각을 하게 되었으며 그 생각을 통해 어떤 성과를 추출하였는지를 청중에게 전하는 시간이다. 실습교육만으로 보면 발표는 실습과정에서 어떤 목표와 어떤 학습을 하게 되었는지 경험을 나누는 장이 된다. 정해진 시간 내에 실습이라는 주제를 발표하는 것이기 때문에 어떻게 실습을 잘 마쳤는지, 어떤 노력을 기울였는지를 보여 주는 것이 중요하다. 이때 중요한 지침을 정리하면 다음과 같다.

(1) 의사결정의 기준

실습교육을 발표하는 자리이므로 실습의 목표와 실습과정에서 의사결정의 기준이 반영된 발표를 하는 것이 중요하다. 이는 무엇보다 주체적으로 실습에 임했다는 것을 보여 주는 실습발표가 된다. 이를테면 현장실습에서 어떤 일과 마주쳤을 때, 그것을 어떤 관점과 시각으로 접근했는가를 보여 주는 것이 필요하다. 평생교육의 관점으로 접근할 것이 요구된다 하겠다.

(2) 객관적 사실, 논리적 구성, 핵심 요약, 타당성과 합법성

실습현장의 경험을 발표하는 자리이므로 객관적인 사실을 어떻게 실습의 과정으로 재구성해 진행했는지를 보여 주는 것이 필요하다. 이것은 나열이 되어서는 정보가 잘 전달되지 않는다. 따라서 일정한 소주제로 구성하고 핵심을 요약하고 그 타당성을 통해 설득하는 것이 요구된다.

(3) 사고와 인식

실습현장에서 초기에 경험한 것과 중기, 후기에 경험한 것이 다를 수 있다. 그 변화가 어떤 일을 통해 벌어졌으며 그것으로 인해 평생교육이라는 현장을 어떻게 파악하게 되었는지를 드러내는 중요한 사례가 될 수 있다. 따라서 어떤 일을 어떤 사고와 인식으로 접근해서 어떤 결과를 얻게 되었는지 사례를 수집하여 비교·발표하는 것이 실습현장을 학습의 관점에서 정리했다는 진정한 보고 자료가 될 수 있다.

(4) 대상에 대한 고려

발표는 대상에 따라 달라야 한다. 청중이 실습을 경험한 집단이기 때문에 다른 사람과 차별화하는 발표는 매우 중요해진다. 차별화된 실습경험을 발표하기 위해서는 자신이 바라본 그 현장에 대한 소견, 그 현장에서 중요하게 다루어지는 인식들, 실습과정에서 어떻게 자신이 문제를 해결할 수 있었는지에 대한 고민, 그 현장을 실습지도자와 어떻게 새롭게 가공하여 변화를 이끌어 냈는지에 대한 참고자료와 세부사항 등을 정리하는 것이 필요하다. 즉, 과정에 대한 상세한 안내와 어떤 사명과 소명의식으로 그 현장을 디자인했는지와 조직의 전략과 계획 등을 설명하는 것이 필요하다.

(5) 일관성 있는 설명

발표는 육하원칙에 의해 설명하여야 하지만, 그것이 나열식으로 되지 않기 위한 노력이 요구된다. 발표자는 현장실습을 받은 기관의 교육의 목표와 사명을 위해, 어떤 전략과 파트너십 등 상호작용을 했는지 설명하는 게 중요하다. 일관성 있는 설명을 위해서는 범주를 설정하고 정보를 표준화하여야 한다. 이를테면 일정한 기준으로 유형을 구분하여 설명하거나, 학습자들의 활동장소와 웹 기반의 관계형 네트워크 등 실행방법을 통해 과정을 설명하는 것이 청중의 이해를 도울 수 있다.

(6) 핵심의 올바른 이해

발표는 실습현장에서 무엇을 배웠는가, 어떤 핵심사항을 잘 이해하고 실천했는가가 평가 준거가 된다. 핵심을 잘 간추려서 설명하는 것은 자신이 어떤 일을 할 때 어떻게 했는지를 설명하는 것이 된다. 핵심을 잘 이해했음을 보여 주는 구조화는 전체적인 맥락을 놓치지 않고 연결하는 노력이 요구된다. 즉, 일관성 있는 설명의 방식은 예를 들어, 구체적인 활동에 초점을 두었다면, 발표자 자신은 핵심을 간추리기 위해서 무엇을 했는가를 설명할 수 있어야 한다. 전체 발표 시 사고과정을 보여 주어야 한다는 말이다. 그림 중 어느 지점에서 시스템과 가치, 해결책을 얻을 수 있었는지 과제와 연결해서 설명하는 것이 핵심하다.

(7) 인식(개념)

현장실습에서 어떤 개념으로 접근했고 어떤 이해를 했는지를 보여 주는 것은 매우 중요하다. 그것은 실습생이 현장을 어떻게 해석했고 판단했는가를 평가자가 판단하는 기준이 된다. 세부적인 작업을 하다가도 멀리서 전체를 보기 위해 거리를 두는 것처럼, 어떤 가치 맥락에서 어떤 연결점을 찾아 혁신을 만들었는가를 설명하는 것이 필요하다. 전체적인 상황을 일정한 기준과 일정한 개념에 맞춰 어떻게 해결책을 정렬할지 판단해야 한다.

(8) 명확한 결론 설명

현장실습의 목표를 상기시켜 결론을 정리하는 것이 필요하다. 결론은 현장에서 어떤 문제를 해결했고 그 과정을 통해 무엇을 얻게 되었는지 반성적 사고를 보여 주는 것이 중요하다. 이 과정에서는 어떤 문제를 어떻게 도전해서 어떤 혁신을 이루었는지를 가치평가한다고 보면 된다. 자신의 의견을 첨부하면서 이 사례의 특성을 정리하는 것은 기존의 지식을 구조화하는 게 되고 추후 상호보완적인 전체적인 해결책을 제시하는 게 된다. 문제를 다룰 수 있는 역량획득을 보여 주면 좋은 평가를 받을 수 있다.

5) 실습상황보고

현장실습에 대한 발표는 현장의 상황을 보고하는 요소로 구성된다. 다음 6개의 지침은 상황보고의 주요 원칙이 된다.

(1) 시의성

현장실습보고는 현재 어떤 문제가 우리 교육현실에서 문제가 되고 있는가와 같은 문제의식과 민감성을 시의성을 통해 드러낼 수 있다. 교육적 감수성이라고도 볼 수 있는데 이것은 현장실습에 대해서 평생교육적 의미 도출이다. 평가자는 현장의 문제를 어떻게 바라보고 있는가를 평가하게 된다. 즉, 전체적인 맥락에서 시급한 문제들이 무엇인지를 발굴하고 해결하는 안목을 드러내는 게 중요하다.

(2) 정확성

사실과 다른 것들을 가려내고 정확한 정보를 추출하는 것은 사실에 대한 이해를 평가하는 기준이 된다. 사실과 거짓을 구분해 내지 못하게 되면 그 보고서는 가치를 잃게 된다. 정확성은 분석의 과정에서 어떤 준비와 판단을 하고 있는가를 보는 기준이 된다. 정확한 사실을 부정확한 사실과 구분하는 식견은 균형 잡힌 조합을 위해서도 기본이 되는 원칙이다.

(3) 실용성

평생교육 프로그램은 현장의 문제를 손쉽게 해결하는 방안이라고 할 수 있다. 실용성은 이용자들의 편의를 위하면서도 공동체의 가치를 증진시키는 방향으로 조직되는 것이 요구된다. 다만, 실용성을 획일화 혹은 정형화로 오해하는 경우가 있는데, 실습생은 이런 점은 유념해야 한다. 실용성은 일상의 문제를 해결하는 구체성이 중심이 된다.

(4) 일관성

일관성은 가치와 기준, 역량을 드러내는 한 방법이다. 일관된 관점과 철학, 교육적 가치를 구현했는가를 보여 줄 필요가 있다. 이를테면 중심이 되는 교육적 가치를 어떤 현실과 접목하여 재구성했으며 낮은 가치와 높은 가치를 어떻게 일관성 있게 결합했는지를 설명해 내는 게 필요하다. 다만, 일관성이 관행을 따르라는 것으로 오해하지 않길 바란다. 실습생이 실습 시 문제를 다루는 교육적 태도가 일관적이어야 한다는 말이다.

(5) 타당성

객관적으로 평가했을 때 타당성을 확보하지 못하면 그 가치가 추락한다. 즉, 이해관계자 간 가치이동을 보여 주는 것 못지않게 근본적인 가정과 규범적 기준 등을 검토하는 흐름을 보여 주는 것은 타당성의 평가에서 무형의 가치 창출 기회가 된다. 실습생은 타당한 근거자료를 확보하는 게 중요하다.

(6) 공익성

사회의 변화는 패러다임의 변화에 따라서도 알아낼 수 있다. 공익적 가치기준을 설계하고 그 기준에 따라 점수 척도를 결정하는 등 기초 조사와 분석의 틀을 개발해야 한다. 조사가 바른 선택인지의 여부, 원인과 결과의 상관관계, 학습자의 행동 패턴과 인식 등을 실습생은 공익적 목적을 위한 목록으로 재구성하여 제시할 필요가 있다.

6) 과제수행보고

현장실습에 대한 최종 세미나는 과제수행보고의 성격을 갖는다. 이 과제에 대해서 세미나를 갖는 목적은 시간의 흐름과 목적, 그 성과에 대한 평가 등 일련의 실습 경험에 대해 토론하고 실습교육에 관한 목표를 점검하는 과정이 되기도 한다. 즉, 이 과정은 반성적 사고의 과정이면서 성찰의 시간이 되어야 한다. 이를 위한 다섯 가지 요소를 정리한다.

(1) 목적성

현장실습의 목적성은 학습목표만이 아니라 우리 사회에 어떤 책임 이행을 접근했는지, 자신의 삶의 방향과 목적, 가치관을 결합하여 주체적으로 어떻게 접근했는지를 설명하는 것이 필요하다. 자신이 실습과 관련해 어떤 성장을 할 수 있었는지를 보여 주는 게 필요하다.

(2) 적합성

현장실습이 평생교육의 핵심 직무를 익히는 데 도움이 되었는지를 살피는 것은 중요하다. 전문직으로서 직무수행 여부를 이때 가리게 되는 것인데, 적합성의 기준은 전문성과 공익성, 책임성을 포함하여야 한다. 적합성은 평생교육 역량을 획득했는지를 보고자 함이다. 교육에 임하는 태도를 평가하기도 한다.

(3) 중립성

중립성은 흔히 정치적 중립성으로 인식된다. 중립성의 원칙은 이해관계자 등과 소통할 때 필요하다. 중립성은 중요한 원칙을 훼손하지 않으면서 공적인 책임과 가치를 고양시키는 인식의 개선과 가치의 생성에 초점을 맞추는 게 공정성을 확보하는 기준이다. 그러나 중립성은 한계를 나타내기도 한다. 중립성의 원칙은 정치적 입장을 표명하여야 할 때는 매우 방해가 되기도 한다. 어떤 사람이든 정치적으로 중립을 지킬 수는 없기 때문에 정치적 중립성은 결국은 입장표명을 해서는 안 된다는 것을 의미한다. 민주주의로 발전하기 위해서는 제도적으로 중립성의 원칙을 고수하기보다는 다양한 입장표명과 이해관계를 적극적으로 다루는 노력이 보다 중요하다.

발표에서 중립성의 원칙은 객관적인 시야의 확보와 교육적 가치와 공공성의 책임 아래서 이행되어야 할 것이다. 그 사회에서 합의한 주요 원칙, 즉「헌법」등 핵심 기준에 적합하게 행동하고 판단하는 것을 중립성의 원칙으로 보아야 한다.

(4) 명료성

명료성은 투명성과는 다른 개념이다. 명료성은 '이것은 무엇이다'와 같이 어떤 것이 어떤 다른 것과 어떻게 다른지를 분명한 잣대로 선별하고 그 기준을 설명하는 것을 말한다. 명료성은 흐릿한 개념을 보다 선명하고 적확하게 표현해야 함을 의미한다. 이를테면 어떤 쟁점을 가치 차이로 설명하는 등 보다 명백한 기준과 분류체계 사용을 보여 줄 필요가 있다.

(5) 관계성

교육은 여러 층위와 관계 속에서 전개된다. 관계성을 설명하기 위해서는 관계의 본질을 설명할 수 있어야 한다. 서로 어떤 논리적 순서로 조직하였는지, 어떤 해결책이 다른 것들과 비교했을 때 어떤 차이와 특성을 보이는지, 각각을 설명하는 요약문이 필요하다는 것이다. 이것은 전체 시스템에서 어떻게 다양한 곁가지와 결합되어 있는지를 설명하는 것이다. 결과적으로 전체 체계 내에서 어떻게 각각이 기여하고 어떤 가치를 생산해 내고 있는지를 설명할 수 있어야 한다. 예를 들면, 'A는 B에게 영향을 미치는 관계다. B와 C는 유사하고 A와 C는 상반된 관계다.'로 설명할 수 있다.

7) 글쓰기

현장실습의 전 과정은 글쓰기로 기록하는 행위를 포함한다. 글쓰기는 일지작성부터 간단한 보고서, 프로그램 개발과정에서의 조사·분석과 최종 세미나 발표를 포함한다. 이런 일련의 과정은 다루려는 주제와 경험, 사고의 폭과 깊이를 드러내는 사고의 과정이다. 논제를 정하고 개념을 통해 연결된 맥락과 관점을 드러내고 여기에 의미를 부여하는 작업은 글쓰기의 핵심 기능이다. 각 과정을 어떻게 접근해야 하는지에 관해서 간략한 지침을 제공한다.

(1) 논제

글쓰기의 기본은 논제를 발전시키는 것에 두기 때문에 논제를 잘 선택하는 것은 글쓰기의 목적이 된다. 무엇을 말하려는 것인가를 생각하는 훈련이 필요하다. 사회적 의미와 가치, 새로운 인식과 변화에 대한 대처 등 논제는 해당 이슈만이 아니라 일련의 유사성을 평가하고, 그 차이를 비교하는 과정이다. 이것은 그 안에서 혼재된 어떤 쟁점들을 잘 해석하는 가이드 역할을 해야 한다.

(2) 개념

논제가 정해지고 나면 어떤 개념으로 그것을 설명할 것인가를 정하는 것이 필요하다. 개념 선택과 더불어 논제는 다양한 소주제로 나누어질 수 있기 때문에 각 개념과 주제는 서로 연결고리 역할을 할 수 있어야 한다. 개념이 잘못되었을 때 왜곡되거나 논제를 비틀어 버릴 수도 있다. 개념은 따라서 무엇을 파악하는 인식의 틀로서 학문적 가치만이 아니라 그 사회를 읽어 내는 중요한 철학을 담고 있어야 한다. 결과적으로 개념은 관행적인 수순을 제거하고 공적인 가치와 민주적 실행을 위한 탐구의 방법이다. 실습생은 적절한 개념을 사용할 수 있어야 프로그램 개발 등을 목적에 맞게 생산해 낼 수 있다.

(3) 맥락

흔히 현상을 설명할 때 과거의 맥락을 읽어 내지 않고는 제대로 설명하기 어려운 때가 있다. 맥락은 과거의 것들과 현재의 것들이 어떻게 연결되어 있으며 그것이 맥락적으로 어떻게 이해되고 해석되어 왔는지 흐름을 읽는 데 매우 필요한 접근이다. 맥락은 패턴과 검색가능한 정보를 조직화하고 검토하는 체계적 접근인 것이다. 이 방법은 설명과 이야기, 평가와 가치 등 속성을 구분하고 비교하는 자료 개발 시스템 구축의 토대가 될 수 있다.

(4) 관점

어떤 문제를 해결하기 위한 접근에서 문제점을 인식하는 것은 매우 중요하다. 문제영역을 파악하고 기회를 만들어 새로운 개념을 제시하고자 할 때 관점은 그 대응력을 키워 줄 수 있다. 조사를 위해 문제 영역을 범주화한다거나 현재의 맥락에 대응하는 패턴의 유형, 시대의 변화에 따른 집단의 문화적 변화, 새로운 기술 도입에 따른 환경의 차이 등은 새로운 프레임을 필요로 한다. 이러한 새로운 문제해결의 지점을 만드는 것은 결국은 관점을 다양화하는 것이다. 관점을 적용한 기술서와 개요 등은 규칙과 지침서를 만드는 데도 유용하다. 즉, 명확한 관점의 제시는 문제를 총체적으로 접근하고 비판적 시각을 가다듬는 데 효과적이다. 이러한 접근은 문제를 사고하고 이해를 공유하는 역량 개발에 도움이 될 수 있다. 즉, 관점을 통해 생각한 이유를 정리할 수 있고 그 주요 특성을 통해 해결책을 종합하는 것이 가능해진다.

(5) 의미

최종 해결책에 대해 의미를 생각해 본다는 것은 최종 해결책이 어떤 가치를 보유한 것인가를 평가하는 일환이라 할 수 있다. 의미 탐색은 그 해결책이 어떤 전략을 사용하고 어떻게 진화했고 성장했는가를 설명하는 가운데 그 가치를 보여 줄 수 있는 방법이다. 의미는 하나의 생각이 발전하여 어떤 통찰에 이르렀으며 그것이 어떤 것을 구현하게 되었는지를 그 본질을 요약하는 것이다. 즉, 의미창출의 방안은 성장의 단계와 실행계획을 실시하는 등 경험을 메시지로 전달하는 의미의 재구성과정인 것이다.

2. 평생교육사의 사회적 책임

평생교육사는 스스로에게 다음과 같이 질문하고 성찰해야 한다.

- 평생교육사로서 나는 누구인가? 나의 사명은 무엇인가?
- 평생교육사로서 나는 무엇에 기여해야 하는가?
- 평생교육사로서 나는 어떤 가치를 실현해야 하는가?
- 평생교육사로서 나는 어떤 책임을 이행해야 하는가?
- 평생교육사로서 나는 어떻게 전문성을 도야할 것인가?

1) 직무 수행의 주요원칙

평생교육사의 직무 수행은 지식생산과 지속가능한 평생학습사회를 만드는 것이다. 이를 위한 주요 원칙을 정리한다.

(1) 선명성과 간결원칙

평생교육사는 직무 수행에 있어, 자신의 태도를 명확하게 보여 주어야 하다. 선명성은 평생교육사의 직무수행 시 해당목표와 명확한 가이드라인을 확보하는 전략이다. 간결원칙은 의사결정에 있어 공적인 가치를 최우선으로 간결하게 전달해야 한다는 것을 의미한다.

(2) 관계와 포괄원칙

평생교육사는 다양한 맥락에서 이해관계자들 간의 소통을 최우선으로 하여야 한다. 관계는 사적인 이익을 배제하고 공적인 이익을 위해 관계를 유지해야 한다는 것이다. 포괄원칙의 의미는 다양한 수준과 요구들을 수렴하는 포용적 리더십을 갖추어야 함이다. 학습공동체가 지식을 기반으로 각 학습자들의 존재가치를 드높이는 조직으로 거듭나야 한다는 것이다.

(3) 사실과 정의원칙

가치 있는 공적인 지식생산을 위해 사실과 거짓을 선별하는 안목을 갖추어야 한다. 사실을 선별하는 것은 어렵다. 사실을 파악하기 위해서는 맥락을 읽어야 한다. 사실과 다른 거짓보도는 사적인 이익과 긴밀하게 연결되어 있는 경우가 많다. 무엇보다 의도를 파악하는 것이 중요하다. 따라서 공적인가 사적인가 할 의도로도 거짓보도를 선별해 내는 중요 기준이 될 수 있다. 정의의 원칙에는 법적인 정의와 양심의 정의가 있다. 법적인 정의는 법적으로 옳고 그름을 따지는 것이다.

(4) 일관성과 투명원칙

직무를 수행하는 과정에서 직무책임의 의미는 일관성과 투명성을 실천하는 것을 의미한다. 일관성은 공적인 기준과 가치에 따라 직무를 수행해야 하는 것이다. 일관성의 또 다른 의미는 사람들과의 관계에서 일관성 있는 입장을 표명해야 한다는 것이다. 기업에서 일하는 사람이든 공공기관에서 일하는 사람이든 간에 우리는 사적인 이익을 위해서 일을 해서는 안 된다는 의미다. 일관성은 그 사회가 요구하는 거시적인 목표를 실천해야 한다는 소명의식을 말하는 것이고, 투명원칙은 일말의 의구심이 들지 않게 사회적 책임을 위해 직무를 수행해야 하고 혹 의심을 불러일으키는 일이 있다면 그에 대하여 설명을 책임지고 해야 한다는 것이다. 공공기관에서 사람들을 대할 때 갑-을 관계가 아니라 평등한 관계를 추구하고 정보 등을 제공해야 한다.

(5) 혁신과 공헌원칙

평생교육사는 교육 혁신을 위해 노력해야 한다. 혁신은 관행을 따르기보다 공익을 위한 노력을 의미한다. 공헌원칙은 기업이든 국가든 시대적 사명을 실천하는 사회 공헌이다. 즉, 우리 사회의 문제를 해결하기 위한 노력은 생산성을 높이는 일이며, 그것은 혁신을 위한 공헌이 된다는 것을 의미한다. 평생교육사는 교육을 통해 사회 혁신을 이루는 활동가라는 점을 강조한다.

2) 평생교육사의 6대 책임

평생교육사의 6대 책임은 권한사용 관련 직무이행의 원칙이다. 무엇을 중심에 놓고 의사결정을 할 것인가의 문제와 어떤 결과를 내기 위한 과정으로서의 권한사용의 원칙과 기준이다. 6대 책임은 기존의 관행을 타파하고 새로운 질서를 만드는 프레임을 바꾸는 작업일 수 있다. 모든 평생교육사로 일하는 사람들은 다음과 같은 책임을 져야 한다. 이를 자세히 살펴보면 다음과 같다.

(1) 공적 책임

그동안 교육의 측면에서 공적 책임은 사회의 구조를 바꾸는 결과를 낳았다. 교육이 제공한 공공성의 가치는 계급탈출의 기회제공과 지식의 과학적 관리, 생산성을 통한 좋은 일자리 창출이었다. 오늘날 평생교육사의 공적 책임은 모든 학습자들이 지식의 생산성을 향상시키는 데 기여하는 것이 되어야 한다. 이것이 진정한 경쟁력 있는 학습자의 역량 개발이 될 수 있다.

(2) 법적 책임

법적 책임 이행은 주어진 직무 관련 지식과 윤리기준, 합리적 의사결정을 포함한다. 이 책임은 상대에게 강요한다거나 사적 이익을 위해 거래하는 행위를 금지하는 것을 말한다. 이 법적 책임 이행은 직무 관련성을 그 중심에 놓고 판단하고 의사결정을 하여야 함을 의미한다. 관련법을 공공성과 공익을 위해 준수해야 할 의무가 있으며 합리적이며 포괄적인 이해 속에서 법적 책임을 이행해야 한다는 것이다. 따라서 직무관련법에 대한 확실한 취지와 목적만이 아니라 관련 규칙과 조례 등에 대해서도 익히 알고 실천할 수 있어야 한다.

(3) 관계 책임

관계 책임은 직무수행 중 수직적 관계와 수평적 관계 속에서 어떤 입장과 정체성을 통해 어떤 문화를 형성할 것인가의 문제다. 관계 책임은 소통과 연대 등 협력적 관계 속에서 어떤 가치를 생성하는 사회를 만들어 갈 것인가의 문제와 직결된다. 최근 남성과 여성의 관계를 보면 종속적 관계에서, 수평적 관계로 이행하려는 움직임을 엿볼 수 있다. 관계 책임은 그 사회의 문화적 전통과 관습을 따르기보다 문제의식을 가지고 그 관행을 바로잡으려는 노력이다.

(4) 생산 책임

모든 조직들은 더 나은 생산성을 위해 노력한다. 생산력은 곧 경쟁력과 직결된다. 그러나 한편으로 이용자(소비자)의 선택에 따라 시장은 움직인다. 진보사회는 필요사항을 충족시키는 데 머물러서는 안 된다. 평생교육사는 학습자의 기대와 수준을 높이면서 교육적 관심에 몰입하게 이끌어 개개인이 생산 역량을 담보해 낼 수 있도록 도와야 한다. 평생교육에서 생산성은 재구성 능력과 모든 사람이 더 좋은 사람이 되도록 돕는 것이다. 이는 옳은 일을 옳은 방법으로 실천하고 자신의 행동이 다른 사람에게 어떤 영향을 미칠지 성찰하고 자각하는 것을 말한다.

(5) 청렴 책임

국제투명성기구(Transparency International)의 2018년 2월 발표에 의하면, 우리나라의 국가청렴도는 100점 만점에 54점으로 조사대상 180개국 중 51위이고 OECD 국가 중에서도 29위에 머물고 있다. 국가청렴도가 높지 않으면 신뢰사회가 구축되지 못하게 되고 결국 빈부격차와 비정상적인 의사결정이 확대·재생산되어 불평등 사회에서 벗어나기 어렵다. 청렴책임은 부패를 방지하기 위한 노력으로 핵심은 '견제와 균형'이다. 이것은 자원배분의 왜곡과 연고주의, 유착관계로 인한 사회적 갈등을 최소화하여 사회적 자본인 신뢰사회로 지속가능한 성장을 위한 것이다. 청렴책임은 평생교육의 궁극적 지향과 맥을 같이 한다.

(6) 혁신 책임

혁신은 흔히 말하듯이 창의적인 것을 말하는 것은 아니다. 혁신은 조직 내 사람들 간의 평등한 관계와 각기 존재를 존중하는 문화 속에서 가능하다. 구체적으로 알아보면, 혁신의 자세는 대부분 사람들이 놓치는 것에 주목하는 통찰력과 다른 입장을 가진 사람들을 옹호하는 포용력, 조직의 지속적인 성장을 위한 학습에 몰입하게 하는 추동력이 요구된다. 오늘날 조직의 혁신 책임은 갈등을 봉합하고 공동체의 힘을 결집하는 조정력과 핵심가치를 창출하는 정확한 관점, 반성적 사고경험이 그것을 가능케 한다. 새로운 지식창출이 혁신의 중요한 키워드가 된다. 평생교육사의 책무는 결국 혁신하기 위함이다.

3) 평생교육사의 윤리강령(예시)

우리 평생교육사는 사람을 바람직한 방향으로 성장시키는 일을 탐구하고 실천함을 본직으로 삼는다. 평생교육사는 교육혁신으로 사회에 봉사하는 책임을 다하고자 한다. 이에 다음과 같은 윤리를 실천하고자 한다.

1. 평생교육사는 학습자의 인격을 존중하고 교육적 가치 실현을 사명으로 한다.

2. 평생교육사는 지속가능한 평생학습을 위해 헌신하는 자세로 직무를 수행한다.

3. 평생교육사는 민주적 기본질서 확립에 힘쓰며 정의로운 사회가 되도록 참여한다.

4. 평생교육사는 모든 국민이 주권자로서의 책임을 다할 수 있는 교육에 헌신한다.

5. 평생교육사는 정당한 사유 없이 직무상 알게 된 비밀을 누설하지 아니한다.

6. 평생교육사는 직무 전문성을 위해, 연구대상과 방법에 신중을 기하며 그 책임을 진다.

7. 평생교육사는 교육적 문제해결을 위해 최선을 다하며 필요시에는 협력을 요청한다.

8. 평생교육사는 이해관계자를 배제하지 않으며 공동체의 발전을 위해 그들을 옹호한다.

9. 평생교육사는 모든 교육이 유기적으로 연결되는 지식사회에 공헌한다.

10. 평생교육사는 의미 있는 결과와 존재 가치를 높이는 올바른 의사결정을 한다.

4) 윤리적 의사결정 가이드

다음은 행정안전부 지방자치인재개발원에서 제시한 윤리적 의사결정 가이드이다.

(1) 사실과 정보를 수집하라

의사결정 전에 혹시 놓치고 있는 사실(fact)은 없는지 확인한다. 어떻게 이런 상황이 발생하였는지, 배경이 되는 과거 사실은 없는지, 현재 직면한 상황과 관련된 다른 사실들은 없는지 점검한다. 정보수집이 상당히 어렵지만 우선 수집가능한 정보를 최대한 확보한다.

(2) 윤리적 이슈를 정의하라

무엇이 문제인지 차분히 분석한다. 우선적으로 윤리적 딜레마를 초래하는 상충되는 가치관을 정의한다. 경우에 따라서는 다수의 가치관이 충돌할 수도 있다. 윤리적인 이슈를 정의할 때는 될 수 있는 대로 많은 이슈를 찾아내며 동료, 배우자, 친구에게 상황을 설명하고 간과한 이슈는 없는지 문의한다.

(3) 관련된 이해관계자(stakeholders)를 정의하라

타인의 입장에서 생각해 보는 것이 윤리적인 문제를 해결하는 데 도움이 된다. 먼저 가장 직접적인 영향을 받는 이해관계자로부터 출발한다. 그다음으로 당사자가 관련된 집단, 즉 회사, 기관, 지역사회, 국가에 대한 입장에서 이슈를 정의한다.

(4) 예상결과를 분석하라

이해관계자에 대한 예상시나리오를 작성한다. 실현될 확률이 높거나 발생확률이 낮더라도 부정적인 영향이 큰 상황은 미리 점검한다. 예상결과의 정리는 장기적 영향과 단기적 영향의 비교, 상징적 의미, 의사결정과정의 비공개 시에 예상되는 위험의 관점에서 정리한다.

(5) 책임과 의무를 분석하라

이슈와 관련된 이해 당사자들의 책임과 의무관계를 파악한다.

(6) 자신의 성격과 가치관을 고려하라

갈등을 일으키는 가치관 중 자신의 삶과 관통하는 근원적 가치관을 파악하고 내 의사결정에 대해 다른 사람들이 어떻게 평가할까를 투영한다.

(7) 틀에 갇히지 말고 창의적으로 생각하라

윤리적 딜레마는 양자택일의 문제가 아니라 제3의 길이 보이는지 생각하라. 창의적인 생각(think outside the box)이 중요하다.

(8) 본인의 감정을 점검하라

대안을 선택하고도 감정적으로 석연치 않은 감정의 구석이 있다면 다시 한 번 생각하라.

(9) 결정내용을 최종 점검하라

정보의 타당성 체크, 관련자 테스트, 결과의 테스트, 공정성의 테스트, 가치의 지속성 테스트, 공개상황의 테스트를 거쳐 본인의 의사결정과 행동이 만천하에 공개되었을 때 가족과 친지에게 부끄럽지 않은지 생각해 본다.

5) 청렴한 공직자의 요건

다음은 행정안전부 지방자치인재개발원에서 제시한 청렴한 공직자의 요건이다.

- 조직이 추구하고 있는 목적과 목표를 이해하고 협력하는 공직자
- 업무와 관련된 전문지식을 갖추기 위해 노력하는 공직자
- 업무와 관련된 제 법령과 조직의 행동강령, 지침, 업무절차, 통제시스템 등을 숙지하고 준수하는 공직자
- 그릇된 판단과 행동으로부터 본인을 방어할 수 있고 올바르게 판단하고 행동하는 공직자
- 업무오류 등이 발견되면 상사 또는 관련부서와 상의하여 자신과 조직이 위험에 빠지지 않도록 조속히 조치하는 공직자
- 상사의 부당한 지시나 동료직원의 위법행위, 업무오류 등이 발견되면 즉시 관련부서에 신고하는 공직자
- 이해상충(Conflict of Interest) 상황에서 엄격한 자기통제 의지를 보이는 공직자
- 지금 당장 책임을 모면하기 위한 방안보다 조직의 장기적인 이익과 위험을 최소화할 수 있는 의사결정 방안을 찾는 공직자

3. 실습 관련 질의응답

질문 1: 교과에서 배운 것과 현장은 다른 것을 경험했다. 이때 혼란이 일어났고 어떻게 결정해야 할지 곤란에 처한 적이 있다. 실습에서 흔히 발생하는 이런 문제에는 어떤 대응을 해야 하는지를 설명해 달라.

답　현장에서 실습생은 상황적응능력이 요구된다. 각기 다른 평생교육기관을 단 하나의 원칙이나 규범으로 실습내용을 규정할 수 없다. 실습생은 주요 핵심 원칙을 실습교육의 내용으로 세워 놓고 그것에서 크게 벗어나지 않는 범위 내에서 상황을 파악하고 분별하고 판단해 내는 능력이 요구된다. 즉, 상황이 무엇인지 정의하고, 그것을 어떻게 교육적인 문제로 볼 것인가 재구성하여, 평생교육의 관점에서 그것을 판단하고 의사결정을 한 뒤 행동을 취하는 것이 바람직하다.

질문 2: 상황은 시시각각으로 변하고 있어서, 실습현장에서 실습지도자의 요구와 교과에서 배운 평생교육의 주요 원칙이 상충되어 나타나는 것을 경험했다. 평생교육을 통해 평생학습사회를 만들기 위해서는 어떤 원칙과 기준, 태도가 필요한가?

답　실습현장은 지식의 재구성과 지식의 변환이 일어나야만 조직이 유지·발전되는 곳이다. 따라서 실습생은 실습현장에서 조직의 의사결정을 외면하기보다 조직 내 의사결정의 핵심기준이 무엇인가를 파악하려는 노력이 필요하다. 해당 조직이 학습사회를 위해 어떤 노력들을 기울이며 그것은 어떤 학습사회를 형성하기 위한 단계적 수순을 밟고 있는지를 미시적·거시적 관점에서 파악하려는 데 힘써야 한다. 실습현장에서 실습생은 유연한 가이드라인을 설정하고 그것을 통해 실습현장 내 조직 구성원들의 공적 의사결정의 책임이 어떻게 이행되고 있는지를 분별해 내는 것이 필요하다.

질문 3: 지식의 순환주기가 짧아서 배워야 할 것과 적응해야 할 신기술들이 증대함에 따라 학교에서 배운 지식이 현실에서는 달라져 있는 것을 흔히 보게 된다. 이렇게 지식의 주기가 짧아지면서 자기학습의 시간이 늘어날 수밖에 없는데 이를 위한 대처 방법은 무엇이 있을지 설명해 달라.

답 지식의 순환주기가 짧아지면서 새롭게 배우고 익혀야 할 것들이 많아졌다. 따라서 학령기에 배운 지식은 폐기되고 새로운 지식과 태도를 익혀야 하는 시대에 살고 있다. 그렇다고 해서 학령기의 학습방법으로 학습을 지속하기란 거의 불가능한 사회가 되었다. 이런 환경에서 어떻게 학습사회에서 뒤떨어지지 않고 평생교육의 전문성을 확보하고 나아갈 수 있을지 걱정이 되는 것은 당연하다. 평생학습사회는 교사가 학생에게 지식을 전달하는 것에서 벗어나 있다. 평생학습사회는 기술의 발전에 힘입어 스스로 학습할 수 있는 환경조성을 최우선으로 하고 있다. 즉, 평생학습사회 시스템을 조직하고 있고 이에 대응하기 위해 학습자들의 학습은 '학습을 위한 학습', 즉 메타학습으로 진전되고 있다. 이젠 지식의 습득이 기술의 발전으로 손쉽게 접근할 수 있게 되었고 지식을 선택적으로 습득할 수 있는 기반이 조성되고 있다. 문제는 자신이 무엇을 배울 것인가를 설계하고 스스로 학습을 주체적으로 이끌어 나가야 한다는 것이 무척 중요해졌다는 것이다. 학습자들은 메타학습 능력을 획득하여 시대에 뒤떨어지지 않는 학습자로 거듭나야 한다는 것이다.

질문 4: 조직 내 평가는 성과지표를 통한 객관적 평가이기 때문에 내부 경쟁이 치열하다. 현장실습 평가 역시 성과지표로 측정되는 측면이 많다고 생각한다. 그러나 교육과 학습은 성과지표로만 평가할 수 없는 성찰의 측면이 있다. 따라서 앞으로 어떤 지향을 가지고 학습에 임해야 할지 조언을 부탁한다.

답 최근의 드러나는 사회현상 중 '미투' 운동과 '갑질' 문화에 대응하는 등 약자와 소외되었던 비주류 사람들의 목소리가 높아지고 있다. 이것은 우리 사회가 새로운 기준과 질서, 문화를 요구하는 것이라 생각한다. 교육에서는 결과보다는 과정을 중시한다. 마찬가지로 실습교육에서도 실수를 해서는 안 된다고 가르치지 않는다. 실수를 성장의 기회로 삼는 것을 권장한다. 즉, 결과중심적인 성과지향에서 벗어나 학습주체가 성장을 할 수 있는 학습지향으로 그 전환점을 맞이하고 있다. 실습교육을 받는 학생들이 자신들의 학습결과에 대해 학습지향적 평가를 요구하면 성과지표만을 고집하기 어렵게 된다. 결과적으로 우리 사회는 가르치는 사람의 입장에서 벗어나 학습하는 사람에게 최대한 초점을 맞추는 학습시스템으로 개편 중에 있다고 보면 된다.

질문 5: 어떤 어려움에 부닥치면 그것을 다른 이의 도움 없이 벗어나기는 여간 어려운 것이 아니다. 특히 조직 내 인간관계라거나 이렇게 했다가 저렇게 하는 무원칙의 상사를 만났을 때는 그 상처가 깊어질 수밖에 없을 것이다. 이런 상황에서 동료에게서도 도움을 받을 수 없는 상황이 되면 진퇴양난에 이를 수 있다. 이럴 때 이 문제를 어떻게 접근하고 다가가야 하는지 가이드라인을 안내해 주면 좋겠다.

답 조직 내에서 상처를 입게 되면 회복이 더디다. 일에 관계된 것이 아닌 정서적 관계 및 유대 속에서 일어나는 문화현상이라면 그것을 다루기가 여간 어려운 것이 아니게 된다. 이런 문제들을 위해 모든 조직 내 구성원들은 신뢰가 구축되기 전에 관계가 잘못될 수 있음을 염두에 두고 행동하는 것이 필요하다. 자신도 잘못할 수 있고 상대도 잘못할 수 있으며 혹여 일이 잘못될 때 상대를 비난하지 않고 '그럴 수 있다.'는 포용력으로 대응하고 받아들이는 노력이 요구된다. 모든 것이 생각대로 되지 않을 수 있다는 전제와 힘든 일이 생겼을 때도 언제나 다른 사람들을 성장시키기 위해 한결같은 노력을 보여 주는 것, 그것이 회복탄력성일 것이다.

질문 6: 지식은 서로 연결되어 있고 변환되어 재구성되는 것이라고 볼 때 지식을 다루는 평생교육현장은 서로의 필요와 학습능력을 향상시켜야 하는 과제를 이미 실천해야 할 과업으로 받아들인 것이라 할 수 있다. 지식을 생산하고 관리하면서 학습공동체를 지향해야 하는 평생교육사의 현장의 핵심키워드는 무엇이 되어야 하는가? 지식생산자가 되기 위한 평생교육사의 자세에 대해서 말씀해 달라.

답 학습자의 경험은 교육적 측면에서 자원이 될 수 있고 그것을 연결하고 관리하는 것은 자원을 풍부하게 하는 중요한 시스템 구축이다. 학습자의 경험 자원은 시대적 의미와 개별적 생애, 지역적 특성과 표준화 등 역사문화 자원의 요소로 제 역할을 할 수 있다. 따라서 평생교육사는 학습공동체를 위한 그 지역의 특성과 학습자들의 경험지식, 학습의 다양한 형태 등에 주목하여 자원을 배분하고 활성화시키는 학습공동체적 관여가 요구된다. 따라서 학습자의 경험이 연결되고 관리되는 시스템 구축이 절실하다. 그것은 결국 플랫폼을 만들어 내는 행위이다.

질문 7: 학습은 경험한 그 자체가 학습이 된다고 볼 수 없다. 학습은 현장실습을 통해서 볼 때 경험을 확장시키는 것이고 경험을 반성적 사고위에 올려놓는 것이라 할 수 있다. 학습자를 성장시키고 평생학습사회에서 평생교육사가 해야 할 가장 중요한 직무 전문성을 위한 학습원칙은 무엇이 되어야 하는가?

답 평생학습사회에서 평생교육사의 공헌은 지식이 형성되는 과정에서 플랫폼 역할을 하는 사람이라고 볼 수 있다. 그것은 경험을 지식창출의 자원으로 확보하고, 학습자들이 새로운 지식이 전환되는 학습과정 경험을 통해 가능하도록 노력을 기울여야 한다. 즉, 모든 사람들은 문제에 주목하여 문제를 해결하기 위한 학습과정을 거쳐야 하고, 그 결과로 지식기반 학습을 가능하게 할 것이다. 결과적으로 평생교육사는 제4차 산업혁명의 결과 발생하는 교육적 문제해결에 최선을 다하는 사명을 실천할 수 있어야 한다.

참고문헌

교육부(2017). 제4차 평생교육진흥기본계획.

국가평생교육진흥원(2015). 평생교육실습과목 운영지침.

국가평생교육진흥원(2018). 2017평생교육백서. 서울: 국가평생교육진흥원.

김수정(2016). 사회복지 현장실습 대학생의 권리에 대한 탐색적 연구. 한국사회복지행정학회 추계학술대회, 10, 253-254.

박경수(2014). 지금 당장 기획공부 시작하라. 서울: 한빛 비즈.

박종필(2015). 고수의 보고법. 옥당

오명숙(2014). 박물관교육의 평생교육적 함의. 한국평생교육학회.

오창순, 장수미, 김수정(2014). 콕콕 짚어주는 사회복지 현장실습 지침서. 서울: 학지사.

유일상(1996). 국가단위 언론윤리강령의 비교연구. 언론윤리강령 국제심포지움. 129-151.

윤여각(2018). 2017 평생교육백서. 제17호. 국가평생교육진흥원.

이재규 편저(2007). 피터드러커 경영키워드 365. 고양: 사과나무

이해주, 윤여각, 이규선(2016). 평생교육실습. 서울: 한국방송대출판부.

임경옥(2016). 예비보육교사들의 실습경험에 대한 이야기. 한국콘텐츠학회논문지. 16(2). 750-761.

지방행정연수원(2016). 지방행정연수원 장기교육과정개편 최종보고서. 지방행정연수원.

한국교육개발원(2006). 평생교육사 현장 실습 워크북(실습자용)(RM2006-73).

한국청소년개발원(2005). 청소년 프로그램개발 및 평가론. 서울: 교육과학사.

행정안전부(2018). 2018 행정업무운영편람.

황상규(2013). 사회책임의 시대 ISO 26000 이해와 활용. 서울: 틔움.

Furedi, F. (2004). 그 많던 지식인들은 다 어디로 갔는가 [*Where Have All the Intellectuals*

*Gone*기. (정병선 역). 서울: 청어람미디어. (원저는 2004년에 출판).

Hans-Dieter Schinner(2007). 독일의 직업교육훈련과 고용. 국제노동브리프. 5(4), 4-15.

Vijay Kumar(2003). 혁신 모델의 탄생 101. (이유종, 오동우, 주종필 공역). 서울: 틔움.

사이트

국가법령정보센터 http://www.law.go.kr/

국가평생교육진흥원 http://www.nile.or.kr/

마포구청 홈페이지 http://www.mpllc.sen.go.kr/

온나라 정책연구 http://www.prism.go.kr/

임업진흥원 https://www.kofpi.or.kr/

평생교육사자격관리 https://lledu.nile.or.kr

행정안전부 지방자치인재개발원 http://www.logodi.go.kr/

찾아보기

저자 소개

오명숙(Oh Myoung Suk)

교육학 박사

현 성공회대학교 연구교수

연구 관심 분야: 문화교육, 민주시민교육, 평생교육정책

이메일: museumschool@naver.com

평생교육현장실습
Life-long Education Work Experience

2019년 3월 15일 1판 1쇄 인쇄
2019년 3월 25일 1판 1쇄 발행

지은이 • 오명숙

펴낸이 • 김진환

펴낸곳 • ㈜**학지사**

04031 서울특별시 마포구 양화로 15길 20 마인드월드빌딩

대표전화 • 02-330-5114   팩스 • 02-324-2345

등록번호 • 제313-2006-000265호

홈페이지 • http://www.hakjisa.co.kr

페이스북 • https://www.facebook.com/hakjisabook

ISBN 978-89-997-9269-4 93370

정가 14,000원

저자와의 협약으로 인지는 생략합니다.

파본은 구입처에서 교환해 드립니다.

이 책을 무단으로 전재하거나 복제할 경우 저작권법에 따라 처벌을 받게 됩니다.

이 도서의 국립중앙도서관 출판시도서목록(CIP)은 서지정보유통지
원시스템 홈페이지(http://seoji.nl.go.kr)와 국가자료공동목록시스템
(http://www.nl.go.kr/kolisnet)에서 이용하실 수 있습니다.
(CIP 제어번호: CIP2019006447)

교육문화출판미디어그룹 **학지사**

심리검사연구소 **인싸이트** www.inpsyt.co.kr
원격교육연수원 **카운피아** www.counpia.com
학술논문서비스 **뉴논문** www.newnonmun.com
간호보건의학출판 **학지사메디컬** www.hakjisamd.co.kr